管理会计师(初级)系列教材

管理会计师(初级)

预 算 实 务

（第二版）

主　编　吕长江

副主编　武学东　王宪德

上海财经大学出版社

图书在版编目(CIP)数据

预算实务 / 吕长江主编. -- 2 版. -- 上海:上海财经大学出版社, 2025.5. -- (管理会计师(初级)系列教材). -- ISBN 978-7-5642-4681-5

Ⅰ. F810.3

中国国家版本馆 CIP 数据核字第 2025SK2539 号

□ 责任编辑 袁 敏
□ 书籍设计 贺加贝

预 算 实 务
(第二版)

主 编 吕长江
副主编 武学东 王宪德

上海财经大学出版社出版发行
(上海市中山北一路 369 号 邮编 200083)
网   址:http://www.sufep.com
电子邮箱:webmaster@sufep.com
全国新华书店经销
上海市崇明县裕安印刷厂印刷装订
2025 年 5 月第 2 版 2025 年 5 月第 1 次印刷

787mm×1092mm 1/16 13.75 印张 326 千字
定价:39.00 元

管理会计师(初级)系列教材编写委员会

主 任　李林池

委 员　高兴国　孙莉莉　汤云为
　　　　王红新　潘　飞　吕长江
　　　　吴　骏

序　言

　　财政部于2014年发布《关于全面推进管理会计体系建设的指导意见》。针对各界对管理会计的关注度与日俱增、行业需求日益加大的状况，财政部在《会计改革与发展"十三五"规划纲要》中明确提出"到2020年培养3万名精于理财、善于管理和决策的管理会计人才"的总体目标。与此同时，欧美国家同业协会（美国管理会计师协会、英国皇家特许管理会计师公会）或机构也在中国开展管理会计培训及认证工作。针对以上情况，中国总会计师协会将发挥全国性行业组织的职能作用，响应财政部的号召，主动作为，大力推进管理会计相关工作，主动融入管理会计改革，加强管理会计人才培养，深化管理会计实践，逐步探索建立具有中国特色的管理会计体系和人才评价机制。

　　中国总会计师协会于2015年底正式开展管理会计师专业能力培训项目试点工作，在有关方面的重视和大力支持下，在项目专家组成员通力合作下，试点工作得到社会各界及广大管理人员和财务工作者的积极参与和广泛关注，进展顺利。中国总会计师协会自主研发推出的管理会计师专业能力培训项目，在标准制定、课程模块、教材编著、培训教学、考核评定等方面具有注重理论与实践相结合的特色，为国内企业、行政事业单位管理人员和财务工作者提供了系统性的管理会计专业能力培训，在一定程度上提升了管理人员和财务工作者的履职能力，强化了管理会计实际应用，帮助企业、行政事业单位掌握管理会计最新理论工具方法，提高管理水平和实操能力，增强核心竞争力和价值创造力，促进企业、行政事业单位转型升级，推动创新发展以及供给侧结构性改革，更好地适应经济发展新常态。

为进一步提高培训质量，中国总会计师协会在认真总结管理会计师专业能力培训项目试点工作开展以来的成绩和经验，紧密联系当前和今后一段时期管理会计领域所面临的新形势、新任务和新挑战的基础上，组织编撰管理会计师系列教材，使之成为具有科学性、规范性、创新性和实用性的专业水准教材，以适应管理会计师专业能力培训项目培训教学的需要。

我们相信，系列教材的编辑出版，将对管理会计师专业能力培训项目的良性发展，以及企业、行政事业单位管理人员和财务工作者专业水准和履职能力的提升发挥积极的推动作用。

中国总会计师协会
常务副会长　李林池

前 言

"凡事预则立,不预则废。"

———摘自《礼记·中庸》

从财务会计向管理会计转型,有三个主要的应用进阶途径:一是通过提供财务分析报告,为经营管理者提供管理数据;二是建立预算体制,通过推进全面预算的应用来加强企业绩效驱动力;三是通过建立标准成本体系,改善企业成本管理能力,提高产品竞争力。预算作为一种简单易行、效果明显的财务管理工具和管理思想,成为企业改善管理的优选项目,具有很高的认知度和地位。

本书将全面、系统地讲解全面预算的概念、原理、规律、方法,并重点讲解在预算实践应用中的逻辑、工具和难点。

基于与时俱进的精神,本教材使用最新的案例,对接互联网、大数据的应用,对接民营企业产业升级、国有企业改革的需要,适应资本市场的发展,涵盖相关的应用场景,随着中国市场经济的发展以及企业在预算实践中能力的提升,这本书将会在今后的时间里不断升级和更新,与时代同行。

着眼于预算在国内应用的现状和未来的发展预期,本教材在内容选择和实践应用方面,基于实用的理念,对预算的内容进行务实的规划,去除过于理论化、暂时无应用场景的内容,重点强化了企业现实经营中最有用的、最常用的内容。

学习指南

对于初学者，适合按照章节导航学习，本书的框架全面覆盖了预算实务的各个重要维度，并按照现实中预算的应用逻辑，系统搭建知识体系，可以让学员系统、完整地理解和掌握最有价值的预算知识。

本书的特色是答疑解惑，对于已有预算知识和经验者，可以直接挑选自己感兴趣的章节。本教材对现实中开展全面预算管理可能遇到的各种问题都给予了清晰的论述，这不仅是一本全面阐述预算知识体系的书，也是一本指导实践、将预算应用于实践的指南。

对于复习考试的学员，有预算知识和经验的考试学员需要阅读纲要和考试指引，但是，鉴于预算是一门社会实践性很强的学问，过去历年出版的相关书籍内容都带有时代烙印，有些内容已经过时，有些内容和理念甚至已被颠覆和创新，因而有必要快速浏览一下本书的主要内容，尤其是目录，以审查是否有内容和概念与自己曾经的学习认知有不同之处，避免考试时出现误判。

目 录

序言 ·· (1)

前言 ·· (1)

学习指南 ·· (1)

第一章 预算的基本概念 ·· (1)
 第一节 全面预算的基本概念 ································ (2)
 第二节 预算的种类和适用环境 ······························ (9)
 第三节 预算、战略与绩效 ·································· (12)

第二章 预算管理制度 ·· (17)
 第一节 预算管理制度体系 ·································· (18)
 第二节 预算支撑和协同 ···································· (23)

第三章 年度预算制定的程序 ··································· (30)
 第一节 预算的前期准备工作 ································ (31)
 第二节 预算的编制、检验和汇总 ···························· (35)
 第三节 预算中的博弈现象与商业问责制 ······················ (41)

第四章 损益预算 ·· (44)
 第一节 市场分析与预测 ···································· (45)
 第二节 销售收入预算 ······································ (51)
 第三节 产品成本预算 ······································ (67)

· 1 ·

第四节　产能与供应链规划 ·· (79)
　　第五节　预算损益表 ·· (83)

第五章　投资预算 ·· (85)
　　第一节　投资预算的编制和控制 ··· (85)
　　第二节　折旧费用预算 ··· (92)

第六章　费用预算 ·· (95)
　　第一节　费用预算的基础工作 ·· (96)
　　第二节　公共费用和人员成本预算 ····································· (101)
　　第三节　行政与管理费用预算 ··· (106)
　　第四节　市场营销费用预算 ··· (109)
　　第五节　研发部门与研发费用预算 ····································· (121)
　　第六节　费用分类与控制重点 ··· (126)

第七章　资金预算 ··· (131)
　　第一节　资金与现金流量预算 ··· (131)
　　第二节　资产负债预算 ··· (136)

第八章　预算的汇总与平衡 ··· (139)
　　第一节　预算汇总与平衡 ·· (140)
　　第二节　预算质询与验证 ·· (143)

第九章　预算的执行与调整 ··· (150)
　　第一节　预算的考核与控制 ··· (150)
　　第二节　月度预算分析与报告 ··· (155)
　　第三节　年度预算调整 ··· (158)
　　第四节　滚动预算 ·· (162)

附录
　　案例：诺基亚公司的预算最佳实践 ····································· (171)
　　东方公司《预算指导手册》 ·· (177)
　　参考：ABC 股份有限公司《预算管理制度》 ······················ (202)

第一章

预算的基本概念

预算管理实践起源于20世纪20年代的美国,当时美国通用汽车公司和杜邦公司等大型公司面对第一次世界大战后的经济衰退,利用销售和市场预测及时对生产和库存做出调整,从而避免了大规模的存贷损失。1921年,美国《预算与会计法案》颁布,推动了将"预算控制"引入管理会计。

在我国,一些企业从20世纪80年代就开始探索预算管理模式,随着改革开放的进一步扩大,进入90年代后,很多合资或独资公司开始将国外成熟的预算管理方法引入中国,越来越多的国人开始了解预算管理。2000年,国家经贸委在《国有大中型企业建立现代企业制度和加强管理的基本规范》中,明确要求企业实行全面预算管理制度。

近年来,国内越来越多的企业开始学习、探索和运用全面预算管理方法。2014年10月,《财政部关于全面推进管理会计体系建设的指导意见》指出:党的十八届三中全会对全面深化改革做出了总体部署,建立现代财政制度、推进国家治理体系和治理能力现代化已经成为财政改革的重要方向;建立和完善现代企业制度、增强价值创造力已经成为企业的内在需要;推进预算绩效管理、建立事业单位法人治理结构已经成为行政事业单位的内在要求。

管理会计是支持企业战略实施的工具,预算管理是管理会计最常用的基本工具。全面理解与掌握预算管理的理论和方法,进而应用全面预算工具帮助企业实现目标、提升业绩并落实战略是现代企业应具备的关键能力。

【本章内容简介】

本章主要阐释预算的基本概念、作用和意义,并对预算的基本内容进行简单介绍,让学员对预算有一个基本轮廓和认识,从而为后面章节的学习打好基础。

【学习目标】

通过本章的学习,真正理解什么是全面预算,清楚预算在企业里所能发挥的作用,以及为了使用预算工具,企业需要做好哪些准备,并且能够理解企业预算即使做不到准确无误,也不影响预算作用的发挥。

【要点提示】
- 什么是全面预算?
- 预算有哪些作用?
- 不同情况的企业预算有哪些不同?
- 要想让预算发挥作用,企业需要具备什么样的条件?
- 预算在公司战略目标与年度绩效间的角色是什么?
- 预算不准确会影响预算作用的发挥吗?

第一节 全面预算的基本概念

正确理解全面预算的概念、内容及作用,是掌握预算本质的关键。

一、理解预算

预算是用数字编制的未来一个时期的计划,也就是用财务数字或非财务数字来呈现计划的结果,是企业制定目标、规划资源、沟通协调、控制业务、激励考核员工的正式文件,对企业的计划进行可行测定和定量说明。

从以上定义中可以总结出预算概念的几个维度:

1. 计划性

计划是管理控制的基本手段,计划有多种表现形式,包括长期计划、短期计划、战略计划、行动计划、销售计划、生产计划等。预算是以数字形式表现的对未来一年的计划,是计划的正式和数量化的表述形式,它是对企业未来全方位的思考和规划。

2. 数量性

预算管理是以量化的形式表述企业未来的经营计划、投资活动和资金安排,而数量化的优点是考核控制业务及评价业绩的客观性。

3. 时间性

预算是对未来一个时期的预测和计划,根据经营周期特点,不同的行业和企业对未来时期的定义不尽相同。一般企业的预算期固定为一年,并与会计报告年度一致,所以很多时候企业也称预算为年度预算。企业的经营活动是持续向前的,这就决定了年度预算工作每年都要进行,每年的10~11月都要做下一年度的经营计划。

4. 预测性

预测是编制预算使用的基本方法,对预测方法的科学掌握和应用决定了预算的质量。预算是从预测的结果出发,提出未来可能的结果和方案,如销售预算的起点是市场分析、销售价格和销售量预测。

5. 目标性

企业管理的一个基本逻辑是管理者通过目标对下级进行管理,当组织最高层管理者确定了组织目标后,必须对其进行有效分解,转变成各个部门以及个人的子目标,管理者根据子目标的完成情况对下级进行考核、评价和奖惩。将预算作为公司的整体目标,并通过预算分解将公司目标层层落实到部门和个人,是预算引领和推动公司业绩的基本途径。

6. 工具性

预算是用于计划、控制和绩效考核的工具,工具本身并不能保证给企业带来成功,对预算的正确理解和科学运用才是发挥预算作用的关键。

7. 严肃性

预算一经董事会或者上级主管部门批准,即形成公司的正式文件,除非特殊的情况,否则预算不能调整。预算的严肃性还因为它代表着两个层面的业绩契约:

(1)所有者与经营者之间的目标和业绩契约。在现代公司治理结构下,由于所有权和经营权的分离形成了委托代理关系。委托人力图有效地监控代理人的行为,考核代理人的业绩,并防止代理人的行为偏离委托人的目标利益。利用全面预算建立的业绩契约,通过预算执行和考核来评价代理业绩,有助于改善企业的治理结构和效率。

(2)企业经营管理团队与员工间的业绩契约。公司预算目标经过层层分解最终落实到每个部门和个人,这些目标是部门经理和员工绩效考核评价的主要依据。

二、理解全面预算

全面预算是预算理论在企业实践应用中的一种方法论。

在过去的预算实践中,传统预算的做法是由财务部门主导,其他部门配合,最终的目标是编制出企业第二年以财务成果数据呈现的经营计划,然后以这些财务数据为目标,给各个业务单元和职能部门下达任务,并据此制定相应的考核政策,最后根据预算的结果进行奖惩。企业可以将这种预算方式称为财务预算,或者也可看作是不全面的预算方法。

在现代企业的预算实践中,企业往往要求各个业务部门和职能部门自行制订预算,并主动应用预算这个工具对业务进行管理,企业将这种以业务部门和职能部门为主体普遍应用预算工具的预算管理模式称为全面预算管理。

(一)对全面预算的"全面"的解读

目前,流行的对全面预算中"全面"的理解是:全员、全方位、全覆盖,具体包括:

(1)产业链覆盖全。从产品规划、研发设计、生产到销售、售后,产业链涵盖的范围全。

(2)财务预算科目全。收入、成本、费用、人工、投资、资金等各个会计科目都要做预算。

(3)参与的人员比较广泛。公司的销售、生产、研发以及人、财、物等各个部门都参与。

然而,以上这些都不是基于对全面预算本质的理解,全面预算不是因为做"全"就叫全面预算,全面预算的关键体现在谁来用。

(二)全面预算理念的本质

什么是全面预算呢?从全面预算理念的本质来看,不是因为产供销、费用、收入、成本、资金涉猎的范围比较全,所以做出来的预算叫全面预算,真正的全面预算是在公司里,每一个部门经理、每一个业务单元的领导以及相关的主管领导,都在使用预算这个工具来规划和管理他们的业务、控制他们的成本、预测他们未来的收入并按照既定的计划去采取行动。当所有的部门经理和业务单元领导主动使用预算工具管理自己的业务的时候,我们才说这个企业实现了全面预算管理。

在全面预算的理念下,由谁去完成任务和履行承诺,就由谁来做预算,而不是像传统财务预算那样,无论是谁去完成任务,都是在给财务部门填表报数,最后汇总出一个公司预算。各个业务部门并不使用预算这个工具,只有财务部门在使用预算工具。

在全面预算的模式下,即使公司只做了销售预算和费用预算,也可以认为它所应用的是全面预算的管理理念,这个理念的关键在于是承担业务的责任人在做预算而不是他们在帮助财务部做预算,预算代表了对业绩目标的承诺,执行预算就是对承诺的履行和达成,这是全面预算管理的本质和核心。

为什么在全面预算的理念下认为企业管理是比较健康的？原因就在于：预算这个工具在公司的每一个角落里以及在经营管理的每一个层面都发挥着作用。

(三)财务部门编制的预算不是全面预算

传统的由财务部门主导编制的预算是一种典型的"不全面"预算,其主要结果是预计的损益表、资产负债表和现金流量表。这里,预算的编制人不是业务责任人,虽然预算覆盖了全部会计科目和各个业务单元,但它仍然处于预算应用的初级阶段。

三、理解预算管理

预算管理,是指利用预算这个管理工具对企业资源进行分配,对经营结果进行考核,对计划进行控制追踪,以便有效地组织和协调企业的生产经营活动,完成既定的经营目标。

具体而言,预算管理是企业以预算为管理工具而展开的一系列管理活动,它包括预算编制、预算汇总平衡、预算质询与批准、预算分解与执行、预算分析与控制、预算考核与评价等一系列计划、沟通、协调和控制活动。

四、预算的作用

企业为什么要做预算？这首先要从预算的作用说起,只有正确理解了预算在企业管理中所发挥的作用,才能正确运用预算这个工具。在企业实践中,有很多企业家和职业经理人都错误地理解了预算的角色,给预算工作赋予了不切实际的期望值,最终导致预算执行过程中巨大的心理落差。不但没有发挥预算的作用,还会产生负面的影响。

预算在企业财务资源安排方面体现了企业发展壮大的蓝图：

第一,预算提出了激励目标、评价指标和标准。

第二,企业的筹资决策与投资决策并非相互独立,预算起着桥梁作用。

第三,企业必须充分地估计到环境的变化和突发事件,预算提供了财务预见性。

下面从五个方面来详细剖析预算对于企业管理的意义和作用。

(一)计划目标

预算的第一个作用是做计划、设目标。

预算的本质是希望对未来有前瞻性的预测,是掌控未来的重要手段,它可以帮助领导决策。只有清楚明天可能会怎么样,今天才能采取适当的应对措施,这样的经营才稳健,企业家心里才踏实。预算的其他作用都是因为有了这个作用之后慢慢地衍生出来的。失去了对未来的计划功能这个本质和核心,其他的功能都不会很好地发挥作用。

预算是对未来的一种预计、判断和推演,预算让企业看清了未来的蓝图,在领导人的脑子里形成一个轮廓和画面感,然后才能对未来将要发生事情,包括机遇和风险,提前准备。

今天的决策和准备动作决定了明天的生存能力,这就让企业对未来进行深入思考,提前做好行动方案,以增强应对未来不确定性与风险的能力。

(二)管理控制

预算的第二个作用就是用来做控制。

预算是通过详细讨论并得到董事会批准的正式文件,通过定期的总结、报告和分析,发现预算执行上的偏差和原因,通过预警及时调整策略,改进行动方案,或者对资源进行重新调配,使业务重回正常轨道。

基于对未来展望和计划而产生的预算,对企业的经营方向和趋势具有一定的控制作用。当企业将第二年的预算做出来的时候,意味着企业已经有了一条业绩基准线,工作完成得好还是不好、对还是不对,通过报告会有一个比较,这个比较能让企业掌控运营朝向一个合理的和正确的方向前进,这就是控制。

控制在这里指的不仅是控制费用,而且是控制企业的运营态势。例如,收入应该上升还是成本应该下降?是同比例上升还是可以超过收入的上升?这些判断的依据都是预算的基准线。实际发生与预算比较,检查结果是好了还是差了,原因在哪里。通过不断地找原因、修正,可以让企业保持在一个运营区间或态势里,虽然当初的预算可能做得不准,但是长期下去的结果总是越来越接近实际的,这就足够了。

预算的管理控制作用包括控制收入、控制成本、控制投资、控制风险、控制费用等。例如,通过奖惩、提成、考核、奖金等手段控制预算收入目标的达成;通过合理性、额度、效率等指标的控制来降低费用,这些都是预算的控制作用。

(三)绩效评价

预算的第三个作用就是用于绩效评价。

在全面预算理念下,预算是业务部门经理对公司的承诺,也是公司对员工的期望和业绩考核依据。预算的完成情况一般与个人奖金挂钩。通过设定有挑战但可实现的目标,并设置与之相应的激励政策,可激发员工的士气和潜力,这也是很多企业做年度预算的主要诉求点。

将预算数据用于考核指标,一定要避免进入如下的误区:很多企业会简单、直接地将预算形成的数据拿来作为考核的KPI指标,这样有可能将企业引入恶性的预算博弈中。

在探讨收入预算多少合适的时候,员工考虑的是让自己得多少奖金,而实际上,领导关心的是收入,员工关心的是奖金,双方不一致,预算不可避免地进入博弈状态,讨价还价。在这种情况下,员工为了自己获得更多的奖金,不让自己处于一个不利的位置,必然会往反方向做,反而与企业的目标背道而驰,企业希望知道明天会怎样,员工不想告诉企业明天会怎样,因为如果企业知道得越清楚,员工就会觉得对自己越不利。在这种简单粗暴的考核思想指引下,或者预算做不准,或者根本发挥不了作用。

但是,预算一旦不与考核挂钩,就将被边缘化,预算就会显得无足轻重。在一个企业里,最重要的是考核,考核决定一切,所以考核和预算必须有联系,但是不能简单挂钩。

(四)协调沟通

预算的第四个作用就是起到内部协调作用。

做预算和执行预算也是分享信息、促进各部门合作与交流的过程。预算总目标能协调各业务部门和职能部门的子目标和计划,使管理者全盘考虑整个价值链之间的相互联系。预算的上报、下达、质询、协调是沟通手段,高层管理者在预算开始时,积极传递公司愿景、发展方向、战略规划、机遇和挑战。通过预算沟通,让公司上下对未来达成共识,这对企业发展非常重要。

在预算编制阶段,各部门要针对明年的目标与计划进行协调和推演,如生产预算、人员预算和投资预算要与销售预算协调一致,保证计划产能与计划销售相配合,避免因产能不配套而导致供货困难或库存积压浪费。这就是预算作为一个管理工具,将整个企业的组织资源协调起来的作用。

(五)配置资源

预算的第五个作用就是资源配置的工具。

预算在优化资源配置方面的作用起始于预算前的战略梳理,当企业明确了定位和取舍,接续的就是要为实现战略进行人、财、物的配称,这是对企业资源的整合、重组和优化的过程。在预算过程中,预算目标的确定和预算实现方式及行动方案的选择,如增长方式的选择、投资预算、产品预算、产能计划、人员及费用预算等,都是对资源进行合理配置的过程。预算围绕企业目标的实现配置资源,以预算目标的实现来保证战略实现的节奏。

在企业经营面对越来越多的不确定性的时候,企业通过预算的推演、质询和弹性分析,对各项投入和资源再次从合理性、效率性、支持目标等角度进行验证与平衡,目的是将有限的资源达到最优配置。

预算的执行、分析、控制与调整的过程的主要目的之一,是跟踪资源的使用是否与预算目标相匹配以及是否还有优化空间,并根据最新情况调整资源计划。

前面讲述了预算的五大作用,那么,如何才能正确发挥预算的作用?

在企业刚开始做预算的时候,不能同时追求这五个作用同时实现,建议选择其中的一个作为重点目标。当企业预算能够顺利开展了,这些目标都能实现。但是,如果一开始就同时期望这五个目标,对企业的挑战太大,容易适得其反,因为这些作用有时相互之间是有矛盾的。

例如,要想预算主要用于考核,预算就很难做得精准,因为出于考核的目的,大家的博弈性很强。如果说预算不做考核,反而可能预测得准一点,因为没有利益冲突,企业可以将精力集中于真实的业务预测上。

再如,当企业想用预算控制成本、费用的时候,会设定一个考核目标,这时候通常来讲都会向最差的目标去努力。如果费用根据收入来匹配,业务部门就可能倾向于将收入向高报,因为可以多抢一点资源,这种情况下,预算将会失去规划未来的作用。

因此,预算虽然有这么多作用,但是开始做预算的时候,适合选择其中的一个目标为重点实现对象,做一年、两年、做顺利以后再叠加其他的作用。要正确理解预算的作用,它不是即刻就能发挥作用的,需要企业付出长期努力。

五、预算的主要内容

一般情况下,预算是一年一做,年度预算是最典型的预算周期。为了企业年度预算更有方向性,服务于战略目标,真正成为战略执行的一环,预算就必须与战略保持一致。

在管理上，企业的战略意图是通过长期计划来呈现的，所以，在制订年度预算的时候，要依据长期计划中所指明的目标和方向。

即使是制订年度预算，也必须从审视战略和长期计划开始，将其中的重要指标进行分解，然后一步一步落实到年度预算中。

企业的长期计划将在后面战略与预算的关系章节中详细讲解，这里主要关注年度预算的内容组成。

(一)年度预算内容

年度预算主要包括如下模块(见图1.1)：

各个部门	经营部门	财务部门
◆ 费用预算 ◆ 人员预算 ◆ 投资预算 ◆ 行动方案	◆ 销售预算 ◆ 产品预算 ◆ 生产预算 ◆ 项目预算	◆ 资金预算 ◆ 预算汇总 ◆ 平衡预算 ◆ 风险分析

图 1.1 年度预算内容

1. 投资、人员与费用预算

为实现企业的长期计划和下年度目标，企业需要有相应的资源投入匹配。投资与费用预算就是计划这些资源投入的手段。其中，投资预算主要与公司长期发展计划相关，费用预算主要与年度目标实现相关。

投资预算是对资本性支出的购置、改造、维护活动，进行必要性、金额、时间、收益回报的计划和论证。

费用预算是推动组织运营的人员及其相关活动产生的费用进行计划的过程，包括人员成本与费用、行政后勤部门、研发设计部门、产品与服务部门、市场营销部门以及支撑运营的基础设施和公共服务活动费用。

2. 行动方案

为了保证年度预算内容的顺利完成，各个职能部门或者业务单元必然要采取一些有效措施来落实预算目标，其中的一些关键指标、里程碑、重大事项、重要措施和变革等，需要与预算的数据同时呈现给高层管理者，以便让公司经营决策者能更清晰和深刻理解预算数据背后的逻辑以及预算实现的可行性。

3. 经营预算

经营预算包括市场预测、销售收入预算、产品成本预算、产能与供应链规划、采购与存货预算等，其中销售收入预算是其他部分预算的出发点和逻辑基础，一般来说，在成熟企业中，其他部分预算需要与销售收入预算相匹配。

有些企业提供复杂的解决方案和工程实施业务，项目的金额大、周期长、作业复杂，如果只是作为一个销售合同来做预算，恐怕太粗糙，不能反映实际情况，所以这类企业可以制订单独的项目预算,便于管理和控制。

4. 资金预算

这是由财务部门主导的预算,目的是计划平衡预算年度资金变动和需求,为筹资和资金安排提前做好准备。资金预算的主要结果是预算资产负债表、营运资金预测和预计现金流量表。

5. 汇总平衡

所有部门的预算最后要经财务部汇总,形成公司统一的预算。在这个过程中,要平衡各个部门在分别制订自己预算的时候所带来的资源不匹配的问题,在调整平衡的过程中,及时反馈给相关部门,进行调整和完善。

(二)不同规模企业预算的特点

企业每天面对各种机遇与风险,通过预算对未来进行计划和掌控,以更好地应对变化与风险,可以帮助企业提升竞争力,改善盈利能力,甚至对上市公司而言,可能会影响到其股市表现。规模不同的企业,需求也不同,因此,同样采用预算作为管理工具,其应用的方式也不一样。

1. 小微企业

小微企业管理简单,不必照搬大企业预算的程序和逻辑,可以根据自身的需要,做好重点工作即可,不必追求预算的完整性和系统性。一般情况下,做好收入、费用和资金预算即可。

以典型的街边洗衣店为例,单个洗衣店老板每天操心的是营业额、房租、水电费等日常开销、设备故障、顾客满意或投诉,一般不需要做战略计划和年度预算,但仍然要对周边的竞争对手、顾客的喜好、主流顾客变化和行业技术变化保持敏感,以保证持续健康经营。对于这类小微企业而言,做业务计划的需求可能来自融资和成本控制的需要,主要表现为收入和费用预算,产品型企业还要做好进销存的资金预测。

2. 中小企业

中小企业是典型的预算单元,当企业发展起来之后,经营和管理会变得复杂,组织架构也会随着规模的扩张而延伸,分工授权之后,最高管理者就搞不清企业的具体状况了,因此,通过预算控制经营和规划资源就显得非常必要。

假设上述洗衣店经营状况不错,发展壮大后老板成立了一家洗衣中心,并发展了周围几家加盟店,这就要求老板对即将发生的投资进行盘算:企业发展需要多少资金?如何解决可能的资金缺口?中心成立后业务量和盈利的预期是什么?需要采购新设备还是处理多余的设备?需要招聘新工人还是减员?未来新开分店将招聘一些有经验的店长来经营,如何考核他们经营的好坏?……等等一系列的问题,所有这些现在仅凭老板的脑子可能已经不够用了,他需要思考未来,需要将对未来思考的结果形成一个计划,然后需要将这个计划与新的店长进行沟通讨论,达成共识。在企业规模扩大后,预算已经变得非常重要了。

3. 大型企业

大型企业是必须靠管理工具和系统性管理手段来支撑其健康发展的。在众多的管理工具中,预算是最常见的选择,它可以上接战略、下接绩效,以预算为中心,可以帮助集团型公司和大型企业有效建立起商业计划循环,进而驱动企业年度任务的顺利完成。

预算要求必须系统化、制度化，预算的组织要责任到位，预算的过程必须步调一致，按顺序层层上报、汇总、审核、批准，预算的整个过程也更消耗精力。

想象一下，假设经过20年的运营和扩张，洗衣店老板已经通过投资新设和并购拥有了遍布全国的150家洗衣店，现在正在筹备上市，你能想象这个老板如何运营和管理这150家店吗？如果缺少有效的管理工具，他能清楚明年会发生什么？企业做成什么样吗？例如，他要盘算明年全国市场的需求增长是多少？增长目标设在多少合适？为了实现这个目标，需要在哪些城市或区域开新店？需要在哪些店扩大规模？这些需要多少设备投资、房租、工人、培训支出？预算作为一种计划和管理未来的工具，在这种企业已经不可或缺。

(三)企业生命周期不同阶段的预算重点

1. 创业期：项目预算和资本预算

在创业初期，往往是一个客户、一个新产品或一个项目的成败决定了创业企业的生存与发展，创业者所做的预算，重心是项目预算和资本预算。项目预算帮助企业掌握项目的成功和盈利，资本预算帮助在资金短缺的情况下，将有限的资源投入到最需要的地方。

2. 成长期：长期计划和销售预算

企业处于增长的不稳定期，产品定位和细分市场尚未明确，增长的方式不确定，企业还没有达到持续健康盈利的规模，市场上有各种机会和诱惑，但企业资金有限，必须选定明确的市场方向，尽快将销售量和市场份额做上去，赢得生存空间。这里，企业需要使用长期战略计划工具，明确自己的定位和发展方向，识别机遇，抵制风险诱惑，集中精力通过做大销售在市场上站稳脚跟。通过销售预算，执行长期计划，落地营销策略，实现市场增长潜力。

3. 成熟期：成本预算和费用预算

成熟期企业有稳定的客户和市场销售，但随着规模的扩大，成本的控制和系统、流程、人员的效率成为进一步发展的关键，这一阶段可重点通过成本和部门费用预算来控制成本、降低费用、提高效率。

4. 衰退期：生产产能预算、人员预算、现金流预算

在衰退期，市场增长放缓，出现市场萎缩，企业不可避免地会产生销售下滑、盈利减少、资金周转放缓。这时，企业必须密切注意市场变化趋势，如有必要，需要及时调整产能、保证产能和人员数量与业务规模的一定范围的匹配度，提前避免因产能与人员闲置造成的成本损失。同时，也要加强生产计划、存货周转监控，避免过剩生产造成库存积压，吞噬本已紧张的现金。

第二节 预算的种类和适用环境

一、预算的种类

在预算实践中，根据企业预算环境的不同，为了更好地发挥预算的作用，人们总结出了一些好用的预算方法和模型，这些预算方法适应的情况不同，但都能给预算工作带来便利和效果。下面列举几个常用的预算方法的概念并加以阐释。

(一)零基预算

什么是零基预算?

零基预算是指不参照本年或以前年度的情况,完全按照明年的每一项计划活动和事项进行预算,在预算过程中按各项管理活动的重要性和时间性排序,并据此决定资源的分配。

零基预算对预算收支以零为基点,是对预算期内各项支出的必要性、合理性或者各项收入的可行性以及预算数额的大小逐项审议决策,从而予以确定收支水平的预算,一般适用于不经常发生的或者预算编制基础变化较大的预算项目,如市场费用预算、投资预算、产品规划预算等。

零基预算优点明显:通过通盘的重新考虑,将过去不科学、没有效率的或者过时的活动剔除掉,浪费的支出也将会受到抑制,使得公司适应不断变化的商业环境,及时调整策略,引导资源合理分配。

零基预算的缺点是耗时耗力,涉及大量的基础文件和说明工作。

零基预算适用于哪些领域?

在实践中,新成立的公司或业务部门必须使用零基预算方式;在部门预算中,变动费用部分如差旅费、招待费、市场推广费等需要采用零基预算方式。

(二)增量预算

什么是增量预算?

增量预算是以当期实际为基准,通过增减调整来预测下一年。通常影响增减的因素有通货膨胀率、费用要素价格变化、活动频度变化、劳动生产率提升要求以及活动与费用标准变化等。

增量预算的优点是容易理解,可在时间紧迫、人员素质不高的情况下快速编制预算。它的缺点是过多地考虑过去而不是未来,特别是对于那些商业环境快速变化的行业或者企业,这种方法不适用。

(三)固定预算

固定预算是做预算时候的一种思考模式,是相对于弹性预算而言的。根据预算内正常的、可实现的某一业务量水平,企业可以合理地预期某些收入或者开支的总量是一定的,没有大的变化,据此就可以很容易地编制预算。一般适用于固定费用或者总量数额比较稳定的预算项目,如固定成本等。固定预算的表现是开支总额比较确定。

(四)弹性预算

弹性预算是相对于固定预算而言的,在做预算的时候就已经预感到总量的弹性空间很大,但不妨碍企业的管理,因为只要把握好标准,随着业务量的波动,一切仍尽在掌握中。

弹性预算是按照成本(费用)习性分类的基础上,根据量、本、利之间的依存关系编制的预算。一般适用于与业务量有关的成本(费用)、利润等预算项目,如变动成本、混合成本等。如果是弹性预算,则意味着在预算管理的时候,更关注标准而不在意总量。

(五)滚动预算

滚动预算是指随着时间的推移和市场的变化而自行延伸并进行同步调整的预算,适用于预算执行过程中对销售预算、费用预算、人员预算和投资预算等重要预算进行滚动式的预测和管理。本书第九章会详细阐述滚动预算的理念和做法,因此,这里就不做赘述。

如何选择不同的预算方法呢？

企业可针对业务的特点，根据实际情况选择使用零基预算法或增量预算法，或对某一部分预算内容选择性使用或结合使用。例如，有的公司在运行平稳时多采用增量预算法，但当公司遇有重大的内外变化的时候使用零基预算法；有的公司在某些部门如销售市场、研发、生产使用零基预算法，而其他部门如采购、行政、人事使用增量预算法。

二、预算的适用环境

不是每个企业、在任何时候都适合使用预算这个管理工具，需要具备一些条件，要分析企业的人员素质、财务管理体系、考核体系、组织架构、产品和服务特点，根据对这些要素的评估，对企业实施预算的环境做一个初步的判断，以明确公司实施预算管理的切入点、时间和战略节奏如何把握。

预算的这些环境条件准备好了，预算开展起来之后就变得容易了，水到渠成、顺理成章。如果条件准备不到位就开始实施预算，就会显得很唐突。可能会导致：业务部门不愿意配合，思想观念不能转变，协调起来非常耗时耗力。企业的一些基础条件对做好预算工作很重要，如果企业因能力和条件所限还不适合开展预算工作，那就会很麻烦，做预算会显得非常被动。

（一）人员的素质和能力

公司人员的素质和能力，决定了他们对预算是否能接受、会不会做、愿不愿意做以及是否有干劲，据此企业需要衡量预算的进度快慢、程度深浅、覆盖范围。

（二）财务管理体系完备性

企业财务管理体系越健康、越健全，预算就会越发挥更大的作用。如果公司的授权体系、业务规范、审批流程不健全，预算本身单独是无法发挥作用的，也很难起到作用。在做预算之前，先评估一下公司是否有管理上的各种规则和机制：如果有，预算就能配合着加强或者产生更大的效力；如果没有，预算效果肯定没有那么好。企业管理是多管齐下的，需要做综合、全面的工作。

（三）企业的绩效考核体系

预算在很多公司是用来做评价用的，企业的考核体系与绩效奖励方式、与预算的评价是否有机地结合以及成为它的一部分或者是相互直接或间接连接等，都会影响预算实施的效果。如果考核与预算完全分离，预算就会被边缘化，因为在一个公司里最重要的是考核，而考核要想做好，是依赖预算数据的。为了更好地发挥预算的作用，考核和预算要紧密联系，必须对考核体系是否科学、完整进行系统评价，做好考核与预算的衔接。

（四）企业组织架构

企业组织架构如果清晰、明确、责任到位，预算就能到位，而如果组织机构本身就是含糊的，例如，公司总经理因为看不上主管研发的副总裁，就将他边缘化，让研发的经理直接向总经理本人汇报，这些组织结构上很含糊的东西会让究竟谁负责预算、谁做预算、谁能干预预算变得不清晰。预算做不好，有时与企业背后的组织权力、管理关系混乱有直接关系，这些会导致预算最终没人负责、多人干预、所有人都有借口、每个人都觉得这不是自己的事，那么预算工作一定开展不起来。

(五)产品和服务的业务特点

不同的行业、不同的产品预算的方式是不同的,做服务、制造、金融、房地产,因业务特点不同,做预算的方式也不一样。例如,对于房地产企业,最重要的不是公司级的预算,公司级的预算只要做好费用就可以了,最重要的是项目的预算;对于制造型企业,最重要的是产供销的预算,费用预算还是次要的;对于做服务业来讲,最重要的就是人员和费用预算,其他的就没那么重要了。企业不同的特点让其预算主导思想不同,有的企业是销售主导型,有的企业是产品主导型,不同主导型的企业做预算的起点就不一样。企业从市场开始倒推还是从企业的产品开始正向往前去计算,这需要评估企业的环境特点,然后再来决定预算的原则和出发点。

(六)预算管理实施的战略节奏

根据前面所有的评估,企业要做一个初步的判断,公司从做预算开始,多长时间能让预算在企业达到管理效果,是3年能做好还是5年能做好,这与预算要达到的目标有关系。如果是5年做好,那第一年只要熟悉预算就可以了,第二年要会做,第三年要做得比较准,第四年要发挥作用。如果想要两年做好,那么第一年就得将它做得像模像样了,第二年就会发挥作用了。这种关于预算环境的评估有助于做好预算,是在企业开展预算之前要做的准备工作。

第三节　预算、战略与绩效

预算是上接战略、下接绩效的一个有效工具,是将公司的战略目标与员工的行动有机地联系在一起的桥梁,驱动企业这架复杂的机器高效运转。在众多的管理会计工具中,对企业改善管理最立竿见影的当属预算。预算本身并不是最终目的,更多的是充当一种在企业战略和经营绩效之间联系的工具。

一、预算是战略执行的工具

好的战略关键在于实施落实,战略执行需要健全的管理控制体系做保障。预算是对企业长期战略目标和计划的第一年年度经营计划进行细化和落实的过程,是支撑战略实现的子系统,战略执行的第一步是将战略目标和计划进行分解和落实。在此过程中,公司战略目标被分解和传递为部门目标和员工个人目标,这些目标勾画了对公司部门和员工的期望及其未来的重要工作,将公司年度目标和计划数量化,即成为预算。因此,预算是战略执行的工具,预算目标体现公司战略目标,人员、投资和费用预算体现战略取舍和配称的落地,预算控制的重点体现战略导向。预算是衔接战略与企业日常经营活动的手段,企业通过预算连接长期和短期计划,通过预算贯彻战略意图,通过预算保障战略执行。

企业可以将预算管理的过程结构化为如图1.2所示的六个要素。

在预算管理过程中,战略和长期计划为最主要的指引,由此形成的预算年度的公司级和部门级工作计划是预算的具体形成基础,将各领域的计划用货币来表示,并以财务的方式进一步计算出利润、净现金流、资产未来状况等,就将未来的经营与预算之间建立了密切联系。

在预算的执行与管理中,定期将预算与实际情况进行对比分析,以此对比分析具体的管

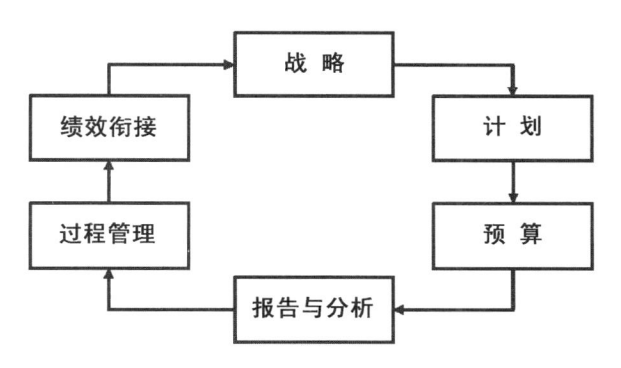

图 1.2 预算管理循环

理问题,对于差额比较大的内容,可以实施深度介入业务细节的过程管理,也可以依现实情况重新测算,即进行滚动预算。对公司和业务领域实际达成的经营成果,链接到绩效领域,进行相应的绩效奖惩,这种衔接既可以是公司级的,也可以是部门级的,甚至可以进一步细化到关键管理岗位,以此做到上接战略、下接绩效。

(一)理解企业成长方式

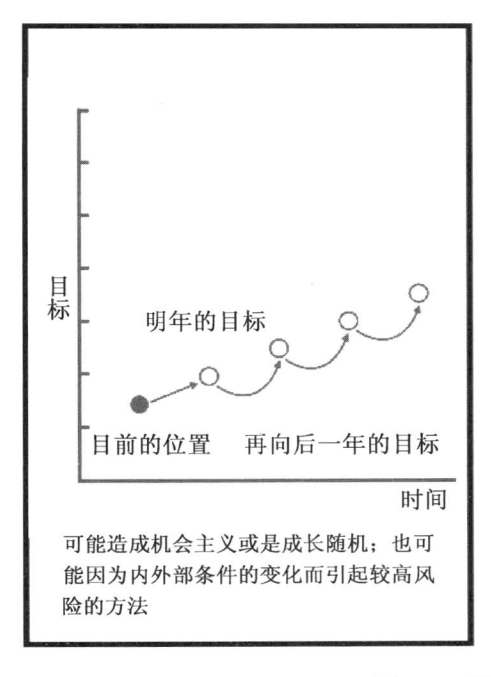

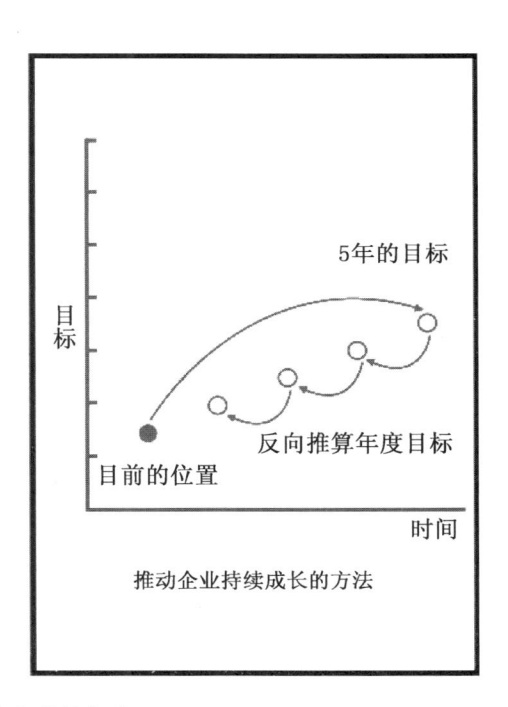

图 1.3 两种企业成长方式

1. 自然成长型

企业发展有两种不同的路线或类型,其中一种是自然成长型或适应型,指企业随市场环境变化而自然生长。一般来讲,自然成长型企业是与市场同步的。换言之,企业发展可快可慢。当市场环境好时，企业只要做好自己的工作就可以发展；当没有好的外部条件时，它也会慢慢发展，这种企业没有什么竞争力，有时候可能会失去商机。

2. 目标引领型

目标引领型也可称为战略驱动型。以终为始，这种企业是先设一个未来的目标，比如说5年内公司要成为同行业的世界级公司。

目标引领型企业的计划要倒推回来看，第五年如果想做到世界500强，是否第四年需要先成为中国500强？要想做成中国500强，第三年需要先成为本地区的500强，想做成本地区的500强，还需要先在明年做成本市的500强。第一步先迈向本市500强，这时公司的收入、成本、利润、投资、人员、格局大概都是什么样子的，企业要去描绘和发展。这种企业叫战略目标引领型，也是成长比较快的企业。

(二)预算是目标引领型企业适用的工具

有战略的企业，在员工士气、组织效率、资源有效利用程度方面是不一样的。战略不仅让企业能看到未来，最重要的是让企业今天做的事与未来有衔接，让企业有一种危机感和紧迫感，有竞争意识，这样的企业更容易成功。

预算其实就是典型战略引导型企业想达成目标时引入的管理工具。企业想做好，就需要借助先进的管理工具和模式。

由此可以看出，企业预算与战略是一脉相承的，想要做好预算，必须基于对企业战略的深入思考。

(三)理解战略后再做预算

基于战略上的思考，才清楚公司要去哪里，清楚资源该如何分配，也就清楚接下来的计划，以及什么是重要的、什么是不重要的。如果在经理人的脑子中，对企业未来发展和将要采取的措施不了解，那么做预算的时候，可能各个部门会根据上一年的情况随便填个数，这样是无法获得更好的发展和竞争力的，也就失去了做预算的意义。

(四)长期计划

战略与长期计划一般是企业对未来3~5年的发展方向、目标和增长方式的纲领性文件。预算是将公司未来要实现的目标分解到当下的任务的过程，目标的确定是预算的核心。企业长期计划的确定，有利于预算目标的确定。长期计划表明企业未来5年要做成什么样，预算就是第二年走到哪里去。如果不清楚未来5年的目标和计划，第二年的目标也不会清楚，资源的投放、究竟应该做些什么、哪些是重点工作，也就找不准了。因为今天做的事与未来可能没有衔接，所以为了做好预算，最好在这之前有战略和长期计划指引。

通常，在实务中，企业也可以尝试将长期计划粗略地数据化，测试一下在该计划下，企业的利润和现金流情况，作为长期计划取舍的决策思考要素。在工作中经常有这样的情况，在仅仅有收入目标的情况下，未来的情况似乎很乐观；当比较详细地配套上代表着开支的各种工作计划和措施后，发现企业的利润和现金流情况非常不乐观，这个过程可以帮助企业尽早调整战略细节。

在长期工作计划的基础上，企业及相关经营部门就有的放矢，可以制订有针对性的年度计划，而不是仅仅依据过去的情况，在做年度预算之前，由领导来拍脑袋了。

二、预算管理是绩效管理的重要支撑

绩效管理是指管理者与员工之间就目标与如何实现目标方面达成共识的基础上,通过激励和帮助员工取得优异绩效从而实现组织目标的管理方法。绩效管理所涵盖的问题主要包括:如何确定有效的目标?如何使目标在管理者与员工之间达成共识?如何引导员工朝向正确的目标发展?如何对实现目标的过程进行监控?部门目标与个人目标对公司整体绩效将产生什么样的影响?如何对实现的业绩进行评价和对目标业绩进行改进?

预算管理是落实绩效的重要工具。首先,预算为业绩考核提供了可量化的基础,预算目标一般会成为绩效考核指标的标杆值。好的预算在一定程度上让企业具有对未来的预见性和前瞻性,能让企业清楚实际行动结果与目标设想的偏差有多远,便于企业查找问题、反思原因,进而去改变业绩,所以预算是为了提升业绩的。预算能让企业更清晰地把握资源的分配,因为预算给了企业对未来演绎、推演的蓝图,也引导企业将有限的时间、精力和资源分配到什么地方,这样就有了前瞻性;预算也是帮企业做业务单元和责任中心评价的有效工具,目标任务的完成程度和业绩表现的好坏在预算制度下都有一个尺度、标准、目标,预算起到的就是这些连接绩效的作用。

其次,通过对实际经营结果与预算的差异分析,企业可以加强对预算执行情况的掌握,及时发现和纠正偏差,如果发生了重大的外部或内部因素变化,及时做出正确的调整决策。从这一点看,好的预算和预算管理是保障企业安全顺利到达目的地的导航系统,企业的大船在行驶中可以因风流偶尔偏离航线,但精准的导航系统仍可以保证其正确的航向并最终将它带到目的地,所以预算管理是保障企业绩效的有力工具。

三、预算的准确性问题

预算很难做准确,经常与实际情况相差甚远,这导致企业基于预算的很多工作不好开展,如资源配置、项目进度、人员招聘、资金安排、绩效考核等。这让企业非常困惑,预算的不准确导致很多企业在对待预算上是犹豫不前甚至半途而废。

(一)预算为什么很难准确

由于企业经营管理环境的复杂性,制约经营成果和收益水平的许多因素是不可预见的,要在事前精确制定企业预算目标,做到百分之百的公平合理是不现实的。

具体而言,目标定高了或是定低了都是不可避免的。

预算一般都是不准确的,因为企业不清楚明年会发生什么,但企业仍然要做预算。因为从表面上看,预算是以过去的经验判断为基础对未来的预测,结果可能多也可能少,但同时,预算也是一个人向上级的承诺和与之配套的资源规划、行动计划,预算负责人要兢兢业业、努力工作,最后将目标达成。

(二)预算数据的准确是否重要

预算是否准确不是最重要的,最重要的是这个预算是谁承诺的?

预算不是单纯的预测,在某种程度上,它是个承诺。哪怕做出承诺和努力的经理人最后没达到目标,已经不重要了,最重要的是因为有一个明确目标,他一直为这个目标努力。如果没有预算,经理人就没有目标指向性,没有承诺和考核的约束性力量,企业发展很有可能是听天由命的状态。

是谁承诺的谁就要尽全力地去实现。例如,生产制造部要达到多大的产能以及明年生产多少产品,研发设计部明年推出几款产品,销售部明年完成多少销售额,这些全都得自己盘算。在这种情况下,这些部门向领导承诺之后,领导每天看着它们一步步做出来。

各部门自己做出承诺,给出预算数,而不是财务给出一个数据,这个数据可能会不准,但是它具有了一个指导性方向,否则猜一个数据也可能会猜准,但那不具备指导性。

(三)判断预算编制好坏的依据

预算本身是为了推进企业管理,推进绩效实现,而不是自娱自乐的算术题。企业的核心角色是追求利益,而不是追求完美和井井有条。全面预算做得是否准确,并不是评价一个企业全面预算发挥作用的标准。

预算管理的主体和预算目标的审批者应该注意以下两方面观念的转变:

一是追求预算目标百分之百的准确没有意义,预算工作的努力方向是:预算目标的制定必须经过科学、系统的决策程序,采用先进的研究分析方法,符合公司的整体战略部署,这样形成的预算目标就具体企业而言不一定百分之百的准确和公平,但从长期和大多数企业来看是一种科学、合理和不断贴近实际的预算目标。

二是管理和控制本身是一种艺术,预算作为一种控制手段,并不是要通过预算目标将企业控制在某一个点上(收入、利润),而是将企业的运营和发展控制在一个区间或是一种趋势之中。

预算目标定低了没关系,只要公司的整体战略目标得以实现,企业的经营没有超过出资人可以接受和容忍的范围,作为预算管理者,应该给企业一定的自主空间,以调动经营者的潜力和积极性。

▲ 企业预算编制指引

企业如果想应用预算管理工具,必须首先在高管层达成一致,企业为什么要编制预算?究竟想起到什么作用?如果不能解决这个根本问题,必然会出现预算编制过程中的各种烦恼,导致预算工作无法真正开展或者半途而废。

在企业准备编制预算之前,有必要对公司的高管层进行系统性的预算培训,只有管理者对预算有了全面、系统的认知,了解预算的优点和缺点,清楚预算能解决什么和不能解决什么,再来决定企业是否使用预算以及如何使用预算,并且可以预判在整个预算应用过程中可能会产生的问题,以便提前应对。

预算知识和预算理念的普及,是企业预算编制的前提。

第二章

预算管理制度

【本章内容简介】

本章主要讲解预算应用中的基础准备工作和前置工作。任何企业要想开展预算,都需要有相应的制度做保障,最好有一整套规章体系来指导预算工作的开展,否则必然导致顾此失彼、责任不清,最后达不到效果,或者事与愿违。

在预算之前需要确定预算组织资源,规划预算体系,最好能让预算制度先行做保障,如果有条件或者需要还可以引入预算管理系统工具,这样可以让预算更高效,且易于有机地融入业务流程中。

预算是围绕战略执行而进行的,因此,一个良好的长期计划或者未来3～5年的战略目标有利于预算的衔接。预算要向战略看齐,以战略为导向,是承载战略执行的工具。

预算并不是封闭、独立存在的,预算的应用也必然会与其他管理工具产生重叠和交叉,甚至在理念和方向上有冲突,企业需要协调好不同管理工具间的这种摩擦,让各种管理工具协同发挥效用。

以上所述的这些基本原理和工作方法就是本章阐述的重点内容。

【学习目标】

通过本章的学习,使学员清楚预算实施的基础工作和前置工作内容有哪些,了解预算在实施的过程中会有哪些协调的资源和事项,理解预算的实施是一个复杂的有机过程,进而在工作中避免预算带来的负面影响。

【要点提示】

- 如果全面预算倡导的是业务部门制订预算,那么财务部门在预算中的职责是什么?财务人员学习预算的目的是什么?
- 如何落实预算编制的责任?
- 为了让预算发挥作用,如何在预算编制的责任体系中构建这种机制?
- 预算制度的作用和主要内容是什么?

- 预算系统工具对企业做好预算有哪些帮助?
- 预算的开展容易对哪些现存的管理工具和管理模式产生影响?
- 一般企业实施预算分为几个阶段才能达到期望的效果?
- 如何避免预算的负面影响?

【案例思考】

预算究竟是财务负责人的事还是公司负责人的事?对此,不同的公司、不同的领导有完全不同的看法,大部分公司将预算看作财务的事情,因此,这些企业也很难真正建立起职业化管理的体制。

宁高宁是原华润、中粮的负责人,他对财务非常精通,在公司内部倡导以财务为核心来管理企业,他对预算的看法代表了管理人员更高层次上对预算的思考。他的观点对于理解什么是预算以及预算的作用有很重要的参考意义。以下是他关于预算的一些观点:

- 预算应该是战略性的思考的过程,而不是一个简单的凑数的过程。
- 预算应该是自身进步的工作计划,不是一个上交的作业,应该将它当事来干,而不是交作业。
- 预算是管理团队的共同工作,不是某一个人或者财务部的工作,财务部无非是将大家提供的数据用财务的方式汇总起来,写出来而已,其实是该做多少、该卖多少、能卖多少、能生产多少、能上什么东西,是大家思考的,写出来不写出来,是财务部写还是秘书写都无所谓。
- 做预算最怕的就是没有引起企业对行业的真正思考,而是简单地凑个数就开始工作了,结果忘了方向,忘了下一步走到哪儿去了。
- 即使完成了预算指标,也可能不是按照企业的方向去完成的,也就是说,今年定了多少收入,结果你将收入完成了,那不一定是与企业的战略方向一致的,因为很可能你们主推的是A产品,结果A产品今年没做好,将B产品做了,B产品本来是要淘汰的,结果任务完成了,但是离战略越来越远了,那是不行的。如果不能主动建立企业的战略,在产业建立企业的战略和行业地位,企业可能就会错失发展机遇,失去竞争力。
- 应该将预算作为工具,而不是将预算作为束缚自己与公司谈判的一种过程,这是对预算的正确看法。

第一节 预算管理制度体系

一、管理者在预算中的角色

预算是一把手工程,企业的负责人也是预算的负责人,预算又是公司的行为,从专业性角度上看,财务部门是辅助企业老总推行和主导预算工作的合适人选,但这并不意味着预算是财务部门的事情。在预算中,中高层管理者的责任一般划分如下:

(一)预算管理委员会

高层起到战略引领和资源配给作用。

作为公司的高层,不仅是提出要做预算,然后将这项任务交给财务人员就结束。高层在预算中的作用非常巨大,公司未来的大方向、大计划都要由高层来决定,公司对做预算有多重视以及准备投入多少管理资源也是由高层确定的。

对于战略来讲,也不是企业家仅仅提出个目标,如未来3年增长3倍,就认为战略已经有了。战略要细化,在财务、客户、运营、能力各方面都要细化,才能指导业务部和财务部做出好的预算。

大型企业可以建立预算管理委员会,以便更好地协调资源做好预算工作,如无必要,则以公司负责人为预算负责人。预算管理委员会由以下成员组成:董事长或CEO(首席执行官,这里指执行总裁)、总经理、CFO(首席财务官,这里指财务总监)、副总经理、职能部门或责任单位负责人。预算管理委员会的主要职责如下:

(1)审议确定预算目标和政策程序;
(2)审定下达正式预算;
(3)根据需要调整或修订预算;
(4)分析研究预算执行的业绩报告,制定控制政策和奖惩制度;
(5)仲裁有关预算冲突。

(二)中层管理者的责任

中层管理者包括职能部门负责人、业务部门、车间班组负责人及有关项目负责人等。中层管理者在预算中的主要责任是:确立预算编制的基本逻辑,参与编制预算、上报本部门或者项目的预算,执行预算,控制、考核和分析本部门或者项目的预算执行情况并不断改进。

在全面预算理念下,预算的责任在各个业务部门。例如,销售预算只有是销售部自己做出来的才有用,财务部替销售部做的预算没有价值。对于销售部自己想做成什么样的预算财务部并不清楚,销售部是否能实现预算财务部也把握不了,财务部对销售部没有掌控力,没有判断力,分不清淡、旺季,因为财务部不是做业务的,只是后台做记录的。

做预算非常重要的是企业所有的中层干部和领导学会做预算,成为预算的责任人,财务部的角色是协助公司做好预算,汇总得出明年总体的收入、总体的利润和现金流。

业务部门在预算中主要负责的工作如下:根据战略和公司的长远规划,制订预算年度的工作计划,寻找和讨论本领域的KPI,思考本领域的目标达成方案,将本领域的收支转化成财务口径的数据。

(三)财务部门的角色

财务部的作用是推进预算过程,以财务总监为核心,财务部门在预算实施的过程中承担专家和推动者的角色。财务总监领导公司相关部门制定预算管理制度,组织、指导、协调预算管理工作,报告预算执行情况。

财务经理或财务主管、预算管理人员在预算委员会和财务总监领导下,负责具体全面预算管理的实施,测算预算目标,初审、汇总和平衡预算草案,控制、考核、分析各部门预算执行情况,提出修订预算建议,协调并处理预算管理中的问题。

现阶段,中国企业的管理水平普遍不高,很多企业对财务管理不重视,对先进的管理工具没有认知。在这种情况下,财务人员需要先学会做预算,之后要去培训和指导业务部门做,向领导说清楚预算为什么重要,督促领导重视并开始使用预算。预算开始阶段很可能做得不够全面,再将它逐步推进到全面,最后企业整体的管理水平才会得到提高。

二、预算责任体系

企业建立健全预算责任体系,分清与落实预算目标设置、预算编制、目标分解、预算执行、监控考核责任,目的是防止预算管理松散、随意,防止预算编制、执行、考核流于形式以及预算管理的作用得不到有效发挥。

(一)预算的三级管理体制

1. 预算的决策机构

预算决策机构由董事会和预算管理委员会组成。董事会主要下达经营目标及执行预算的最终审核。预算管理委员会对董事会负责,一般预算委员会应由企业最高领导,如董事长(或总经理)亲自挂帅,由副总经理、各部门主要领导组成,主要进行预算的审核、批准、调整和协调等,负责全面预算管理的组织和控制,拟订企业财务预算编制与管理的原则,解决预算编制和执行过程中的重大问题,审议企业全面预算执行情况季度分析工作并提出改进措施和工作目标,审议财务预算执行结果的考核和奖惩。

2. 预算管理工作组

预算工作组是预算管理的日常运营部门,具体负责预算的编制,提供各部门所需预算表格和参考数据;收集各部门提供的预算资料,按一定的方法和程序汇总编制成预算草案,报预算委员会批准;对已批准的预算组织实施、检查、评价、分析和考核。

预算管理工作组一般由财务负责人领导,由财务部或者企管部等适合的人员组成。

3. 预算的执行机构

由各个预算执行部门的负责人组成,负责本部门的预算编制、分解、执行、控制、分析、改进的管理工作。一般分为投资中心、利润中心、成本中心三种类型。

与预算相关的具体工作包括:决定公司内部经营性资源的分配和日常资金调度;分解预算指标、推动预算任务的落实;审核、汇总、平衡各责任中心预算;检查、分析、考核各责任中心预算执行情况,决定内部奖惩制度;主导内部责任单位的预算调整项目;参与公司层预算目标的确定;制订本部门完成预算目标的具体方案和措施;编制预算执行情况报告。

(二)预算的责任中心体系

预算主要用来评价部门、作业单元、业务单元的业务水平、能力和绩效,为了开展评价,企业一般按价值创造范围和管控范围划分管控单元,这种管控单元有小有大,中间就是部门,小的就是部门下面的子部门。例如,制造部下面还有库房,有生产线,有采购,大的部门就是制造部,部门或子部门被称为成本中心。当然,还有更大的级别的,比如事业部,一个事业部下面可能有产、供、销,有完整的损益表,模拟计算收入、成本、费用,最后是利润,事业部一般也可成为利润中心。当然,如果公司的组织架构划分各方面都做得比较到位,则尽量划分成利润中心和成本中心。

下面列示几种典型的组织模式,分别对应不同的预算责任中心体制。

1. 事业部制组织结构下的预算责任体系

事业部制的情况下,每个事业部可以看作一个利润中心,以损益表为预算的核心目标,如图2.1所示。

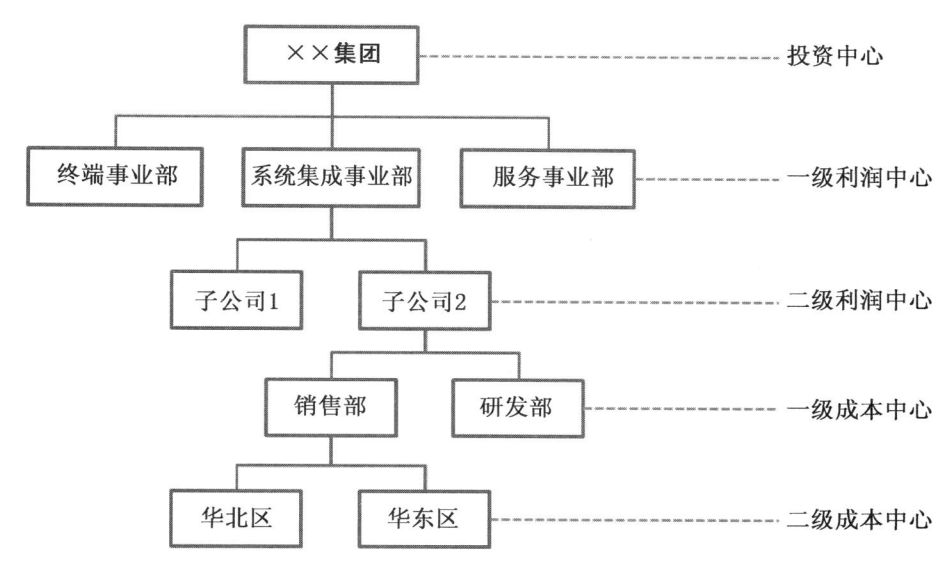

图 2.1 事业部制组织结构

2. 直线职能制组织结构下的预算责任体系

传统直线性领导关系的组织适合将每个部门作为成本中心作为预算考核单元,如图 2.2 所示。

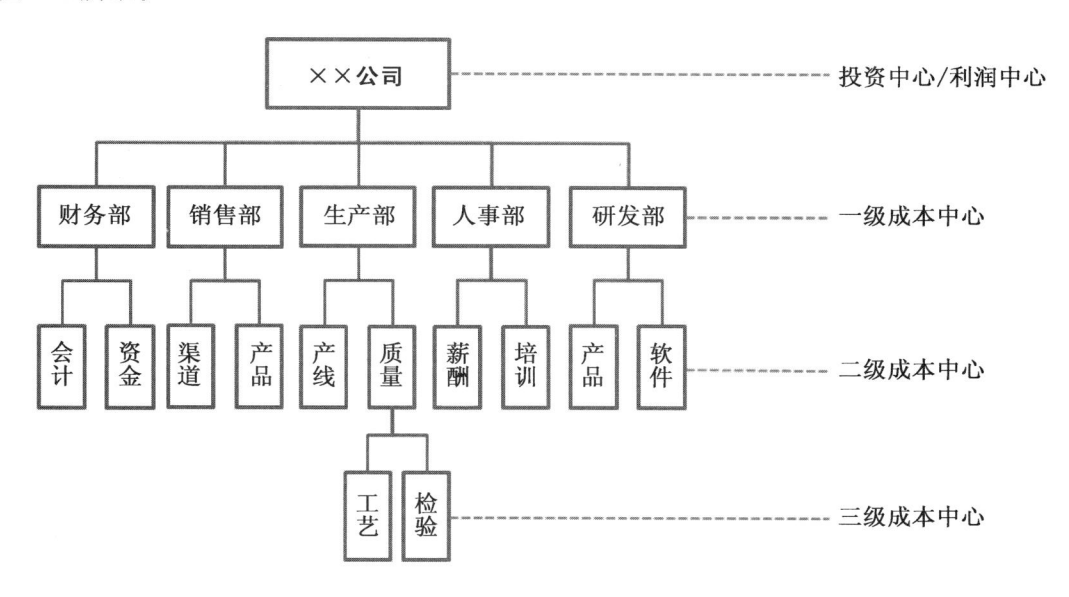

图 2.2 直线职能制组织结构

综合前面的职责与角色的论述,图 2.3 是典型的预算管理组织安排。

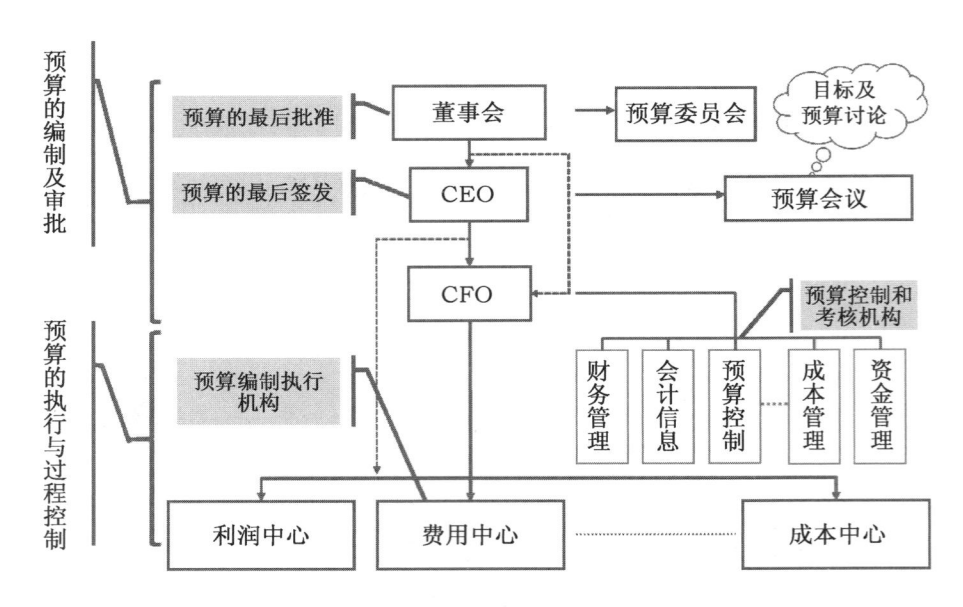

图 2.3　预算实施的组织结构

三、预算制度

企业实施全面预算,需要先有一套预算制度,这样企业各个部门就会各负其责,也会主动与财务部门配合,预算工作也就得以顺利开展。

(一)预算制度的内容

预算制度是将公司如何做好预算工作的要求、责任和程序等予以明确。在预算制度中,往往会有如下的条款:

(1)公司多长时间做一次预算?

(2)谁必须参加预算工作?

(3)预算在公司中起什么作用?

(4)预算和考核的关系?

(5)预算应该由谁组织?

(6)哪些部门参与协调相关流程和政策?

(7)其他。

预算制度的模板见本书附录参考:ABC 股份有限公司《预算管理制度》。

(二)预算制度的作用

在预算制度下,大家各负其责、各司其职,明确责任与义务。有了预算制度,预算什么时间做、如何做、做到什么程度,都有相应的规定,要落实各部门的责任,将大家组织起来,让所有人清楚预算不只是财务部门的事情,更是公司的事情,财务部门只因为其专业性,在公司里受领导的委托来主导预算过程,但预算工作是所有部门的工作。

有了预算制度,才能将预算体制固化下来,让所有参与者重视,各个职能部门和业务单元在编制预算的时候对一些基本规则也有章可循,避免因人为因素导致效率降低,这样也能减少对预算的错误认知。例如,在管理基础薄弱的公司,财务部根据领导的要求督促各个业务部门做预算时,好像财务部在给别的部门找事情做一样。公司预算制度的目的是要让所有人清楚,预算是公司的一件大事,是系统性的、全面的工作,每个人都要被纳入其中。因此,预算制度的建立为做预算开展铺平了道路。

第二节　预算支撑和协同

一、支撑预算的数据采集反馈体系

预算要想顺利进行,需要采集和处理大量的数据,无论是在预算的编制过程中还是执行过程中,都需要数据来表示和验证预算的情况。例如,在预算编制阶段,需要市场数据和企业历史数据;在预算的执行过程中,需要掌握收入、发货、劳务提供情况以及项目进展、各项开支、销售的批发与零售量、网站的流量、APP 的装机量和激活量等数据。

如果没有足够的数据支撑,预算就无法顺利开展,发挥的作用也会有限。反过来,如果有了这些数据,即使不做预算,也一定会大大改善企业经营管理和决策行为。因此,数据系统无论如何都是重要的。

在预算中,企业常用的信息数据源包括以下几个方面:

(一)市场情报搜集与分析系统

预算要求企业要有很好的对未来进行预计和预测的能力,预测是不容易做准的,所以如果企业能获得更多的市场及其他方面的信息情报,就能对未来预测得更好、更准确。在市场快速发展变化、竞争日益激烈的今天,企业加强对市场、客户、竞争对手的理解,从而及时根据市场情况变化调整策略,显得尤为重要。

很多企业在销售市场部门或战略发展部门设有市场情报与分析职能,市场情报分析的主要工作是获取与公司所在市场或将要进入的市场相关的信息,包括竞争对手情报、产品情报、市场分析和客户分析,是支持企业决策的重要信息。企业预算所需要的市场信息包括:

(1)市场容量与市场份额,市场机会,市场发展趋势。
(2)客户需求分析,产品需求,客户满意度和忠诚度。
(3)竞争对手的新动向、投资、战略及组织结构变化。
(4)竞争产品的性能、定位和价格,竞争对手营销渠道和市场推广策略。

好的市场情报工作能够帮助企业的高层管理者做出正确的决策和快速的反应。例如,市场发展的趋势和企业的发展机会在哪里?企业应在哪个领域投入更多的资源?企业应向哪个市场渗透?

总之,良好组织和高效运作的市场信息情报系统,就像是企业的眼睛和耳朵,它让企业对外界变化保持高度敏感,并进而帮助企业提升预测未来和调整策略的能力。

(二)基于管理会计的报告系统

全面预算是由业务部门根据业务特点编制的,带有浓厚的行业和企业个性化特点,传统的标准化会计报告难以支撑对预算的追踪和考核工作。管理会计的核心功能是向管理决策者提供与规划、控制、决策和评价相关的有用信息,管理会计报告具有多维度、灵活性和个性化的特点。

企业开展全面预算的基础工作之一,就是改造和升级传统的单一功能的会计报告体系,利用业务信息系统和责任中心的设置,建立基于管理会计的报告系统,支持对预算结果实施及时追踪考核,以最大限度地发挥预算的作用。

本书中所提到的报表、报告也都是基于管理会计的概念和原则,而不是基于会计准则。因此,损益表、资产负债表等都是简化过的,包括费用也不是按照会计科目和会计准则以及税法要求的归属而填列,是基于管理会计对成本费用的性态划分而填列的,区分固定成本与变动成本,但不分摊制造费用,将所有的间接费用看成是同一种性质,并且不将财务费用作为重点,这些都是基于企业要将财务会计升级为管理会计,才能更好地用好预算和成本管理等管理工具,请读者在学习本书的时候留意。

(三)非财务数据采集反馈系统

预算目标明确以后,最后的业绩结果要与预算去对比,对比时要采集实际发生的数据,但很多数据不在财务会计账目上。例如,对于市场份额、发货量、零售量、项目的进度,就要有一套数据采集的系统;再如,让店面销售或项目经理每个星期汇报工作,这叫数据的反馈系统。

有了数据的反馈系统,定期能拿到数据,与预算进行比较,就会了解企业业绩好坏情况。很多企业做的是财务预算,只是将与财务相关的数据进行对比分析,但全面预算有很多的数据远超过财务账目系统范围。比如,对于营销费用中广告费的分析和控制,需要对广告费进行单独的预算和台账记录,以便后续分析管理;又如,对于大项目收入成本进度的监控,是否超预算是依赖项目管理系统的,而这些都是根据管控模式建立起来的数据采集反馈系统。

二、预算与其他管理手段的协同效应

财务管理中有很多工具,如管成本的工具、管现金流的工具。企业每个月都在做管理报告,但管理报告如果不与预算紧密联系在一起,它的作用就会大打折扣。以预算、绩效和报告关系为例,预算不是独立发挥作用的,绩效考核也不是独立发挥作用的,财务分析和报告也不具备独立性,将预算、绩效、报告这三方面连在一起,协同应用,形成一个组合,在企业里才能真正充分发挥作用。以下是预算与各种管理手段的协同效应的总结:

(一)预算与战略的协同

关于预算对战略的作用,如本书第一章第三节所述,预算是协助战略执行的重要工具,同时战略对预算的促进作用也是非常明显的。在长期战略明确的前提下,企业的年度预算只不过是战略在预算年度的落实,在预算阶段,企业不需要再花大量的精力去过多地考虑战略方向和选择的问题,明确的战略有助于企业更好地定位、目标设置和资源配置决策。没有战略规划的企业则不得不在预算阶段考虑很多方向性、取舍性和资源配称性的问题,尤其是在预算时间紧的情况下,可能会因为缺乏系统和深入的战略思考而影响目标设置和资源分配决策的质量。

(二)预算与成本管理的协同

完善的成本管理基础工作是保证标准成本和各项定额可靠性的前提,如果基础数据不准确、不完善,那么整个预算的准确性和有用性就无从谈起。因此,企业实施全面预算管理一定要从源头抓起,确保成本核算基础工作对预算的支持。同时,标准成本和费用定额本身可作为预算产品成本和销售成本的计算基础,为预算的编制提供简捷的指引。最后,标准成本和费用定额也可作为预算年度考核研发部门、制造部门和采购部门成本控制的标准与目标,通过预算考核的方式强化和落实成本控制责任。

(三)预算与内部控制的协同

首先,预算与内部控制在管理和控制风险上目标一致但各有侧重。预算是通过提高预测的质量做出对未来的计划与应对方案,达到趋利避险的目的;内部控制是通过系统的制度、规范和流程及其有效运行来改善企业资源的运营效率和效果,堵塞漏洞,控制内外部风险。

内部控制制度中最重要的一项是企业授权审批制度和审批权限体系,它决定了在权责对等的结构下权力对资源的支配规则,体现了人人为自己的目标和控制的资源负责,实现企业的高效规范运行。体现在对预算支出项目的审批上,预算内支出在证明其合理性和必要性的前提下,可获得更加简化、快速的审批;对于预算外支出项目,则需要提高审批级别,严格审批程序。可见,预算在一定程度上使内部控制更加聚焦、简洁和高效。同时,企业建立完善的预算管理制度、预算编制指导手册、财务报告与分析制度、绩效考核制度等各项配套管理制度是预算管理能够顺利推进的前提。

最后,对于预算提出的控制重点和控制目标,企业健全的业务政策、规范和管理制度是实施预算管理控制的必要手段。例如,为落实预算控制,企业要明确采购、生产、销售等关键业务环节的控制点,制订相关制度与流程,如固定资产采购与支出管理办法、员工差旅费标准与报销流程、市场活动管理办法、物料报废流程等。

(四)预算与绩效的协同

企业的总预算目标是考核总经理的标准,预算分解后的预算目标是考核各业务部门的主要依据。在企业的月度经营分析会上,通过实际结果与预算的比较,可以对各部门和员工的业绩进行考评,通过分析、解释行动计划,使各部门及时调整偏差或追赶业绩差距,即通过绩效考核促进预算目标的实现。预算考核是预算管理循环的终点,又是下一轮预算管理的起点。预算是整个绩效管理的基础和依据。预算管理既要对预算目标进行落实,又要对预算的结果进行考评。考评必须与经济利益挂钩,才能调动员工的积极性,起到预算管理的激励作用。

在现实的企业管理工作中,将预算与绩效联动是一个难点,操作起来经常不得要领。对于这个问题,企业可以将预算的工作成果要求再分为三部分,通过明确和推进这三部分,真正达成预算与绩效紧密衔接。

预算三大工作成果结构如下:

(1)预算套表。即以财务报表和辅助明细表为主体的表格数据体系。

(2)各运营领域管理和考核的关键KPI。这些KPI有些是预算数据,如销售收入;有些则不是,如生产上的合格率。同时,尽可能多地将KPI的变动与财务成果相关联,找到这些KPI的变动对收入、费用以及最终利润现金流的影响,这一点至关重要,也是实际预算编制工作中的难点。这样做就可以将绩效指标的目标和预算结果紧密联系起来。

（3）达成绩效目标的关键行动。对于绩效目标的达成，实际上不止一种方法，有些方法是要额外付出代价的，如减价促销、打广告等。这一步骤有非常大的必要性，包括排除那些企业不希望的做法以及将需要进一步投入的措施纳入预算体系，避免遗漏。

相当一部分的企业预算效果做不好，与绩效管理两张皮，主要就是预算表格不足以提供考核需要的管控指标，考核不得不另外设定和寻找指标，而这些另外寻找的指标往往在预算过程中被忽略。再者，即使有了绩效目标，相当一部分的企业以"结果管理"为导向，不再关注和讨论从而达成措施，结果容易导致绩效指标达成了，但是代价过高或者将代价转移到其他部门而导致企业的目标达不成。

有的管理者认为，不考虑行动也没关系，没必要搞得那么复杂，到时候该发生的一样会发生。其实则不然，尤其是在市场经济环境下，一件事情会有很多不同的做法，不同做法的结果也大不相同，有些性价比高的外部资源，谁先策划然后选择谁就能拿到，后来的企业就会失去机会，早思考、早布局、早选择，才能找到最有利于企业的行动方案。

（五）预算与报告的协同

首先，预算为报告提供了比较分析的目标，在管理上，单纯只有实际数字的财务报告作用是有限的，预算是财务报告实施比较分析采用的最常用标准，它揭示了企业目标完成的进度和差距，通过深入的分析可促使各业务部门采取行动方案改进管理、提升业绩。

其次，报告是监控和落实预算执行情况的有力工具，没有执行情况报告的预算和只是到年底秋后算账式的财务报告都让预算的执行飘浮在空中，不能起到及时的监控、分析和改进的作用，预算的业绩管理作用也就是一纸空文。

近年来，随着企业越来越重视财务报告和分析工作，管理者驾驶舱和仪表板及各种有用的业务分析模板的应用让多层次的预算执行情况一目了然，客观上起到了协助推进预算管理的作用。

（六）预算与过程管理的协同

所谓的过程管理，就是管理者不仅仅关注结果，更关注达成业绩的过程，通过推动和督导业绩达成的过程，实现获得良好成果的保障。过程管理有时会直接深入业务本身，以业务本身的性质为主要管理依据，进行深入、细致的管理。

在预算执行的过程中，企业不同类别事项的预算准确度通常也不一样，尤其是创新业务，预算很难做得细致，更难做到相对准确。对于此类事项，由于预算不细致以及考虑得不全面，通常预算偏差大。

针对这类业务，企业可以采用直接深入业务细节，深入探讨，进行细致的过程管理，而不必过分依赖上一年度末做的这部分业务的预算，也没必要由此而否定全部预算的管理效果。

在进行过程管理的时候，成熟企业为了获得对此类业务未来的把握，还会以预算原理进行新的测算，这就是滚动预算。以滚动预算将这类业务重新纳入数据化的预算体系中。

三、避免预算的负面作用——预算松弛

什么是预算松弛？

预算松弛是指经理们在编制预算时，为了一定的目的而高报费用、低报收入的现象。一项对世界100家大型企业的调查结果表明，绝大多数企业或多或少地存在着预算松弛的问题。

(一)预算松弛及其负面影响

预算松弛会给企业带来哪些负面影响?

(1)过于宽松的预算不能实现成本最小化和利润最大化。过于宽松的预算不能激发企业的发展潜力,并带来大量的无效成本,最终使企业利益受损。

(2)预算松弛会影响预算对价值链的协调作用,降低企业经营效率。例如,销售部门为了自身利益低报销售收入预算,本来可以达到2 000万元的销售目标,销售预算只做了1 500万元。由于销售预算是其他预算的逻辑起点,其他的部门按照1 500万元的销售预算编制本部门的成本、费用预算等。当销售部门销售额超过1 500万元时,这些部门的人员和产能可能准备不足,很可能导致由于缺货而造成销售断档,使企业失去市场机会,给企业造成损失和低效率。

(二)预算松弛产生的原因分析

1. 目标不一致和利益的冲突

当经理人将预算报高时,如费用报高以后会获得更多的好处。在这种情况下,存在企业与经理人目标不一致和利益冲突。解决这一问题的思路是采用多目标考核,如加入对职业经理人职业能力的考量,或者将费用控制能力作为职业能力之一,费用如果能同比降低则有奖励,这样经理们就无法赌定是应该高报还是低报;往高报,说明能力不足,但可能拿到奖金;往低报,说明职业能力强,但是拿不到奖金。不清楚哪个方案好,最后就会放弃博弈。

对于销售费用的控制,一些公司采取按销售额提成销售奖金。在这种情况下,销售费用预算报高或报低意义不大,一般会准确估计,这是一种在费用控制手段和预算相挂钩之后改进费用预算松弛的方法。

2. 信息不对称造成预算松弛

当企业领导不清楚经理人在干什么,也不清楚业务的详情时,经理人就可能随意报预算。如果公司下面有很多产业,企业领导对每个产业都不是很熟,这时候报的预算中虚的成分比较高,这是可以理解的。这种松弛的预算对职业经理人来讲,带来的压力减小,日子过得更舒服。因此,在这种情况下,企业要加强对经理人的管理,也要非常清楚发生了什么,为了将信息搜集过来,预算科目要做得细致一些,以解决信息不对称的造成的预算松弛。

3. 规避不确定性带来的风险

预算高报,如果完不成,对经理人会有风险,可能影响其职业发展,也可能会给公司造成损失,在这种情况下经理人宁愿避免风险,将数字偏向于保守的方向报。例如,有一种考核方式,如果明年能完成销售收入1亿元,多付两个月的工资;完成1亿元以上,超额部分的1%则是给整个销售团队的奖金;如果超过1.5亿元,超额部分的10%用于奖金。在这种考核办法下,经理人趋向于将销售指标往下压,因为完成正常指标的风险就已经比较大了,超额50%的可能性几乎没有。

4. 防止上级鞭打快牛

一般来讲,今年的业绩好,明年指标往上压,这种情况很普遍,就是常说的鞭打快牛。具体而言,能干的人干得多,如果个人收入相应提高也就罢了,怕的是去年干得差的和干得好的在预算指标上都平均涨10%,二者在完成指标的情况下拿到相同的奖金。提出更高的指标,经理人就认为应该对应更高的待遇,否则就变成了比谁干得少、谁占便宜。高压力、高工资,则是现在绝大多数人都能接受的方式。

5.缓解绩效评价的压力

在某些企业,领导看着经理人绩效没完成,脸色会很不好看,为了缓解来自上司的压力,经理人会选择低报指标。在这种情况下,企业需要提升职业经理人的素质和抗压能力。惧怕压力不是一个合格的职业经理的素养,企业在这个方面要增强对经理人的培训。

(三)避免预算松弛的措施

(1)制订长期战略和长期计划,加强沟通,提高预算透明度。管理层应以战略远景和长期计划为工具,加强对员工的宣传培训,使员工的个人目标、部门目标与企业目标保持一致。

(2)加强职业经理人职业素养和能力建设,改善企业预算文化。

(3)实施综合考评,即只有从公司利益出发,反映真实情况的预算才是受到认可、鼓励和支持的。其他的综合考评标准包括市场份额、效率、行业的平均水平等客观指标。

(4)加强内部问责制度。对偏差很大的情况进行质询和问责可以有效减少预算松弛现象。

【案例】CFO 讲述

预算管理在企业实施和成熟一般分为三个阶段:

一、预算的初级阶段——手中有剑、心中无剑

预算两个字是经常挂在嘴上、贴在墙上,贴个"预算改善管理""预算管理要效益"之类的大标语,领导开动员会,财务部每天忙得焦头烂额,所有部门经理都不配合,财务部给几十张表格让各部门填报,业务部门又不了解,也填不好。在这种状况下,预算成了众矢之的,但是预算还得推行,企业领导很重视,各部门人员又不配合。这是典型的预算刚起步时的情况,可能至少得有一到两年的时间。这种水平处于最低级的,叫"手中有剑、心中无剑"。不清楚预算是做什么的,就像拿着把剑乱舞,搞不好将自己砍伤,这时候预算很难发挥作用。

二、预算的中级阶段——手中有剑、心中有剑

预算做一两年之后,业务部门意识到预算不做是不行的,躲不过去,因为领导不断地强调,财务部还不断地追问,领导开会经常问预算为何没有完成?业务部门自己也开始重视了。最重要的是做了一次之后,他们发现预算也不难,当脑子里有了预算数据之后,发现下个月做成什么样、一个月花多少费用在脑子里有数了,对预算就没那么大的反感了,做起来也就轻松了。第二年、第三年预算季再接着培训、接着开会、接着做,就习惯和接受了,也就没有人提出反对意见了,财务部每年将制度修正完善,表格模板设计得更好了,给出来的历史数据更准了,领导拿预算数说事的时候,与实际业务也更贴近了。在这种情况下,预算在企业慢慢进入了一个常态化的状态,大概预算实施后两三年才能达到这种状态。这个阶段叫"手中有剑、心中有剑"的中级状态。

三、预算的高级阶段——手中无剑、心中有剑

真正预算做好了,职业经理人的素质也提高了,他们很少有人抵制预算工作了,全面预算没有在哪儿写着标语,也没人再强调,反而是到每年10月份、11月份的时候,这些经理们都知道该做预算了,开始盘算明年公司得给我多少钱、得给我多少人头数、我要裁员还是要增员,或者估计明年收入是上涨20%还是30%,我得提前为明年布局。他也开始盘算今年

的预算任务是否能实现、利润大概是多少、奖金提成大体是多少,同时开始为明年做准备了,就等财务部发通知了。这时,大家都在为预算而努力,都在使用预算这个工具,预算潜移默化地在企业里发生着作用,没有这个工具,经理人自己也会失控,这就是企业预算真正发挥了作用,渐入佳境。这是最高级别的状态,叫"手中无剑、心中有剑"。

整个过程下来,需要3~4年的磨练和强化,最后让预算在企业里面真正落地并发挥作用。

▲ 企业预算编制指引

对于大中型企业而言,为了协调复杂的内部资源共同完成预算编制工作,需要有一整套的预算制度和预算组织体系,公司的中高层要在财务部门的组织下,先建立预算协调和保障机制,然后才适合开展全面预算的具体工作。在具体工作开展之前,需要对参与预算的责任中心人员进行全面的预算知识培训。同时,公司需要建立起战略计划循环的程序,为预算编制工作提供强有力的支持。

对于小微企业而言,因为组织体系并不复杂,因此,预算的基础工作不是必须的,可以通过对参与预算的责任中心负责人进行知识培训,直接进入预算编制阶段。小微企业的预算工作可以不必遵循战略计划循环,以年度预算为主即可,这样避免投入过多的管理精力,也能充分利用预算的优点。

正确理解预算在企业实施过程中的演进路径

基于中国企业的现状,即职业化程度和专业能力都比较低的特点,要想编制好预算并不容易,而且预算从开始在企业推行到真正发挥作用有一个漫长的培育期,一般要经过3~5年,预算才能在企业生根发芽,达到企业预期的目的。对于企业来讲,这个过程是十分纠结的:一方面,要付出巨大的精力;另一方面,所获得的显性收益十分有限。因此,要想坚持将编制预算作为企业管理的工具,管理者必须在事先对其有一个正确的判断。

上面是一个大企业的CFO在企业实施预算5年来的心得体会,对于将要实施预算的企业具有很好的借鉴意义。

第三章

年度预算制定的程序

计划本身什么都不是,但做计划的过程就是一切。

——艾森豪威尔

【本章内容简介】

年度预算编制是预算编制中最重要的工作,绝大多数人对预算的认识就是因为参与年度预算工作,而且绝大多数人对预算的认识也仅限于年度预算,只有当企业的各层管理者定期参与预算的制定和执行,年度预算工作才能深入人心,从而实现预算的目标。

本章内容就是详述在一年一度的预算工作中,要做哪些准备,遵循哪些规律,需要哪几个步骤,得出什么样的成果,有什么样的要求,具体的时间安排和节点是如何规划的,具体的预算编制表格模板都包括哪些,预算汇总平衡之后是如何修订、确认、上报和最终被批准的。

通过本章节的学习,学员将会建立起一个关于年度预算整个流程和要点的完整、清晰的蓝图,为后面对每个细节进行深度阐释和剖析做好铺垫,避免在后面各章节讨论细节的时候迷失方向;同时,在企业现实预算实施的过程中,也基本上是遵守这个程序的,如果读者脑子里面有了这个概念,更有利于应用于企业的实践。

【学习目标】

通过本章的学习,基本了解全面预算的编制程序和主要的循环,以及各个主要职能部门的预算内容要点,形成对预算这项工作的整体性认识。

【要点提示】

● 年复一年的预算管理的大循环逻辑是什么?
● 为了各个业务部门做好年度预算,财务部门应该做好哪些准备工作?
● 一般典型公司的预算编制时间规划是什么样的?
● 如何处理年度预算推演的乐观结果和悲观结果?

- 如何避免预算制定过程中的恶意博弈现象？
- 预算与绩效管理有何关系？

第一节　预算的前期准备工作

一、预算、绩效和报告循环

预算循环就是这样，先有预算，然后制订考核指标，继而每个月向公司提供财务对比报告，以便知道做得好坏，接着进行下一轮的循环。预算、绩效和报告相互影响和驱动，构成了企业业绩的一个循环动力（见图3.1）。

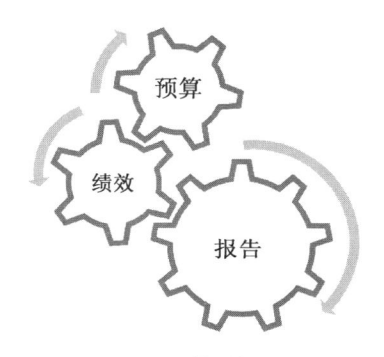

图3.1　预算、绩效和报告循环

（一）什么是绩效管理

在预算目标确定以后，每个月检查一次预算完成情况，根据结果对经理人进行质询，并要求采取整改措施，再不断检查落实。这样1个月又1个月，周而复始，12个月过去，直到企业实现预算目标。这个目标不是自然而然实现的，需要一个为实现目标而持续努力的过程，这个过程就是"绩效管理"。企业绩效管理与个人业绩考核的区别在于：个人业绩考核是根据结果兑现奖惩，而绩效管理关注的是经理人实现目标、达成业绩的过程。

（二）预算执行的考核监控

为达到考核监控的目的，一般对预算执行情况的报告每个月做一次，考核监控的主要形式是每月一次的经营分析会（或称总裁办公会、管理会），在这个会议上要用到财务报告。这个财务报告主要是比较损益表、比较资产负债表、比较费用报告等。

经营分析会一般是公司所有的中高层干部一起开会，由CEO亲自主持，每个部门经理都在会上用PPT对当月的预算执行情况进行汇报，如这个月任务完成得怎么样、做了哪些事、下个月准备做什么、未来3个月的业务大概是什么样子、现在遇到哪些困难以及需要什么样的支持。每个人汇报完了以后，其他人要对其内容进行点评与质询。在会议进行中或会议最后，CEO要进行点评和总结。例如，这个计划可行吗？完成得好吗？有什么问题？原因是什么？为什么没有达到目标？

这样的会议一个月要开一次，一般一次开半天或一天，相当于一个月做一次报告，做一次考核,回顾对比一次预算指标,然后到下个月再继续。这是一个公司的日常管理最重要的工作之一,这个过程管理形式是真正驱动公司业绩发展的动力源泉。

综上所述,预算、绩效管理和财务报告这三项工作要相互配合、相互支持,才能实现各自的目标。在管理会计知识体系中,绩效管理和财务分析都是专门的知识内容,本书的内容主要是全面预算,这三项管理手段要结合在一起用才能发挥最大效果,仅依靠全面预算很难达到目标。

将预算、绩效、报告这个循环梳理清楚的目的主要是在公司建立起让预算发挥作用的环境。

二、预算的前期准备工作

在做年度预算之前,需要做好哪些基础性的准备工作呢?这主要涉及以下六个方面的事项:

(一)预算的基础性前期准备工作

预算的前期工作,不是在年底编制预算之前才开始准备的,而是提前很长时间就要开始准备,包括编制年度预算手册和进行预算培训。

1. 编制年度预算手册

为更好地推进预算工作,培训指导业务部门,财务部可主导编制《预算手册》。这是业务部门做预算的参考手册,也可作为培训教材,但主要目的是供业务部门对预算政策和流程进行查询、参考、指导。预算手册可根据公司情况每年做相应改变。例如,上一年企业有10个部门参加预算,今年是8个部门,因为企业的业务、单元、投资都在变。在每年做预算之前,这份手册都要重新修改印刷,发给参与预算的经理做参考或培训。一份好的预算手册会将预算的内容、要求、流程、步骤、模板填写说明写得一清二楚。

图3.2是一个典型的预算手册的目录。

```
1.0  预算与12个月滚动预测
2.0  销售与成本计划
3.0  费用预算 – 基本说明
     3.1  Cc-tool 计划程序
     3.2  人员, 工资
          3.2.1  工资,直接人员
          3.2.2  薪酬,间接人员
     3.3  固定成本计划 注意事项
4.0  投资 = 资本支出
5.0  共同费用在不同业务间分配原则
6.0  损益表、资产负债表
7.0  行动计划
8.0  时间表、里程碑
```

图3.2 预算手册目录示例

2. 预算培训

对于绝大多数公司来讲,预算对于非财务人员是陌生的,因此,企业要进行培训,而且在预算开展的初期要不断地进行培训。

(二)确定预算目标的指导原则

预算开始前要先明确目标和方向。企业目标包括财务目标和经营目标。财务目标包括收入、利润等重要的指标,也包括更加细致的如应收账款、库存、成本的降低、投资回报等子目标。经营目标如投入产出、研发的项目、销售的扩张、市场份额、产能、一次合格率等,在预算过程中要设定一系列经营目标。

今年企业的预算目标,是冒进还是稳健?是准备过冬还是向前冲?这是目标制定的指导原则。目标是根据什么制定的呢?既是根据企业过去的经验,也是根据企业资源的现状,最主要的是根据企业的未来长期计划来设定,确定预算目标的指导原则作为预算总的纲领。在没有长期计划的企业,做预算之前,先得由高层管理者做出决定——明年准备增长多少、明年准备做多少、明年准备花多少,然后根据经验判断为下一年定调。显然,依据战略和长期计划确定来年的预算目标原则是更为专业、稳妥的做法。

(三)历史数据的准备

历史数据也是做好预算必须具备的素材之一。开始做第二年的预算时,要先将历史数据准备出来,以便给做预算的人进行参考,经理人需要清楚大概 1 个月的实际费用是多少,这种数据光用脑子是记不住的,需要由财务部门提前准备并连同预算模板发给各职能部门和业务部门经理。

(四)预算模板和工具的准备

为了让预算提高效率和方便汇总平衡,企业最好提供统一的模板工具。因为各种因素的变化,预算使用的模板每年都可能会调整和完善,企业要将做预算所填的表格、行动方案模板、预算系统(如果有)的操作使用说明等准备好。在做预算的时候,好的工具会提高效率,让经理人聚焦与业务思考,而不是消耗巨大的工作量。有的企业采用专业的预算系统,这样可以让不同地域的业务单元更广泛和高效地参与预算工作,也让预算的执行和跟踪更加轻松。如果没有预算系统,现在常用的 Excel 也很方便、实用。

(五)预算的假设、原则和参数

预算的过程是对未来预测和推演的过程,是一个平衡工作内容和资源投入的过程,因此,预算负责人必须清楚未来的开支标准和额度以及公司对未来的判断和基本假设,以便整个公司保持一致的认知和标准。可能涉及的预算假设、原则和参数包括:

(1)预算期间:预算是做一年的,从几月几日到几月几日的,而不一定都是从 1 月 1 日到 12 月 31 日。

(2)预算的范围:涉及哪些部门,做到哪一个层次。

(3)预算的工具:是专门的预算系统还是利用其他工具。

(4)宏观经济参数:如通货膨胀率、币种、汇率。

(5)经营策略:第二年的产品范围,产品的价格和折扣变化,应收账款的政策调整,这些都要说明。

(6)人员和工资:第二年的工资涨幅预计,薪酬结构调整,在人员布局上是扩张还是收缩,这些都要在预算中体现出来。

(7)明确明年哪些老产品要退市、哪些新的产品要上线,这样在做第二年的预算的时候,大家可以相互配合。

(8)市场预计平均增长率,预计税率的变化增长。

(9)预算模板的解释和预算使用的费用科目的定义,以便让大家在做预算的时候比较容易理解。

(六)确定预算的起点

最后一个要准备的内容就是根据公司业务特点,决定哪个业务或者单元是预算中的顺序优先或者主导部门,其他部门的预算都要向此看齐。

为什么要确定业务的主导部门?在做预算过程中,经常有这样的现象,销售做预算的时候会问,明年生产什么产品?生产多少?问清楚了才根据生产做预算。生产部门会问,明年销售部准备卖什么?卖多少?问清楚了才根据这个做生产计划。研发部门的想法是,明年生产部门想制造什么?需要开发什么东西?多少款?多少型?多少个?而销售部门的想法是,只有清楚明年都有什么新产品,才清楚好不好卖以及如何定价。这些问题在逻辑上是先有鸡还是先有蛋的问题,很难解开,但也必须确定一下,谁先开始动手呢?这里面涉及一个重要的问题:在一个企业里面,哪个业务部门是主导呢?

任何一个企业都有一个事实上的主导部门。例如,一个典型的制造企业,从产品规划到开发设计,再到试制、生产、送货、销售、售后,这些部门领导的级别可以是平等的,但是事实上,必须有一个部门具有驱动性和主导性,如果大家全是平等的,事情就没法做。

因此,做预算之前,要在公司内部先找到那个最适合作为驱动者的部门。然后再决定预算从哪儿开始。对于一个公司,预算从哪里开始被称为预算起点,起点无论是从规划开始,还是从销售或者市场预测或者产能开发开始都可以,但重要的是,无论从哪里开始,驱动部门的领导担负了责任,所以他做出来的预算一定得是经得起检验的。另外,因为每个企业的情况不同,在各个企业里,预算起点是不一样的,很有可能某个企业成功的预算经验在另外一个企业里并不适用。常见的企业主导部门有以下几种情况:

1. 销售驱动——以销售为预算起点

销售驱动意味着销售部门先做计划,所有其他部门都为销售服务。比如,销售决定明年上四款新产品,研发和制造就需要创造条件来配合,因为销售了解市场需求,有策略性的眼光。四款新产品加上几款老产品,明年就是这样一种产品组合。据此,明年大概实现多少销量以及明年大概实现多少收入,销售部就可以先行确定了。然后,生产必须满足销售计划,采购必须满足生产计划,设计也必须满足产品开发计划,大家都协调跟进主线就可以了。

以销定产,先决定明年卖什么、卖多少,再决定生产什么、生产多少,这种模式是与市场比较接近的方式,编制预算最为简单,从收入倒推成本再倒推采购价格,最后确定利润。它的优点是以销定产、安排有序;缺点就是可能出现产品的过度开发或过度营销,从而使企业资源过度向营销倾斜。在这个产品为王的年代,如果仅以销售看市场来确定引领目标,容易陷入销售的缺陷中,因为销售的思维模式是只管明天卖什么,今天卖不动就不卖,后天的则不去想,可能会造成短期行为。

2. 生产驱动——以产能为预算起点

也有的企业是以产定销,生产能力是公司的核心资源,即使是服务型公司,也可能是服务的交付能力是核心资源,为了发挥核心资源的效益,所以其他职能都是围绕企业能制造出来多少或者能交付多少产品来进行安排。

公司明年能生产出什么产品来,那就卖什么,这就是以产定销。它的好处能使产能最大化以及公司生产效率最大化;它的缺点就是对市场因素考虑不足,产品有可能会积压,风险比较高,而且销售人员在这个过程中可能会阻碍比较大。

3. 研发驱动——以产品为预算起点

有的企业是研发主导,即研发部门决定明年设计几款新产品、每一款产品的销售目标是什么,是由产品设计和规划的人来决定的,这就是研发驱动型。公司所有其他部门都为这个目标配合,研发进度决定了生产线的配合,决定了采购的配合,生产部门能将产品加工出来,而销售要想办法将产品卖出去。从产品设计那一天开始,销售就开始物色客户、寻找商机、策划方案、搞市场宣传,一切以研发设计为核心。

4. 战略驱动——以战略为预算起点

这也是被普遍采用的预算起点。企业做事一般要先有规划,规划是什么呢？就是想得长远、想得深远、想得全面、想得系统,这就是战略驱动型。在这种情况下,无论是市场还是产品,是企业的利润还是投资者的权益,都得到了平衡和保障,不会过分强调某一部分而让企业预算偏离目标。因此,着眼于战略,层层分解,再做出预算,最后落实到规划和运营中来,就将整个战略与执行链接起来,这是企业推崇的预算起点和编制方式。

5. 生存驱动——以利润为预算起点

当一家企业处于低谷的时候,预算的核心该如何生存？因此,预测企业明年需要有多少毛利才能保本、为了保本企业得卖多少产品以及成本是多少,倒推一下,目的是保障生存,只要别亏就行。这种情况一般都是不得已而为之,适合初期创业企业和转型期的企业。

第二节　预算的编制、检验和汇总

一、预算编制流程

对于预算编制的流程,可从以下两个视角理解:

第一个视角是以损益表的顺序,推出编制预算的顺序,并依此安排预算流程。例如,编制预算从销售预算开始,结合销售预算来确定生产或项目预算,确定直接材料、直接人工、制造费用预算,继而编制销售费用、管理费用和财务费用预算、重要的资产项目预算、资金预算等。这是典型的专业逻辑。

第二个视角是组织视角。预算工作的推进不仅仅包括技术逻辑,还必须包括组织逻辑;也就是说,将预算相关的组织工作和工作形式结合进来。例如,成立预算小组、开预算动员会、预算质询、预算审核批准等。

现实的预算过程是二者的结合,也就是说,将专业过程纳入组织过程,通过组织过程来完成技术要求。

例如,企业可以将战略、绩效等管理与预算推进同时进行,此时,预算的过程相对较长且比较复杂。

预算在编制期间可能会经历反复的过程,从市场预测开始到综合平衡资源和目标结束,如果与公司期望差距过大,或者资源配置不合理,将重新按照流程审查修改直至最终可行,如图 3.3 所示。

图 3.3 预算编制过程的循环

(一)年度预算编制的程序
预算编制的整个过程包括以下程序:
(1)预算委员会或预算小组以战略研讨会的方式确定公司大目标;
(2)制订预算进度的时间安排,对预算工作进行总体分工和安排;
(3)预算动员会,进行预算培训或要点讲解;
(4)经营预算,包括收入、成本、产品等;
(5)投资和资金预算;
(6)人员费用预算;
(7)行动方案和各部门关键 KPI;
(8)预算初次汇总与绩效匹配;
(9)预算质询与调整;
(10)预算汇总平衡;
(11)预算上报与批准。

对于多数预算能力不足的企业,有必要将与预算循环相关的工作与预算一并驱动,此时,一个翔实、细致的预算安排将成为预算能否成功的关键。

【案例】某中型企业预算编制流程及相关表单

ABC 有限公司是一家中型企业,在预算推进过程中将预算相关的工作整合到一起。经过详细的安排,预算效果非常好,相关人员在这样的安排下工作清晰、要求明确。

事前的预算安排表成为预算成功的关键一环。

企业背景:该企业是一家民营生产型企业,主要生产食品包装薄膜。表 3.1 是该企业经营计划和预算推进时间表,表中也明确了责任人和工作要求等重要事项。

表 3.1　　　　　　　　ABC 有限公司经营计划和全面预算推进计划

Project Lead:					
Today's Date:					
Viewing Weeks:					

工作项目	责任人	开始日期	工期	结束日期	工作成果
1.销售计划及预算		**2015/10/9**	**22**	**2015/10/31**	**2016年销售预算**
1.1 区域销售计划及预算		2015/10/9	6	2015/10/15	2015年区域销售分析及预算
1.2 公司销售预算（I）		2015/10/12	2	2015/10/14	2016年销售计划初稿(总部初稿)
1.3 2016年市场竞争形势分析会		2015/10/17	1	2015/10/17	会议:一级主管及各区域经理参加
1.4 公司竞争市场分析报告		2015/10/19	2	2015/10/21	2015年市场分析及2016年预测报告
1.5 原料供应市场分析报告		2015/10/22	3	2015/10/25	
1.6 宏观经济形势分析摘要		2015/10/8	15	2015/10/23	
1.7 公司主要目标及经营策略		2015/10/24	1	2015/10/24	会议:一级主管
1.8 营销策略及产品规划		2015/10/24	1	2015/10/24	会议:一级主管
1.9 销售政策		2015/10/25	5	2015/10/30	2016年销售政策报告
2.0 高管市场调研走访计划		2015/10/27	2	2015/10/29	市场调研走访计划报告
2.1 销售费用预算		2015/10/27	5	2015/11/1	可控费用预算报告
2.1.1 总部办公费用		2015/10/27	3	2015/10/30	费用预算报告
2.1.2 区域管理费用		2015/10/27	3	2015/10/30	费用预算报告
2.1.3 客户接待及联谊费用		2015/10/27	3	2015/10/30	费用预算报告
2.1.4 外部公关、外联费用		2015/10/29	2	2015/10/31	费用预算报告
2.1.5 运输费用		2015/10/29	2	2015/10/31	费用预算报告
2.2 2016年销售计划及预算定稿		2015/10/29	2	2015/10/31	销售预算报告及预算表
2.生产计划及预算		**2015/10/25**	**7**	**2015/11/1**	**2016年生产预算**
2.1 2016年生产线大检修计划		2015/10/9	2	2015/10/11	各线重要参考指标(估算产能、产量)
2.2 2016年生产计划		2015/11/1	3	2015/11/4	各线生产排产计划
2.3 2016年各线各膜种技术指标		2015/11/5	5	2015/11/10	各线考核指标
2.4 2016年各线各膜能源消耗指标		2015/11/11	2	2015/11/13	各线考核指标
2.5 生产性停机、非计划性停机计划		2015/11/5	5	2015/11/10	各线控制指标
2.6 车间物料消耗计划、预算		2015/11/11	2	2015/11/13	各线控制指标
2.7 车间办公费用预算		2015/11/11	2	2015/11/13	车间控制指标
2.8 车间低值易耗品采购计划		2015/11/11	2	2015/11/13	车间控制指标
2.9 产品品种平衡及修改		2015/11/5	3	2015/11/8	成品库存控制表
2.10 包装辅料消耗计划及预算		2015/11/9	2	2015/11/11	参考指标
2.11 2016年各线生产计划、考核指标定稿		2015/11/9	5	2015/11/14	控制、考核指标
3.设备维保计划及预算（含造粒）		**2015/11/5**	**10**	**2015/11/15**	**2016年设备维保计划及预算**
3.1 各工段停机检修时间计划		2015/11/5	3	2015/11/8	检修时间计划(考核指标)
3.2 各工段维修备件费用预算		2015/11/5	3	2015/11/8	维保费用(控制指标)
3.3 各工段大修理费用预算		2015/11/8	2	2015/11/10	大维修费用(控制指标)
3.4 设备更新改造计划及预算		2015/11/5	7	2015/11/12	更新改造费用(控制指标)
3.5 水、油料消耗计划及预算		2015/11/11	2	2015/11/13	能源消耗指标(控制指标)
3.6 部门办公费用预算		2015/11/9	2	2015/11/11	控制指标
3.7 委外加工修理费用预算		2015/11/13	2	2015/11/15	控制指标
3.8 设备外部检验验证计划及预算		2015/11/13	2	2015/11/15	控制指标

续表

4.品质保证计划及预算	2015/11/5	10	2015/11/15	2016年品质保证计划及预算
4.1 检验试剂物料消耗计划及预算	2015/11/5	3	2015/11/8	物料消耗预算(控制指标)
4.2 公司计量器具检验费用预算	2015/11/5	3	2015/11/8	费用预算(控制指标)
4.3 体系管理推进计划及预算	2015/11/5	8	2015/11/13	费用预算(控制指标)
4.4 技术情报计划及预算	2015/11/5	5	2015/11/10	费用预算(控制指标)
4.5 新产品储备及开发计划及预算	2015/11/10	3	2015/11/13	费用预算(控制指标)
4.6 专利及高新产品认证计划及预算	2015/11/13	2	2015/11/15	费用预算(参考指标)
4.7 外部质量成本控制计划及预算	2015/11/5	3	2015/11/8	费用预算(控制指标)
4.8 售后服务计划及预算	2015/11/9	6	2015/11/15	费用预算(控制指标)
5.采购及储运计划及预算	2015/11/5	10	2015/11/15	2016年物流计划及预算
5.1 原料采购渠道/牌号计划	2015/11/5	5	2015/11/10	2016年采购计划
5.2 外部公关、外联费用预算	2015/11/11	2	2015/11/13	费用预算（控制指标）
5.3 物流费用计划及预算	2015/11/11	2	2015/11/13	费用预算（控制指标）
5.4 采购降本及信息监控计划	2015/11/6	7	2015/11/13	参考指标
5.5 部门办公费用预算	2015/11/10	3	2015/11/13	参考指标
5.6 仓库物料消耗计划	2015/11/13	2	2015/11/15	控制指标
5.7 呆滞物料控制计划及预算	2015/11/13	2	2015/11/15	控制指标
6.行政人事计划及预算	2015/11/1	14	2015/11/15	2016年行政人事计划及预算
6.1 2016年公司管理工作重点项目计划	2015/11/1	4	2015/11/5	
6.2 安全体系支持费用	2015/11/1	5	2015/11/6	安全体系保障计划及预算
6.3 人力增减计划及人事费用预算	2015/11/4	10	2015/11/14	人事计划及费用预算
6.4 培训计划及预算	2015/11/4	5	2015/11/9	培训计划及费用预算
6.5 公司宣传费用计划及预算	2015/11/5	5	2015/11/10	内外部宣传计划及费用预算
6.6 公司绿化费用计划及预算	2015/11/1	5	2015/11/6	绿化计划及费用预算
6.7 设施维保计划及预算	2015/11/11	4	2015/11/15	参考指标
6.8 设施改造计划及预算	2015/11/11	4	2015/11/15	参考指标
6.9 企业文化活动计划及预算	2015/11/11	4	2015/11/15	控制指标
6.10 外部公关、外联费用计划及预算	2015/11/1	5	2015/11/6	控制指标
6.11 部门办公费用预算	2015/11/11	4	2015/11/15	控制指标
6.12 总经理经费使用计划及预算	2015/11/11	3	2015/11/14	控制指标
6.13 创新激励计划及预算	2015/11/8	3	2015/11/11	控制指标
6.14 办公设备及家俱采购计划及预算	2015/11/8	3	2015/11/11	控制指标
6.15 IT建设计划及预算	2015/11/13	2	2015/11/15	参考指标
7. 财务资金计划及预算	2015/11/5	10	2015/11/15	年度财务预算
7.1 2016年原料价格走势	2015/11/5	2	2015/11/7	
7.2 2016年价差趋势预测	2015/11/9	1	2015/11/10	
7.2 年度税金预算	2015/11/10	1	2015/11/11	税金预算表
7.3 部门办公费用预算	2015/11/10	1	2015/11/11	控制指标
7.4 预计财务报表	2015/11/12	3	2015/11/15	预算第一稿
7.5 公司2016年资金预算及平衡	2015/11/16	1	2015/11/17	
7.9 2016年经营计划及预算签发	2015/11/30	1	2015/11/30	

(二)预算工作的时间规划

企业的预算工作需要有条理、有计划地开展,一般需要一个整体的时间规划。下面仍以上一家中型制造企业为例,说明年度预算工作期间的时间安排。

```
◆2016.10.20前          财务部准备：
                        1. 模板
                        2. 历史数据
                        3. 预算组织确定
                        4. 预算编制说明、要求和时间表
                        5. 培训资料，进行内部培训
◆2016.10.20            各部门经理和成本中心经理培训
◆2016.10.21～2016.11.1  预算编制期间
◆2016.11.1             各部门上交费用预算，财务部汇总
◆2016.11.5             完成产品和销售计划
◆2016.11.7             提交所有预算数据和行动方案
◆2016.11.12            财务部完成汇总和平衡，初稿完成
◆2016.11.13～2016.11.20 公司对各部门预算进行质询
◆2016.11.25            初步定稿
```

说明

1. 10月20日前，财务部要准备好预算模板、历史数据、预算编制说明、培训资料。
2. 10月20日各部门经理培训，开预算动员会。
3. 10月21日～11月1日，10天时间编制预算。11月1日各部门上交费用预算。
4. 11月5日，上交销售和产品预算。
5. 11月7日，所有的其他预算上交截止。
6. 11月8日～11月12日，预算检查、推演、修改、完善，汇总平衡形成初稿。
7. 11月13日～20日，预算质询与汇报答辩。
8. 11月20日～25日，最后的疑问解决、问题修改与汇总。
9. 11月25日，预算定稿上交。
10. 以上从10月20日准备到11月25日做完，这是做预算工作顺畅的公司的正常时间。

图 3.4　年度预算编制时间表示例

如图3.4所示的时间规划是相对简单的时间规划，可以看出，很多重要内容，如战略讨论、不同业务领域的工作计划和KPI指标以及行动方案等都没有明显出现在时间安排中。这样的时间表有可能引导出一个优秀的预算，前提是预算编制工作比较成熟的企业，或者战略、工作计划与KPI各成体系的企业，如外企、上市公司，在这些企业里，预算的前置工作不需要包含在预算过程中，已经单独做了，并且其成果符合后续的预算编制的要求。相反，如果是企业刚刚做预算不久，或基本上没形成成熟的预算编制能力，如果用这样的时间规划，等于假定预算相关人员，主要是企业家和各领域负责人自己清楚在预算中应该做些什么，而这种假定恰恰不成立。这就会导致预算参与者将工作局限在填表上，而忽略了预算管理的深层思考和相关重要过程，预算效果就无法保证。

如果是集团公司，将会从子公司收到预算报表，从而开始集团的预算进度。集团要将每个企业的老总召集来进行预算答辩。一家企业大概半天，10家企业就得1周。最后总部再汇总，集团预算12月中旬报到董事会批准，之后集团再批准各个企业的预算。一般在元旦之前能完成预算批准就已经很快了。很多公司需要越过春节之后，预算才批准完成。

二、年度预算的合理性检验

(一)预算的动态检验与分析

预算是否合理?各部分子预算是否有冲突?预算目标和预算假设风险有多大?回答这些问题需要通过动态检验。

1. 趋势检验

动态的检验有两种,其中的一种是趋势检验。即将全年预算拆成 12 个月份,看各月关键指标的趋势是否符合公司的业务规律和行业常识,也可以与上年的同期规律相对比检验。具体地,可将 12 个月的每个月的收入、成本、毛利、利润做出来,然后画成柱状图,画完之后检验一下,与以前年度比看是否合理。数字并不直观,但将数字用图画出来的时候,会比较容易发现逻辑上的对错。

要建立一些模型对预算的假设进行检验,看毛利是有高有低还是从头到尾一个样以及是在持续下降还是在持续上升、趋势对不对,当企业从不同的视角对预算做出来的数据进行检视分析和修正后,下一步就可以将预算提交领导审查了。如果一检查就发现不对,肯定是某些地方想错了,可能漏掉了某些因素,所以假设检验、合理性分析是保证预算工作质量的重要一环。

例如,检验某一个产品在预算中的比例或者某一个月占全年的比例是否合适。费用占整个收入的比例与前一年是否一样,如果明显偏高了,就得弄清楚为什么费用比例增加了。如果有合理的解释,则可以通过。在这个预算合理性检验的过程中,要动用数学模型去检验。这一步需要财务部协助,因为业务部门自己没有那么多的历史数据和参考数据。

2. 弹性分析

另外一种检验是弹性分析。企业要上一个新的项目的时候,要做可行性分析,其中,最常用一个方法是分析项目的风险,而风险分析常用的方法就是弹性分析的方法。例如,某企业明年预算损益收入为 13 亿元、利润为 1.3 亿元,但这张损益表是基于很多假设的,比如假设明年销售量增加 20%,假设明年有 3 款新产品上市,假设明年销售价格不变,假设明年投放 1 000 万元广告费,等等。

现在企业要做的重要工作是检验所有的假设条件,一条一条地看:如果明年销售量增长不到 20%怎么办?如果明年的价格不像假设的那样怎么办?如果明年新产品不能按时上市,晚了 3 个月,会出现什么结果呢?如果明年广告不追投了,收入会不会还有这么多?每一个因素的变化,或者是两个因素,甚至是三个因素的联动变化,都得重新计算明年的收入,进而分析利润的变化。如果各项因素上下波动 20%,最后算出来的结果,无论是收入还是利润,都是可以接受的,意味着这个企业是很有弹性的,不是很刚性的,风险很低。如果经过计算发现,若新产品延迟 2 个月上市,销售量增长不到 20%,利润就是亏的,这意味着企业的目标是刚性的,没有弹性和活动空间,而没有弹性其实就是风险高,意味着必须得做到预算目标,否则就会亏损。因此,风险分析实际上就是弹性分析,分析不同的因素变化将会带来什么样的结果以及这个结果是不是可以接受的。

这个弹性分析最终会产生两种结果:一是通过弹性分析能够发现公司风险的大小;二是通过弹性分析找到公司经营最敏感的风险因素。例如,如果价格下降,公司就亏损了,价格就是敏感因素,所以价格不能变。产品晚上市没关系,销售量达不到目标照样盈利,广告不做那么多也没关系,但是如果价格承受不起,那么公司肯定亏本,这就意味着价格是最敏感因素。

接下来就要研究,明年销售价格是否能保持?要想让价格坚持住,必须将其他一些相关工作做到位,这就要接着检验在做预算的过程中与价格相关的工作是否考虑进预算。例如,产品必须得做成什么样以及市场广告必须增加到什么程度,经过这些假设检验之后,可能需要进一步修正预算。

(二)预算编制的版本——乐观与悲观

有的公司会做出多个预算版本,如乐观版本、悲观版本、正常版本。这些不同的版本是供领导参考的。如果明年情况好会怎么样?做一个乐观预算,但心里不踏实,万一情况不好呢?那么再做一个悲观预算。

预算一般采用最可能的版本!

但是,要注意,有的企业领导按照悲观预算控制费用,按照乐观预算来增加收入。这是不可行的,因为资源和收入是匹配的,每个版本都是从头到尾相贯通的,拿两个版本来拼凑执行是不科学的。这种预算不严肃,也没人认真遵守,会被当作儿戏,所以最后的预算版本既不能是乐观的也不能是悲观的,必须是一个最可能的预算。然后,在此基础上,分析出最敏感的因素。

预算是否能完成与采用悲观的还是乐观的版本的预算关系不大,但那种混合版本的控制手段反而让公司偏离正确的方向。公司将无从检验,因为无法确定是费用导致收入低,还是因为业务部门水平差导致收入低。因此,提倡企业可以准备多个预算版本,但只能公布最可能的版本的预算,让所有人的信息是一致的,想法是一致的,目标是一致的,压力也是一致的。

三、预算的汇总平衡与批准

各业务部门和财务部完成销售预算、产品预算、费用预算、投资预算、资金预算后,所有的各部分预算都要集中提交到财务部进行汇总。预算汇总的主要工作是编制损益表预算,收入、成本、费用都完整了,与填写损益表的差异是其他业务收支、营业外收支、投资收益,这三项可以在财务部门的指导下,与其他部门共同制定出来。

财务部门负责对预算汇总的结果进行分析和审核。首先是各部门的预算编制是否基本符合自上而下的预算目标和预算指导原则;其次是各部门间的预算是否协调匹配;最后是明年公司的资金是否支持明年整体的预算方案。以上这个过程称为预算平衡。

最后,一般是财务部和总经理将对预算的审核和分析结果用正式汇报的方式提交给董事会,经过董事会批准的预算正式存档,作为企业明年的目标计划和考核依据。

第三节　预算中的博弈现象与商业问责制

预算中的博弈现象比比皆是,如何避免这种猫捉老鼠的游戏,管理者必须要考虑清楚,否则,预算将被引入歧途,不仅不能发挥作用,还会造成不公平和内耗。

为了避免陷入无意义的预算博弈中，企业需要采取综合的解决办法，下面汇总和分析一些常见的做法。

一、预算中的博弈现象

预算中的博弈是指承担预算指标的业务经理们为了有利于自己的各种目的，在预算目标设定问题上故意低报收入或高报费用，与公司讨价还价的现象。在前面章节曾详细讲过预算松弛的问题。

这是一个现实的问题，会给管理者的工作造成很大的难度。原因在于：第一，与之打交道的各部门经理很多都很强势，会给预算的组织者以心理上的压力；第二，要想在预算过程中有掌控力，需要准备基础数据，而财务部门的数据可能不完整也不准确；第三，财务部门对业务不了解，经常在与业务部门进行预算质询答辩的过程中处于劣势。

更多对预算博弈和预算负面作用的论述，详见第二章。

(一)CEO和财务负责人的能力

CEO和CFO在预算审查中的作用是非常关键的，他们对预算一定要掌握清楚。预算做得比较好的公司，通常财务总监和财务经理的能力是很强的，他们对行业有很深入的了解，业务经理不能随意乱报预算，乱报一眼就能看出来。预算是一个工具，不同的人会编制出不同的水准出来。使用得好，它就会发挥作用。这时候就体现出财务部门的价值了，因为CFO的能力和水平高，预算能做得很好，所以CEO和CFO在预算上的经验和质询能力很重要，预算作用的发挥背后是需要经营管理人员有一定的专业能力和职业经验做保障的。

(二)预算博弈——企业文化

企业也要自己检讨一下，业务经理人爱高报或低报预算是否有企业文化方面的原因，也就是说，企业领导人自身的行为方式或习惯所造成的原因。无论是民营企业老板还是国有企业领导，或是在外企工作的总经理，任何一个企业领导都有自己的个性和想法，在实施预算的时候就有自己的一套方法和习惯。

例如，在某公司有一个惯例，企业领导不太懂业务，但有控制成本的意识，所以一般部门经理想要1 800万元的费用，就必须得向企业领导申请3 600万元，原因是领导文化的局限。如果新任的部门经理不了解情况，想要1 800万元的费用，报了1 800万元，结果企业领导一刀下去砍掉900万元，只批给他900万元。因为这是公司惯例，大家都往高报费用，企业领导认为你也会这么做，因而导致新任经理也得入乡随俗，慢慢地这种企业文化就传承下去了。

(三)如何对待预算完成情况

一般来说，当企业发现这个月的预算任务超额完成时，都会很高兴，而如果这个月没完成预算任务，就会很失望。但是，现在设想一下，如果你是企业领导，某个部门上个月收入预算是1.3亿元，部门经理完成了2.6亿元，下个月预算1.4亿元，他完成7 000万元，作为一个企业领导，你会如何评价这个人和他执行的预算？结论可能是不可靠的。部门经理没有对未来的预见性，这样的预算无论是从考核上还是从控制上都不适用。

一个可靠的预算基本上是预测多少就会完成多少，虽然结果有偏差，但不会太大。一个不可靠的预算，无论是高还是低，偏离的幅度较大，资源配置和企业的发展轨迹就会出问题。

因此,大幅度超额完成预算并不是好现象。企业领导对不可靠预算的鲜明的态度是预算博弈中的一个重要力量,也是对预算讨价还价者的震慑。

对于职业经理人来说,位置比奖金更重要,因为奖金虽然是由业绩决定的,但最终是由位置决定的,而位置是由企业领导的主观评价决定的。从职业经理人的角度讲,超额完成业绩与企业领导的信任相比,企业领导的信任要比超额完成业绩更为重要。因此,企业领导的态度在管理上就显得非常重要,职业经理人的行为就会跟着改变。

二、IBM 的"商业目标追求"问责制

企业存在的目的是为股东创造价值,实现股东权益增值,否则公司和组织就失去存在的意义。要实现这一目标,企业必须用最有效率的方式,以尽可能低的成本,提供满足消费者需求的产品和服务,从而获得相应的回报来满足股东的投资要求。企业实际上是在资本投资机会和消费需求选择的问责中生存的。

投资者选择投资项目和规模,要求既定的投资回报,而消费者选择商家提供的特定品质和功用的产品和服务,支付可承受的价格,这些要求都是第一位的。既要追求尽可能高的投资回报,又要追求尽可能高的运作效率和产品品质,还要维持尽可能低的运营成本。企业日常经营的中心工作就是在满足股东、客户、员工、社会、政府的各种需求的情况下,不断创新,降低成本,从而实行差异化的经营模式来保持公司的竞争力。这为企业的预算管理提出了基本的要求,即花钱必须要有客观、明确的"商业目标追求",尽可能地降低成本,追求尽可能大的投资回报,企业没有选择的余地。因为如果企业不能达到这一目标,企业的经营者或者企业自身就会被市场无情地淘汰出局。

▲ 企业预算编制指引

在实践应用中,财务部门做好以下工作将为公司顺利推进预算起到非常关键的作用:
- 制定好预算模板文件。
- 准备好预算制定中涉及的各种历史参考数据。
- 制定好预算的编制时间表。
- 协助和辅导各个业务部门做好下一年度业务的推演。
- 制定好费用分摊的原则和预算制定的责任体制。
- 能够通过充分准备和沟通把握好预算质询会议的质量。
- 能够推进整个预算制定过程的时间节点,以保证预算质量。

第四章

损益预算

未来不是预测出来的，而是自己创造出来的。

——三星集团的座右铭

损益预算是企业全面预算的核心，目的是勾画企业明年的主要业务收入、成本和经营结果目标，以及达成这个目标而需要的投资、行动和过程推演。本章的内容包括收入预算、产品和成本预算、生产和产能预算。

战略是对未来的一种思考和过程，它给企业带来的是对方向的感知和认识，在这个过程中形成主要的参数、结论和数据，这是企业做预算时的一种指导思想，而预算真正做成什么样，还得看预算的推演。在推演和计划的过程中，再反过来校准企业的目标和战略是否能够实现。

【本章内容简介】

年度预算中最重要的内容是损益预算，即使是最简单的小企业，预算只做一个重要的预算项目，也不能少了损益预算，这是一个引领性的工作，企业的一切其他资源都是围绕全年的销售目标和利润目标而展开的。

本章重点描述在制定损益预算的过程中如何预测和预算销售收入以及如何确定产品成本，这里又包括产品型业务、项目型业务和服务型业务，不同类型的企业收入预算的方式不尽相同。在这个预算过程中，还要顺便解决几个问题，如业务如何展开、供应系统如何配套、产品计划如何实施，以确保损益计划背后的逻辑是清晰且有支撑的，而不是飘在空中。

在一般情况下，只要准备了与收入、利润和产品相关的预算，企业第二年的业务开展就基本上有了清晰的轮廓。

【学习目标】

通过本章学习，学员要掌握公司收入和产品预算的相关做法和背后的逻辑，并能够将这些预算数据与财务记账数据建立起有效的链接。

【要点提示】

● 如何进行销售收入预测？

- 如何进行产品规划？
- 预算做不准怎么办？
- 如何进行应收账款预算？
- 如何制定损益预算？
- 损益预算背后的推演过程包括哪些主要维度和要素？

第一节 市场分析与预测

按照损益表的逻辑，损益预算是从销售收入开始的，而对市场的分析和预测是收入预算的前提。

此外，本书前面曾提到，战略和长期计划是年度预算的纲领和方向，这些纲领性的文件原则上在编制年度预算之前已经存在，因此，年度预算也必须是在战略的路径上考虑，而不能脱离战略独立进行。这就要求预算编制人员在年度预算制定过程中要重温战略并主动适配长期计划，然后在这个过程中，根据对市场最新的预测和推演来积极地做好平衡和取舍。

销售预算是由主管市场营销的管理者带领销售部门共同完成的。如果一个公司的销售部门被分成了很多职能，或者在地理位置上比较分散，那么，预算的编制就需要协调好各方资源，做好相应的组织协调。

对市场情况的分析越科学，收入预算的合理性就会越强。因为收入预算决定了公司后台的资源消耗，牵一发而动全身，影响巨大，绝对不能很随意地根据过去的经验直接拍脑袋、填数据应付了事，那样必然带来整个公司预算的不严肃、不严谨，使预算的可信度降低。

一、市场趋势与竞争分析

市场分析与预测的着手点是市场环境、市场趋势和竞争环境分析，具体的常用步骤和方法如下：

（1）国内外宏观经济环境的变化分析。即国家主要政策的变化预测，分析这些变化是否影响到企业。例如，进出口政策和形势的变化，国外的货物进口走势，国内货物的出口走势，这些是影响整个产业链的变化，可以使用战略管理上常用的PEST分析模型。

（2）全国及各地方的市场增长趋势和容量分析。即产品卖到什么地方，企业所处的地方和将要去的地方，它的市场容量怎么样以及发展趋势怎么样。我们国家地大物博、幅员辽阔，不同地区的增长态势是不一样的，文化差异也很大，不能完全都照着企业自己所在的地区来判断。

（3）产品和技术的发展趋势分析。即产品和技术是否影响到公司。例如，公司是制药的，这个药可能有副作用，在新的技术下被淘汰了，明年可能就不能卖了；如果公司是做手机的，就需要清楚明年技术发展趋势在哪里，哪些技术、功能和设计会流行以及哪些会过时。

（4）竞争环境及产业链成熟度的变化趋势分析。越竞争，越成熟，产业链也越成熟。实际上，价格越低，越无利可图，产业越趋向于恶性竞争，最后出现洗牌，说不定哪个公司就被洗掉了。在这个过程中，往往都是需要战略转型或者提高竞争力，要找到自己的发展方向，所以企业平常说的SWOT分析，与这个也是有关系的，要分析企业的竞争力、竞争环境。例如,公司是做电商的,就需要清楚明年市场竞争环境到什么程度,以及在这样的竞争环境下公司的发展战略和步骤是什么。

(5)本公司在各个地方的市场趋势的变化分析。即企业自己现在在做的生意所处的市场,它们是在变好还是在变坏。例如,公司是做装修的,就需要清楚不同地方明年的房地产行情。

(6)本公司产品的竞争力分析。即公司的产品在整个竞争对手中间处于什么样的地位,是发展还是衰落。

(7)企业主要的客户和行业的发展分析。例如,企业是给中国移动供应手机的,要清楚中国移动有什么变化,它在做4G的过程中会有什么要求;如果是给上海的汽车厂商做玻璃的,则需要清楚上海大众汽车或者上海通用汽车的发展趋势和明年预测。市场趋势的预测有助于企业的战略和长期计划获得再一次的确认。例如,公司是做彩电的,就需要清楚液晶显示器产业链是处于行业的成熟期、上升期还是下降通道。

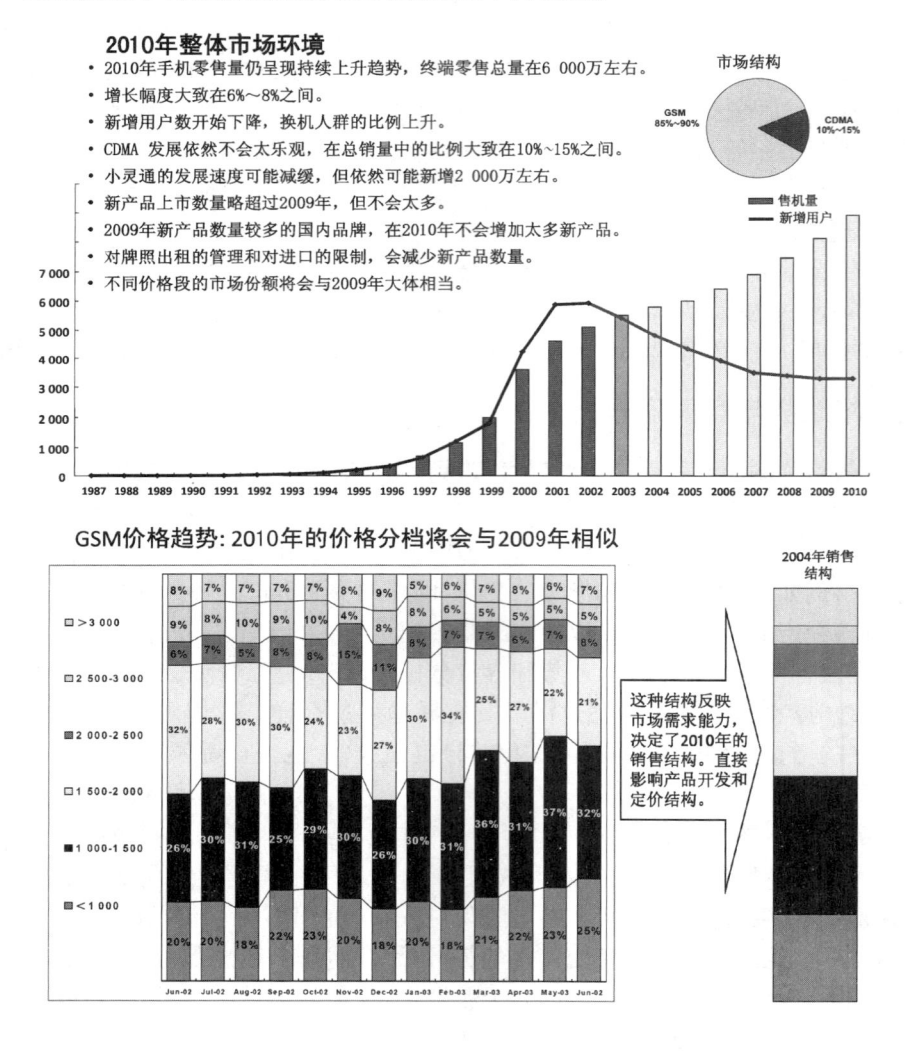

2010年整体市场环境
- 2010年手机零售量仍呈现持续上升趋势,终端零售总量在6 000万左右。
- 增长幅度大致在6%~8%之间。
- 新增用户数开始下降,换机人群的比例上升。
- CDMA 发展依然不会太乐观,在总销量中的比例大致在10%~15%之间。
- 小灵通的发展速度可能减缓,但依然可能新增2 000万左右。
- 新产品上市数量略超过2009年,但不会太多。
- 2009年新产品数量较多的国内品牌,在2010年不会增加太多新产品。
- 对牌照出租的管理和对进口的限制,会减少新产品数量。
- 不同价格段的市场份额将会与2009年大体相当。

市场结构
GSM 85%~90%
CDMA 10%~15%

GSM价格趋势:2010年的价格分档将会与2009年相似

这种结构反映市场需求能力,决定了2010年的销售结构。直接影响产品开发和定价结构。

2004年销售结构

2010年产品细分市场发展趋势
四个手机类别的发展趋势预测

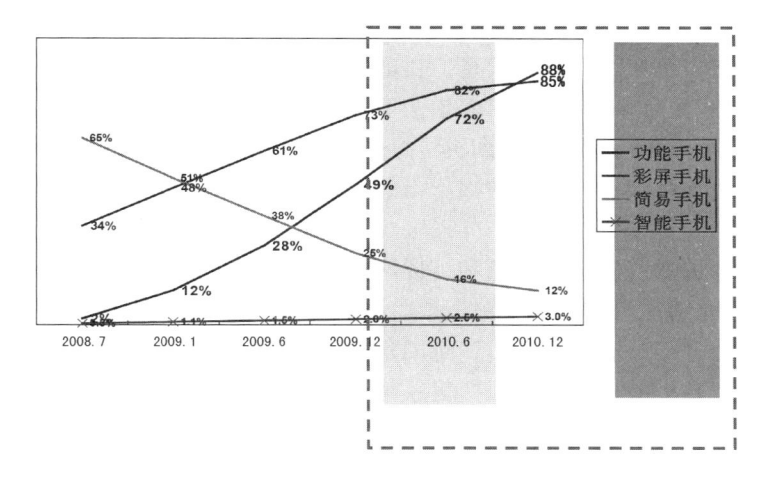

国内品牌拍照手机市场的产品策略：

- 放弃高端（5 000元以上）：由于没有全球销售能力，对高端100万像素内置镜头的采购价格没有竞争优势。加上高端用户对国产品牌的偏好程度较低，所以坚决放弃高端拍照手机。
- 力拼中低端（中：2 000～3 000元；低：1 200～2 000元）：由于中低价位的国产拍照手机的"争战"将打响，所以准备好打"价格战"。在中低端（3 000元以下，尤其2 000元以下）发力。

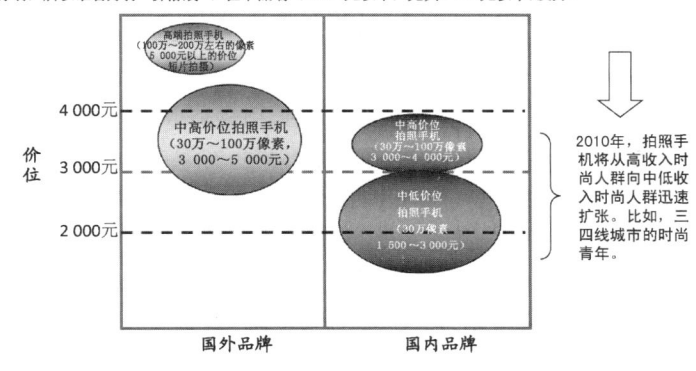

图 4.1　市场预测与分析示例

二、市场预测信息来源

在市场预测的过程中，采取什么样的方法来采集相关的情报和数据并进行分析呢？

第一，政府各部委公布的发展、规划、项目等。比如"十三五"规划，国家计划要修建多少铁路、多少公路、铺多少电缆以及明年4G发展多少容量，这些可能都是与公司所在的行业相关的。例如，公司是做高铁隔离网相关业务的，明年销售收入大概是多少，需要先看铁路总公司明年高铁建多少公里、哪个地方已经有居民但还没配置隔离网，这样企业自己就能算出来潜在市场金额是多少了。如果市场一共约3 000万元，市场上做隔离网的一共4家，则平均750万元，这样的信息很重要。

第二，行业协会的指导信息。通过行业协会了解所在行业现在的市场和竞争状况怎么样、明年大家要做成什么样、是否要抱团取暖。例如，在浙江海盐，全国70%的紧固件供货商都在那儿，当地有一个紧固件协会，一查行业的报告就知道：明年市场大概情况如何；是应该增产，还是应该大力扩展产能，或是应该保守过冬。

第三，第三方咨询机构的调查信息。目前，市场上有很多专门做分区域或分行业的市场调研和情报信息采集咨询机构。例如，想知道明年整个上海地区的制造业的薪酬水平，直接去买调查信息就可以了。第三方咨询机构提供的调研情报很多，现在对于基本上成熟的行业，第三方咨询机构都能提供调研情报。当然，有的行业是偏僻行业，只能找第三方咨询机构定制。

第四，公司相关部门的情报信息和市场网络。一般有一定规模的公司都有市场部，也有上、下游企业，还有历史上详细的订单记录，这些都是市场信息。甚至有的企业规定，全国若干个办事处，每个办事处有一个人负责每周负责向总部汇报当地的客户公司的招投标信息。这也是信息搜集，是企业自己的情报搜集系统。这样到年底的时候，公司就清楚市场信息，至少在未来可预见的5~6个月，有了市场的需求形势。

第五，根据历史经验和专家推测。例如，某房地产公司的张总，从事房地产多年，在企业里做到副总级别，现在都快退休了，这是专家；到制订年度计划和预算的时候，企业可以请张总估计一下明年的住宅销售大概是增长还是会下降。因此，当公司实在找不到情报时，也可以在公司内部将专家资源整合一下。

三、确定市场增长率假设

通过市场与竞争分析，首先可以明确公司做明年销售预算的出发点和假定前提条件是什么、市场增长率是多少、公司所处的细分市场的增长率是多少，这是市场假设。如果公司预算这么做，结果发现有较大偏差，很有可能是实际的市场情况与当初假定的前提条件差太远，市场根本没有像想象的那样增长，在这种情况下，可能是企业对行业的理解不够深，对所在行业的未来预见性不够，而不是业绩不够好。这种情况下，就要多想办法，多买市场情报和数据，或多请几个顾问，都可以让实际情况和假设更接近。

如果最后到年底发现假定的市场条件没什么大问题，企业年初所预测的市场上都发生了，如技术变革、市场发展、竞争对手增加，那么在这个假定条件上所做的预算就是合理的，而在这种情况下如果预算完成得不好，可能就是预算的执行能力不够。这时，公司就得检查投资和资源分配是否方向正确、人的水平是否不够、市场策略是否有问题，进一步检讨企业的能力。

因此，企业要清楚，市场分析预测以及建立在这个基础上的市场假设的重要性。这个假设是所有销售市场预算建立的基础，如果经不起推敲，则预算就是空中楼阁。这里也包括对公司战略和长期计划的回顾和验证，例如，根据长期计划，公司想在未来3年每年增长30%，现在经过评估认为明年的市场是整体增长5%，那么，之前预测的30%还是可行的吗？

四、明确销售策略

首先,明确市场格局。

通过前面的市场预测过程,对与本公司相关的总体市场容量有一个基本把握,弄清哪部分市场对公司是有机会的,这部分市场称为可进入市场。对于总体市场和可进入市场容量的增长趋势是什么样的,要得出一个结论。

细分市场的格局与变化趋势,分析企业的产品所在的细分市场,要从各个视角去分析,比如增长趋势、竞争格局、什么地方在上升、什么地方在下降、什么类型在上升、什么类型在下降、有哪些竞争对手出现、什么地方的利润更薄、什么地方的利润在增加、发展趋势是什么、增长率是怎样的以及需要哪一部分市场。

然后,分析市场竞争格局。总体市场、可进入市场和细分市场分别是被国外品牌占据还是由国内品牌占据?是低端的还是高端的?公司的战略定位是在什么地方?就像在战场上一样,先将敌我双方的情况搞清楚了,即对手使用的是什么武器、对方有多少人以及你希望在多长时间内解决战斗。

其次,确定主要产品的策略和销售目标。

企业需要清楚自己所在的市场究竟是什么样的,以便规划它的主要策略。在有了市场预测与分析的情况下,公司了解了未来面临的外部环境和局面,就可以制订自己的市场策略了。即在这个市场上,公司要生存或胜出,需要怎么干?可能分析之后发现根本就干不了。例如,国内的某手机公司在 2008 年的时候,经过深入、系统的市场分析,决定彻底停止手机业务,原因在于当时市场上既有 iPhone、诺基亚、三星,也有众多快速灵活的山寨品牌,公司处在中间没有活路,这是在分析市场情况之后发现自身水平不够,然后转型做别的行业了。

再次,确定市场销售的分布,即公司定位在什么区域以及在什么产品上。

最后,确定客户与产品的对应关系,即究竟什么东西卖给谁以及二者之间是什么样的关系。

综上所述,企业要根据市场假设来确定主要产品的销售增长策略,确定企业的目标市场分布在什么地区以及主要的销售时间集中在几月份。同时,确定客户与产品的对应关系,即什么产品做给哪些客户、B2C 的业务如何做、B2B 的业务如何做。然后,形成一些关于销售策略的结论,汇总如下:

(1)回顾与验证公司的战略,让企业对未来的发展有一个最新的预期和前景轮廓,考虑是否对既定的公司战略进行适时的调整或改变,考虑企业 3~5 年的长期计划是继续坚持还是要进行调整。

(2)确定公司的市场占有率、目标客户群、目标市场的增长和变化、新产品开发的方向、第二年要设立和完结多少项目、重点销售的产品是什么、重点销售的区域和销售渠道是什么以及产品需要在市场上的竞争力和表现是什么。

(3)确定公司产品销售规模和毛利率。因为对市场有了感觉,也清楚大致的发展方向,就得确定一下公司的产品销售规模和毛利率。

(4)确定市场和产品的战略聚焦。明年的资源和主要精力是扩大规模还是聚焦在某些细分市场和个别产品上?是聚焦在区域市场上,还是聚焦在某些客户身上,或是在哪些产品上？市场战略聚焦后,资源和行动聚焦就框定了。

(5)企业发展投入的战略聚焦。企业发展投入战略聚焦是指明年的战略投资是主要用来改善售后服务,还是主要用来做市场推广,或是主要用来做广告,或是主要用来建渠道？这是企业的战略聚焦,它决定了企业未来若干年的竞争力以及未来若干年的收入是否能实现的问题。

(6)确定销售增长的方式。销售的增长是有内在规律和驱动因素的,并不是无缘无故发生的。想让销售增长可有多种实现方式,如多投入人力、多开发制造产品、多投广告费并大规模促销、扩大销售区域覆盖、拓宽销售渠道、增加出口、扩大品类、增加产量、降低价格等。企业要想实现增长,需要一定的手段和方式,在前述所有手段和方式里,实现增长的结果一定会增加投入、增加成本或者降低价格,最后公司的利润反而可能会受损。

五、关于增长方式的思考

很多的增长方式中存在陷阱,一味地增长不一定就好,因为增长是要付出代价的,因而很多企业会选择随着市场的增长而增长,这是第一种增长方式。

假设行业增长20%,企业就增长20%;如果企业增长10%,意味着别人抢了你的市场;如果企业增长30%,意味着你抢了别人的市场,这样当然更好。

如果市场是下降的,企业要想增长,就只能采取第二种增长方式策略,即竞争,将竞争对手打败。当采取这种竞争策略的时候,企业自己可能会受伤,因为这是一种高风险策略,所以在行业洗牌、竞争激烈的时候,这也是一种增长方式。

在所有的增长方式中,只有随着市场的增长而增长才是最自然的一种方式,但是在很多情况下,这是可遇而不可求的。对大多数企业说,企业每年都提出增长20%、30%,但业务经理心里要清楚,这个目标是要靠花钱砸出来的,是要靠干活拼出来的,是要靠招人堆出来的,所以收入增长的同时,相应的资源匹配必须跟上。如果跟不上,销售是不可能增长的。

在现实中,有很多企业采取了掩耳盗铃、自欺欺人的方式,即先定一个不切实际的高增长目标,但并没有考虑到采用什么样的增长方式去实现,也不愿意扩大和增加资源投入以实现增长,只想着到时候干出来再说,干不出来也没有关系。实际上,这样的策略和目标不但难以实现,干不出来还会给团队以打击,使士气受到影响。虽然有的时候企业说要给团队一个有挑战的高度和压力,达不到也没有关系,但是毕竟预算完成的结果是用来评价个人的业绩的,最后还要兑现奖金,每个人都不希望自己的业绩差,都希望有成就感,希望得到肯定,所以在销售策略和目标确定上要以激励为主,而不是只给压力。

六、产品和投资战略

根据前面的分析,企业要确定接下来产品的规模应做多大,如果跃升一个数量级,就涉及对基础设施的投资,涉及对业务范围进行扩展以及对上下游进行整合等资本投资、战略投资方面的动作。

在这个过程中,还要考虑当期业绩,因为扩大规模和实现毛利有时候是此消彼长的关系。毛利高,销量可能就会低;销量高,毛利可能就会低。

另外,在考虑投资方向的时候,短期还要考虑市场产品战略的聚焦,也就是说,究竟要做好哪些主要的产品以及哪些是二线产品,这是企业要确定下来的。长期则要考虑企业发展的投入战略,即资金投入和资源配置主要投到哪里,是投到研发,还是投到售后?是投到生产加工的制造环节,还是投到人力资源培训环节?

最后,就是做好基于市场分析的配套投资规划,这种投资主要是规模性的投资,如投资项目、投资产业、新设业务机构或并购投资等。

第二节 销售收入预算

一、销售收入预算——产品型

销售收入的预算要先从营销推演开始,因为企业的业务性质差异很大,营销推演过程各不相同。为了能够清楚说明比较典型的企业如何进行销售预算的过程,我们将销售收入分为三个类型的场景分别讲解,包括产品型业务、项目方案(合同)型业务和服务型业务。

这里首先介绍产品型业务的销售收入预算过程。

(一)销售量预测

生产和销售标准产品的公司,销售量的预测是销售收入预测的起点。在做完市场分析后,市场增长率假设就确定了,企业需要预测明年的销售量。下面介绍几种常用的销售量预测方法:

1. 按销售网络预测

市场分析和市场假设前提建立后,企业就开始落实销售预算的具体数字了。下面通过案例来说明销售预测的方法。例如,某电脑销售公司要做明年 12 个月的分月销售量预测,可采用的主要方法是要求各个销售区域,如东区、西区、中部地区、南区、北区,各个地区的大区经理向销售总部报明年的预计销售数。如果每个区域的销售品类太多太杂,电脑以及外围设备和配件有上千种,有的时候各门店还要自己进货,这时就可以直接要求上报各个区域的明年预计销售额。又如,在北京有一家做手机零售的公司,在做企业销售额预算的时候,就是直接按照门店进行,如地安门店、中关村店、望京店、石景山店、阜成门店等,对明年 12 个月各门店有多少产出进行预计。

2. 按渠道通路预测

有一些大厂商,按照渠道通路预测销售量。比如三星公司有几大代理商,那么三星公司在做预测的时候可以与几大代理商分别进行沟通和讨论。这时,三星公司在做预测的时候是双向的。第一,首先预计明年上多少个产品,这些产品的目标销量在开发的时候就已经确定了。第二,这些目标是否能实现还要去找市场上的代理商讨论,具体讨论这些产品明年大概能实现多少销售额、准备投入多少资源和精力、明年准备市场做多深和多透、代理这个产品如何与其他的品牌竞争、准备如何做才能确保厂商目标的实现。

销售主导型的企业销量预测可以参考如图 4.2 所示的模板。

按照地区	1月	2月	3月	4月	5月	6月	7月	8月	9月	10月	11月	12月	合计
东区													
西区													
中部													
南区													
北区													
东北													

按照门店	1月	2月	3月	4月	5月	6月	7月	8月	9月	10月	11月	12月	合计
地安门店													
中关村店													
望京店													
石景山店													
阜成门店													

按照客户	1月	2月	3月	4月	5月	6月	7月	8月	9月	10月	11月	12月	合计
爱施德													
天音													
中邮普泰													
中原													
蜂星													

图 4.2　销售主导型销售量预测表示例

3. 按产品型号预测

产品型公司在上新产品的时候,都会对这个产品的运作有一个预期,包括市场销量、生命周期、价格变化、竞品表现等。因此,产品按照型号都是有一定的销售量目标的,按照这个目标销量进行损益预测会比较接近企业经营的逻辑。

基于产品主导的企业销量预测可以参考如图 4.3 所示的模板。

按照产品	1月	2月	3月	4月	5月	6月	7月	8月	9月	10月	11月	12月	合计
经典手机（K）													
N2110	50	50	50	50	50	50	50	50	50				500
N3110				30	30	30	30	30	30	30	30	30	270
...													
娱乐手机（K）													
N69		40	40	40	40	40							200
N70					30	30	30	30	30				150
...													
商务手机（K）													
E71	20	20	20	20	20	20	20	20					160
E90	10	10	10	10	10	10	10	10	10	10	10	10	120
...													
4G网络设备													
交换机	3	3	3	3	3	3	3	3	3	3	3	3	36
基站	100	100	100	100	100	100	100	100	100	100	100	100	1200
...													
4G设备服务													
安装	1	1	1	1	1	1	1	1	1	1	1	1	12
网络优化	1	1	1	1	1	1	1	1	1	1	1	1	12
...													
汇总													

图 4.3　产品主导型销售量预测表示例

4. 经验加专家估计

从一线人员的经验出发,有时销售团队的预测是一种很好的预测方法,因为销售团队在市场上直接打拼,对某个区域或细分市场的了解比较深入。另外,销售团队在预计的同时也意味着领走了任务。一般的企业都是由销售团队来进行预测,只不过有时销售团队预测得不够准确。为了完善销售团队预测的方法,企业可以引入专家的估计进行修正。

(二)销售价格预测

有了对销售量的预测,还必须有对销售价格的预测,这样才能进行销售额的计算,而且销售量往往是跟着价格走,在调整价格的同时,销售量必然会发生变化。因此,虽然我们在讲解的时候将销售量的预测与销售价格的预测分开,但是在企业的现实中,这两个预测是同时进行的,在同一个沙盘推演的布局中呈现。

下面介绍几种主流的销售价格预测方式。

1. 毛利法

在预测价格的时候,一种常用的方法就是毛利假设,即假设产品有多少利润空间。例如,假设产品大概能赚30%的毛利,价格就可以通过成本加成的方式来确定。这需要清楚产品的标准成本,然后,根据不同产品的市场定位和策略,在成本的基础上对产品进行加成。不同产品的加成额不同:薄利多销的产品加成额低一点,而高档产品的加成额高一点。最后,根据数量计算出总的销售额和利润。

通过判断产品的利润占整个销售额的大小,对比过去的经验,看平均利润率是不是合理的。如果是合理的,意味着这个价格是可行的,否则可能意味着产品价格偏高或者偏低了。因此,预测产品价格的人,在某种程度上要对公司的成本比较了解,然后才能做得比较科学。

2. 市场趋势法

然而,有很多公司不愿意让销售人员了解底价,因为销售人员一旦了解了真实价格,就会用最低的价格与客户谈判,公司就很难控制。因此,在这种情况下公司会对销售人员保密成本价格。这时,销售人员如何预计销售价格呢?可以按市场过去的价格发展趋势和产品的性能去估计。比如抽油烟机的厂商有老板、帅康、华帝、西门子、方太等;又如,具有某种相似功能、外观样式和材料材质的产品大概卖多少钱,通过比较定价。

还有一种可能是,公司的市场策略是采取扩张式增长,对于这款产品,公司只要有一定的毛利就可以了。那么,公司如果认为该产品卖低价最有竞争力,则要是能卖到一定的数量并达到一定的市场占有率,就可以定相应的价格了。

另外,还一个影响因素是行业周期。例如,以前做液晶彩电都会赚钱,但是很快可能就不行了,苏宁、国美、京东商城、淘宝等打价格战,将价格都拉下去了,所以这个行业周期已经到谷底了,明年的毛利可能会更低。因此,要预计到行业的变化趋势。

3. 产品价格策略预测法

有的企业为了在市场上扩大产品的市场份额,采用一个产品策略。例如,小米手机2代,在最初产品发布时价格还是1 999元,与小米1代价格相同。这就是产品价格策略,即首先扩大市场份额,随后通过软件或者服务去赚钱。

4. 价格与销售量相互影响

预计价格是一项非常专业和需要经验的工作,需要由销售和市场部门的人通力合作,甚至财务部门也要参与。具体方法是,先将未来 12 个月可以销售的产品列出,在预计销售量的基础上填写价格。做价格的表和做数量的表需要放在一起同时做,因为产品的价格决定了它的销量,反过来销量推导出用什么价格才能卖出去。这两个要素要比较协同起来,二者是有对应关系的。例如,一款手机,从它上市开始卖 2 900 元,到快退市的时候价格为 2 400 元,这里存在一个价格走势的盘算。

产品价格的预测可以参考如图 4.4 所示的模板。

按照产品	1月	2月	3月	4月	5月	6月	7月	8月	9月	10月	11月	12月
经典手机												
N2110	290	290	290	290	290	240	240	240	240	240		
N3110				430	430	430	430	430	390	390	390	390
…												
娱乐手机												
N69		3 100	3 100	3 100	2 500	2 500						
N70						3 400	3 400	3 400	3 100	3 100		
…												
商务手机												
E71	4 300	4 300	4 300	4 300	4 300	4 300	4 300	4 300				
E90	5 700	5 700	5 700	5 700	5 700	5 700	5 700	5 700	5 700	5 700	5 700	5 700
…												
4G网络设备												
交换机	90 000	90 000	90 000	90 000	90 000	90 000	90 000	90 000	90 000	90 000	90 000	90 000
基站	7 000	7 000	7 000	7 000	7 000	7 000	7 000	7 000	7 000	7 000	7 000	7 000
…												
4G设备服务												
安装	50 000	50 000	50 000	50 000	50 000	50 000	50 000	50 000	50 000	50 000	50 000	50 000
网络优化	80 000	80 000	80 000	80 000	80 000	80 000	80 000	80 000	80 000	80 000	80 000	80 000
…												
汇总												

图 4.4　产品价格预测示例

对于价格制定,如果公司不是全新的公司,其实它已经有了一套方法,这套方法可以延续使用。即过去是如何制定价格的,未来还如何去制定。

在实际中,价格制定有时非常复杂,比如投标、客户打折或砍价、给渠道和商家返利、折扣等。举例来说,在商务条件上,代理商是否负责产品的售后服务、是否有保修服务、是否有退货条款、是否负责运输以及包装盒里面是否有赠品等,都会导致价格五花八门。但在做预算的过程中,企业不是在做价格的执行策略,可以将价格相对抽象化和虚拟化,未来这个产品大概以这个价格卖就可以了,而到时候企业的策略可能会不一样。这就需要与时俱进,依据当时的情况做决策,虽然这对预算执行结果会有一些影响,但是总体上波动不会特别大。

(三)销售收入预测

基于以上销售量和销售价格的预测,收入预算就相对简单,直接计算就可以了。但是,在现实中,有很多产品是无法按照价格和销量来分开预计和计算的,那么也可以直接对销售额进行预计和推演。

销售收入预测过程本身并不复杂,但难度很大。难度在于预测价格以及大概能卖多少,在这个地方是要犹豫、要考量、要规划的,需要了解什么产品什么时候上市,要了解竞争对手什么时间冒出来,要清楚分公司、不同的事业单元或者不同的销售团队的水平,之后才能在销售收入预测表上填上一个可信的数字。在填这个数字的时候,必须符合逻辑和基本假设前提,这样的销售收入预测才是可信的。

关于销售收入预测数据的精度问题,财务会计和管理会计的看法是不同的。财务会计以严谨和规则为导向,要求计算精准;管理会计则为了内部提供务实的信息支撑,可以不理会这些约束和要求,完全可以估计到千位、万位甚至忽略很多不重要的信息要素。尽管如此,管理会计也必须与财务会计协调好,因为最后进行预算的执行和科目对比,两者需要使用同一个数据采集平台,或者说,管理会计要依赖财务会计的数据作为基础。这就需要找到一个平衡点,如果做不到精确,也不宜太脱离财务会计的框架。

销售收入预测过程中要做很复杂的推演,才能最后敲定数字。在多要素的互相影响下,这个数据是"有零有整"的。例如,在某款产品的 5 月份销售量预测上,究竟是 1 000 台还是 1 103 台? 销售收入是 6.7 万元,还是 6.71 万元? 如果有人问,这个数字为什么不是 6.71 而是 6.7? 那么,理解这个问题需要从以下几个方面分析:

(1)预算数字是有弹性空间的。在这儿安排 1 万这个数,意思是 1 万左右,虽然在最后计算的时候有零有整,尤其是除以 1.17 后,从税前变成税后,已经精确到小数点之后了,但是企业要清楚,这个数字是左右的意思,说 1 万就是 1 万左右,可以理解为 1.1 万,也可以理解为 9 000。

(2)销售收入预测填 6.7 万元还是 6.71 万元? 预测是有一套逻辑的,只要将预测的逻辑说清楚就可以了,企业不必在数据精度上浪费时间,只要明确逻辑是对的,就不影响方向。

(3)人们对预测的把握只能到这个程度,剩下的事就看业务部门如何做到,而不是校准数据的精度。其实,根据实践经验,预测得准不准只占 30% 左右的影响权重,关键是预算执行,人为因素占 70% 的权重,即是业务部门如何执行从而实现这个预测的问题。因此,在这种情况下,企业做预算往往都是整数预算,或者计算出多少就接受多少,而不去调校其精度。

前面提到,基于销售数量预测和销售价格预测,可以直接进行销售收入计算,其可以作为收入预算的基础。

但是,如果企业很难进行独立的销售量和销售价格预测,也可以采取直接对销售收入额进行预测。以下是对常用的销售收入金额直接预测方法的介绍:

1. 产品计划法

例如,公司明年有两款产品,每一款产品的历史销售额或者相似性是一定的,在这种情况下,当企业将产品计划和产量确定的时候,实际上销售额也可以确定。

2. 增长趋势法

即根据历史销售记录和行业增长趋势推演来预测。例如,上年的销售额是 1 000 万元,明年根据行业市场分析和趋势预测增长 20%,则预测销售额就是 1 200 万元,这是根据历史记录和市场趋势的推演所做的预测。

最重要的是,在全面预算中这个推演是让营销负责人实施的,如让销售总监去做推演,因为他更有把握。今年经济不景气,成本上升,竞争对手倒闭了很多,但是企业投入也相应变少,在这种情况下,明年的销售额是会上升还是会下降呢? 这种推演就是根据不同的驱动因素、换算推出来的,很多数据背后是基于一个方向性的判断。例如,经济不景气,市场可能下行,大家的销售收入都得减少20%,企业也减少20%,但是在整个过程中,企业投入增加30%,在这种情况下企业可能会挤占很多其他的竞争对手的市场份额。一般来讲,如果企业的投入增加20%,在经济不景气的时候,别人投入不增加,可能企业的销售额反而会上升10个点,在这种情况下,企业的整体销售收入在经济不景气的时候最终可能只下降10个点。这是一种根据过去经验的一种推算方法,不需要计算到具体的合同、产量等,只要这种推演的方式是科学、合理的,在现实中都是可行的。

3. 增长目标法

在很多企业,年度预算开始是由企业领导指定增长目标,比如企业领导说明年需要做到4个亿,那就无须考虑预测、推演,唯一要想的是4个亿如何才能完成的问题,而不是想4个亿可不可行。相比自然成长型的企业,目标引导型企业更多地采用增长目标法。企业领导想3年之后上市,上市的时候利润得达到3 000万元,公司现在的年利润才1 000万元,那么预测就好办了,按照3年后利润做到3 000万元来预测明年的销售收入,而且必须完成,同时在这个过程中当然也需要投入,这就是指定增长目标。

有的时候,指定增长目标被诟病为不科学,原因在于这个目标来源于对行业和市场不了解的上级单位的指定,指定了高增长目标但并没有配套的承诺投入,完全要经理人自己干出来,因而这种增长目标就是不科学的。

如果投入没有限定,对于增长目标的考虑,无非是要近期的利润还是要远期的利润的问题。很多企业为了夺取市场份额,不顾赚钱或不赚钱,要的是远期利润和公司的未来,这样,销售额肯定能增长。如果公司想在增长的同时要利润,但销售额的增长不一定带来利润,很有可能需要控制一下销售额才会有利润。因此,要利润和要销售额是两个完全不同的选择。这两个选择的结果有的时候是一致的,有的时候是不一致的。一致的时候是在增长与市场规律一致的情况下,而不一致往往发生于公司采取单独的政策,通过竞争将对手打败。比如华为公司,通过将国内外的竞争对手打败,当主要厂商就剩3家,则再分市场的时候,每一个人都能吃一块更肥的肉了。

4. 战略目标法

还有就是战略目标,前面说的指定增长目标,是由领导拍脑袋、上级下任务,如要求企业明年指定增长30%或增长40%。战略目标就是根据长期计划制定目标,比如3年之后公司要成为行业的领导者,则行业的领导者就必须在全球占15%的市场份额;要想做到全球领先,需要先在中国做到领先,而要想在中国领先,那么要在地区先领先。现在反推回来,如果明年要做到地区领先,公司就要达到5亿元的销售收入以及在地区占40%的市场份额,那么,这个目标也就成了明年的销售预测。

5. 保本点法

通过保本点确定明年的销售收入,达不到这个收入明年就会亏损。在经济不景气、企业效益不好的时候,很多企业深陷亏损泥潭,这时它们会首先想需要实现多少收入才能止亏继续生存。如果经过测算发现至少得有1个亿的收入才能生存,那这1个亿就是预算目标。企业在大的经济周期下总是有上升、有下降,下降的时候可能同时伴随着变卖资产、缩减业务线、部门和人员重组、裁减人员,这时候保本点就成了最重要的一个指标。

如果通过预算推演，实在达不到盈亏平衡点了，要想继续存活下去，就需要开辟融资的渠道。在经济困难的时候，在艰苦的环境下，有些企业坚持过来了。比如手表行业，2000年的时候，中国制造手表的上百家企业都倒闭了，但是有坚持下来的企业，而现在手表产业在高速增长，只要造出2 000元以上的高端手表，基本上都能卖出去，但前提是要有能力在危机时活下来。当时手表企业每年的预算就是不亏损，或者就是靠在外面找融资，让自己能挺到最后盈利的那一天。市场规律是无法左右的，在寒冬来临的时候企业就要研究过冬的办法，所以销售收入的预测不总是直线上升的，企业需要学会在各种各样的环境下预测销售收入。

以通信公司为例，基于前面提到的销售数量预测和销售价格预测，销售收入预测就是如图4.5所示的模型。

按照产品	1月	2月	3月	4月	5月	6月	7月	8月	9月	10月	11月	12月	合计
经典手机													
N2110	14 500	14 500	14 500	14 500	14 500	12 000	12 000	12 000	12 000	12 000			132 500
N3110			12 900	12 900	12 900	12 900	12 900	11 700	11 700	11 700	11 700		111 300
娱乐手机													
N69		124 000	124 000	124 000	100 000	100 000							572 000
N70					102 000	102 000	102 000	93 000	93 000				492 000
...													
商务手机													
E71	86 000	86 000	86 000	86 000	86 000	86 000	86 000	86 000					688 000
E90	57 000	57 000	57 000	57 000	57 000	57 000	57 000	57 000	57 000	57 000	57 000	57 000	684 000
4G网络设备													
交换机	270	270	270	270	270	270	270	270	270	270	270	270	3 240
基站	700	700	700	700	700	700	700	700	700	700	700	700	8 400
...													
4G设备服务													
安装	50	50	50	50	50	50	50	50	50	50	50	50	600
网络优化	80	80	80	80	80	80	80	80	80	80	80	80	960
...													
汇总	158 600	282 600	282 600	295 500	373 500	371 000	271 000	262 000	174 800	81 800	69 800	69 800	2 693 000

图 4.5 销售收入预测示例

(四)收入预算的基本逻辑

在编制销售预算的时候，最重要的不是结果和数据，而是预测方法的合理性。也就是说，预算推演的背后逻辑必须是经得起推敲的，这里列举一些必须考虑的因素，以便更好地掌握销售预算的做法。

1. 按行业特点和业务类型做预测

销售预测要想预测得比较好，就要找到驱动销售额上升和下降的主要因素，这些主要因素与公司所在的行业及业务类型有关。

比如家用电器类，该类销售预测的主要考虑是市场竞争状况，有些企业的策略是产品创新，还有个别更高级别的企业通过新的商业模式参与竞争。在这种情况下，销售额可能会有巨大的变化或者不可预期。

工业用品和设备类企业靠的是经济景气程度，经济景气了，企业日子好过，企业投资增长,从而建设新的生产线。国家要大力度投资建设,这是工业用品企业的增长驱动因素。

其他类型的企业如项目承接、大客户合同、系统集成、城市建设、建筑施工类,其业务驱动的核心是客户关系或投标中标等关键因素。

还有一种业务类型企业像服务、金融软件、互联网、设计等,企业做销售预测需要对这个圈子和市场比较熟悉,市场发展、投入与产出、行业整体的增长态势、企业本身的产能、企业准备在市场上做到什么样的地位、使用什么样的商业模式等,这是影响预测准确与否的关键因素。

还有像连锁、零售、电子商务类企业,销售预测需要看单店的产出、基础设施的布局和产出以及业务增长的"瓶颈"在哪里。

不同的行业和业务类型可能会有不同的销售驱动因素,在这种情况下,一个企业预测销售收入的方式可能与其他企业并不一样,所以在销售预测上,没有一个最佳模式或预算模板,不同的企业因其所在行业和业务类型的不同,使用的方法是不一样的,而好的预算模板首先得适用于企业。例如,房地产公司的预算方法与制药企业完全不同,没有可比性。证券公司和汽车制造企业没有可比性,更不能说万科的预算做得好,石药集团就可以拿来借鉴一下,这是绝对不行的。因为预算涉及业务,涉及业务就必然与行业相关。在企业所在的行业里,企业要摸索出一个适应于该行业的收入预测模板和表格才行,而这才是财务共享的价值。当然,企业可以在同行业内做参考。

以汽车行业为例,上汽公司可以参考一汽集团的预算是如何做的,也可以参考广汽集团是如何做的,如果可以的话,还可以再看看丰田公司是如何做的,在这种情况下做参考是可行的。但即便是在这种情况下,直接拿同行业其他公司的预算表格、模板来参考也是很难的,因为不同企业的管理模式和手段根本不一样。有的汽车厂商是自己生产自己销售,有的企业是汽车生产出来之后全部交给合作伙伴。比如奔驰,它的最大代理商是利星行,所有的车一经生产就全都交给利星行了,所以这家公司对于利星行的管理是很重要的,但是奔驰本身的收入和损益表相对来讲简化得多,因为生产企业就几家,而下面有成千上万家代理帮它卖车,详细的销售收入预测在利星行的预算里面,不在奔驰的预算里面。这时候奔驰公司就要将公司的预算延伸到利星行这个企业里去,如果不延伸到那里,就意味着预算可能比较简单,但同时也意味着可能不可靠。

又如,给中国移动供应基站的公司,是中国移动先做预算还是这些企业先做预算呢?当然是在明确了客户计划和需求的基础上再做自己的预算才是有效的。因此,光有预算模板表格是不重要的,重要的是经过企业对行业市场研究分析并盘算后形成的独特的预测方法,然后形成企业的习惯,最后将它变成固化的表单,它才能是企业里做预算最好的模板。因此,不要到网上去问谁有好的预算模板。但是企业可以通过研究一些做得比较好的公司的模板形成的过程和思路,清楚其背后的逻辑,然后举一反三、推而广之,从而设计出自己公司的模板。

作为财务负责人和预算工作的组织者,对企业现在处于什么行业应该非常了解,然后才能清楚预算从哪儿做起以及收入如何预测,这一切都要符合行业本身的逻辑。

【案例】行业与业务类型销售预测逻辑

(一)行业利基市场的销售预测

利基市场是指细分市场或者小众市场,企业选定一个很小的产品或服务领域,集中力量进入并成为领先者。例如,做挤奶设备的企业,必须对蒙牛、伊利、三元、光明的业务发展很清楚,因为这几大客户决定了公司80%的销量;又如,给奔驰公司专门配后视镜的公司做明年的销售预测,需要先了解奔驰的计划和预算是什么,因为公司是奔驰的配套供应商,做的是工业用品,完全依赖于单一的大客户;再如,公司是专门给麦当劳供应薯条的,而且薯条只能卖给全球的麦当劳,不能外卖,则公司做薯条预算的时候,一定需要先看一下麦当劳的布局和明年的扩张计划,要跟着客户走。

(二)做系统集成的公司

例如,做校园系统机房项目的企业专门给学校建校园网,那么,这类企业如何做预算呢?企业需要清楚主要目标区域市场有多少学校、电化教学水平到什么状态、各教委今年准备投资多少等,这些数据必须有,否则计划就是盲目的。同时,还要清楚在这个细分市场里,有几家公司在做同样的事、集成能力和技术水平如何、竞争对手的政府背景和关系如何、过去平均1单合同签订机会有多大、一个学校建一个机房大概预算花费多少等,按照这个思路去做就可以了。

(三)服务业

例如,保险公司的销售收入如何预测呢?一般是直接在行业发展的基础上框定自己的市场份额。比如在汽车市场上,了解明年的汽车大概应该增加多少,在保有原来汽车保险份额的前提下,虽然保费要降价,但公司必须在新增份额里拿到30%,这对于公司内部来说更重要的意义在于分配任务,原有市场和新增市场应该由谁负责以及具体负责哪个区县,都要划分得很详细。

(四)零售业

例如,开连锁超市的企业专门卖化妆品,与屈臣氏差不多,在全国拥有200多家分店。现在新店刚开了两三年,正在发展过程中,要预测每家店的销售额,具体还得看每一家店的投入与产出。一类目标是保本不亏损:建店以来一直亏损的,无论今年进多少货,也无论卖出多少货,首先得做到每一家店都能保本并自负盈亏;另一类是原来就已经赚钱的店,在这个基础上要赚得更多。盈利能力由店面面积决定,店内再怎么更新品种,总体毛利是确定的,在面积一定的情况下,只能赚这么多。公司整体收入和利润增长来源于多开新店,每一个单店的产出是一定的,因而在这种情况下,提升店面的产出就是提升单个销售员的产出。

2. 战略投资与销售收入预算要互相配合

为了达到明年的销售收入预测,企业还要同时考虑资源配套。在预测的销售收入水平上,公司要增加产能吗?要扩大厂房吗?要与其他公司联合吗?要对销售渠道和终端进行整合吗?要收购吗?这些战略性的投资和行动可能不一定都有,但对它们的思考过程是重要的,而且这些都是企业运营管理的常识,任何一个企业的管理者、部门经理都应该对这些了如指掌,能够判断出它的好坏、对错以及合理性,而这是很重要的。

因此,在一个公司里,预算要想做好,高层领导和财务负责人会亲自关注数据背后的细节,如果预算只是由部门秘书做,不理解企业管理、经营、战略、目标,那么即使推行预算也发挥不了作用。关于这方面,企业要格外重视。

3. 销售收入预算必须符合增长方式

确定销售增长方式对未来的销售收入增长影响很大。在做销售收入预算时,采用合理的增长方式有助于企业做出更理性的预测。下面对众多的增长方式逐一进行说明:

(1)新产品促销。比如一个家具厂商,卖两个系列的产品,明年计划增加一个系列,则可能就会多卖。又如,今年公司广告做得少,明年计划多做广告来促销新产品。

(2)开发新市场。公司以前只做长江以南的区域市场,明年起开始做长江以北的市场,两边市场都做,则预计销售收入增长20%是有道理的。

(3)扩大市场。比如开新店、增加营业网点、多找客户和代理、增加销售人员。

(4)增加产量。通过成本和价格优势打败竞争对手,抢占市场份额。

(5)跟随市场行情增长。假如市场每年自然就增长20%,意味着企业只要保持上年的水准,就能增长20%,前提是公司处于一个增长的行业。如果行业市场是不增长的,公司要想增长20%,一定意味着抢了竞争对手的市场份额,而抢别人的份额是不容易做到的,因为对手公司也在做预算,也在想同样的事。

(6)提升价格。例如,在很多竞争对手退出后,上年卖得便宜的产品,企业今年涨价了,但是涨价是"双刃剑",有可能涨价后市场不接受,销售出现负增长也是有可能的。

在上述众多的增长方式里,企业应该清楚,除了创业期企业的快速增长以及企业增长跟随行业同步增长,其他的方式都同时需要相应的投入,就是因为要花钱,才能增长。可能是增加人、增加网点、增加客户或增加区域,否则收入是涨不上去的。

总之,必须通过增加投入或者减少利润打败竞争对手来换取销售额的上涨。尤其是投入,大多是先期投入,对企业管理者来说是要冒风险的,因为如果投入后没有达到预期的增长,对他来说就是决策失误。

为了校准销售预测的逻辑,可以借鉴如图4.6所示的销售预算沟通表格模板。

分产品的测算		基数	生命周期阶段	地区变化扩展	面向的客户及其变化	销售员及其变化	市场广告	产品组合	促销	技术改造	价格变化	市场趋势变化	管理及效率提升	预算数字
现有产品	产品1—数量考虑													
	产品1—单价													
	产品1—销售费用变化													
	—产品2													
	—产品3													
	—产品4													
	—产品5													
	—产品6													

图4.6 销售预测沟通底单示例

(五)收入预算的注意事项

1. 销售收入预测的合理性

销售收入预测是否越高越好？对此,企业还要清楚销售收入预算背后的费用配套问题,也就是说,预测的数量或金额越大,意味着公司明年要配套的费用越高,所以并不是预测一个大的数字就是好事,一定要预测一个合理的、科学的数字才行。预测的数字小,意味着业务经理可能保守,不敢承诺过多,不敢给自己压力,想得到更多的奖金;预测的数字很大,明显超出合理的范围,其背后可能是瞄准配套费用,先将费用预算做上去,从而获得公司更多的费用。因此,销售收入预测的合理性是最重要的,并不是数字越大越好或越小越好。

产品主导型公司在做收入预测时,就在预测模板上填数字就可以了,但是仅仅是这样还不行,企业要针对新产品上市时间,按上市产品的销售规律来按月做收入预测。例如,某些电子产品的生命周期并不到 1 年,上市时卖得少,慢慢地有个爬坡,所以企业要根据产品的市场规律,将预测做得比较合理和科学才行,不可能一上市就达到峰值。

2. 明确和统一销售收入的确认规则

在销售收入预算过程中,企业要首先澄清销售收入预算是基于权责发生制编制的,还要进一步澄清通过销售渠道销售产品的企业在市场上最终把产品卖出去与通过代理商批发产品出去是不一样的。企业预计的销售额最重要的是体现在损益表上,要清楚损益表上的收入是如何来的。如果是批发出去的,就无需考虑在零售市场上是否能卖得出去,而只要考虑是否有人会进货即可。如果是通过自己的门店来卖,如各个城市的商场专区、专柜的化妆品等,企业要清楚是否可以将货品卖出去。如果卖不出去,只是异地库存而已,这就要和销售部门说清楚销售收入确认的原则。又如,销售部签了一份大合同,很可能这份大合同是明年才执行,销售部认为今年的任务完成了,但有可能因为合同没有执行发货,财务部门的账目上没有体现出收入,所以企业在销售收入预测的模板上要注明是填合同额还是填零售额、销售额、批发额。因为收入的确认和市场的规律有时候是脱节的,销售部门可能会计算销售量或订单额,但可能不清楚销售收入确认的概念。另外,很多销售人员所理解的销售收入是含税的毛收入,企业还要澄清财务意义上的收入是不含税的净收入。

3. 总收入是由分部门的子要素汇总而来

企业还要注意到,销售预算是要分解到各个月份才能作为目标完成进度考核和资源投入配置的参考。另外,在很多公司,企业的收入还要根据公司内部设置的产品线或利润中心来做,以明确预算和管理责任。如果设利润中心,则意味着预算损益表有多个。比如做手机的部门做一个,做互联网的部门做一个,做增值服务的部门再做一个,做售后服务的部门可能再做一个,这是根据公司的产品线决定的。最后,多个损益表可以加总在一起。

4. 收入预测的过程更重要

对于销售收入的预算,说起来很简单,可以直接填收入预算的模板表,但是支撑这张预算模板表的逻辑是企业在做预算时最重要的。因为企业要考虑的因素太多了,这些因素是否考虑进去或者是否忽略了将是导致预算不准确、不科学、不合理的原因,而这样的预算即使遵照执行,结果也会很差。

前面讲述的企业如何将计划做出来的过程和思考逻辑,其实是企业在研究第二年的销售策略和销售的计划,即企业要卖什么产品、什么价格卖。在做预算的时候,其实是考验企业是否有信心,因为预算推演的过程就代表了明年的可能性。因此,企业通常说,预算是在纸面上先演练通过,然后再付诸实施,如果纸面上就没通过,那么这项业务就不要做了。

(六)应收账款预算

对于应收款的预算,也要在做销售预算时同时涵盖进去,这些项目虽然不直接影响损益,但是对于资金流的情况,对于资产质量以及潜亏情况具有重大影响。作为年度预算,必须将这些项目纳入考虑。

1. 应收款预算

应收款预算主要是从总量上思考,这个总量具体就是每个月底的应收款平均余额。对于这个余额最简单的定法,可以根据应收款占预计销售额的比重来确定。复杂一点的方法,是根据企业的投资回报需求,详细测算配套的应收款余额。这种计算就是将相应的数据放到杜邦分析公式中,然后按照投资回报的要求调整相应的应收款额度,作为未来一年的预算值。

这种方法胜过简单地配套销售额比重的方法,因为简单配套销售额比重究竟做到什么程度只是靠感觉,与企业家最终想得到的回报的联系不紧密。

2. 坏账的预算

一般的企业不愿意事先就接受坏账这个事实,不愿事先就测算有多少坏账,以免业务人员不积极收账。在做预算的时候,这部分的测算可以由企业家和财务部共同按照以前的情况预估,可不必让销售测算或告知销售,但最好测算一个数值,因为事实上不可能长期没有坏账。

然后,进一步可以将客户分成大类,再确定大类的应收款平均余额等,这样更有利于管理。

二、销售收入预算——项目方案型

企业常见的项目形式有工程建设、项目服务、大型解决方案、系统集成等。

例如,一家做机房建设、系统服务类的公司,明年大概需要签约多少份合同才能养活这个业务单元?如果做得更多还能带来一定的利润,可以作为来年销售收入预算的基础。项目类的业务通常的销售预测逻辑如下:

(1)按业务种类:计划来年签多少合同,服务哪几个客户,每个客户能贡献多少收入。

(2)按产品:来年大概卖几类产品,每一类产品在市场上的占有率大概是多少。

(3)按部门:一个部门应该拿到多少订单,因为部门涉及的产品太多,相互之间的差异非常大,这时候不按产品方式预算了,直接按销售额预算,即这一年需要多少销售量。要不然部门自己养不活自己,就没有必要存在了,这是项目型业务的特点。

(一)项目收入预算的特殊性

首先,预测难度增加。对于某个项目的投标,结果有两个,即中标或失标,而销售收入是1和0的关系。

例如,某公司主要做交换机和基站,向中国移动提供配套。中国移动要在福建省做扩容建设,一期扩容可能要七八个亿,且一干就是8~12个月。如果签下8个亿的大单,公司就会开始在福州、漳州、晋江、莆田、南平、厦门等地施工建设。施工周期是1年,期间会不断地有硬件安装测试、软件开发调试等复杂项目。

但是,如果公司拿不到订单呢?所有的一切都归零。有50%的可能性能拿到吗?预测销售表中的收入的时候写4个亿可以吗?显然是不合适的,要么是8个亿,要么是0,而且还得按照预计的施工进度分配到不同的月份。因为合同可能是在3月份签订的,但合同订立与收入实现是不一样的。在一个企业里,收入从原则上来讲是比较平滑地往前走,是要看进度的。如果让销售部门预计收入是有难度的,销售只会预计合同,不会预计收入。如何根据施工进度的百分比法确认收入、每个合同记录多少收入以及什么时候记录,这对业务部门来说是分不清的,尤其是一些管理基础较差的企业,对收入的确认不是很规范。

其次,是销售收入的确认与交易的实现不是同时的。

项目类的、合同类的、施工类的或者是系统集成类的收入预算方式很特殊,它与前面产品类不一样。产品类业务的交易和销售实现是同时的,而项目合同类的业务签合同与合同履行及收入确认是分离的,周期比较长。企业在这类业务的销售预算上要做的是找销售部门提供预计的合同签订时间,然后企业根据过去的经验,再找到资深的销售或销售部门主管,请他们预计可能发生的进度。

企业在项目合同进度上的衡量一般有两种。第一种是时间跨度。例如,时间可能是8个月,则每个月的收入就是总合同额的1/8。第二种是成本。这个合同大概是12个亿,预计总成本是10个亿,预计第一个月投入3个亿,第二个月投入5个亿,第三个月投入1个亿,第四个月投入1个亿,这就是成本进度。一般的项目经理或客户经理经验丰富,对这种进度预测非常在行,由他们给出项目进度预测是比较可靠的。在这种情况下,在做销售收入预算时,企业手里要有两张工作表,第一张是项目进度表,第二张是收入实现表。如果只有收入实现表是不行的,必须有支持收入预测的项目进度表才行。在公司内部,根据项目经理估计的进度,才能匹配和组织公司的生产,所以项目进度表里必须有更详细的分类和描述,说明项目在某一阶段是在施工还是在安装、是在调试还是发货、是硬件应该到位还是软件应该调测了、是企业的设计该交付了还是在试制过程中,具体的项目进度必须要达到这样详细的等级才行。只有这样,这个项目合同的收入预算才是科学的、合理的、经得起推敲的。

项目方案类型的业务销售收入预测基于以下两点:第一个是合同额的预测;第二个是项目实施进度的预测。有了这两个预测数据,再加上过去遗留的在执行或者未执行完的合同,就可以制定销售收入预算了。

(二)项目合同预测的逻辑

在没有赢得项目投标之前,未来的项目得失都有可能。有的项目赢得的可能性是30%,有的是50%,有的是80%,有点像天气预报降水的概率,这种情况怎么办呢?企业是按明年乐观版本的预计是12个亿的收入而悲观版本的预计是3个亿来做预算吗?但是明年究竟按哪个版本执行以及按哪个版本准备生产和人员就会乱了,这样是行不通的。

在这种情况下,企业该如何做呢?由于竞争激烈,销售可能拿不下来合同,但是销售需要向企业证明一下:如果这个合同是有可能拿下的,你是如何做的?也就是说,在10%~90%可能性背后的逻辑支撑是什么,然后确定这个合同是否填在预算表中。如果是一个有可能的合同,就得填上,就像100%发生那样去做,全力以赴保证这个合同能签下来,而全力以赴签单的过程是要企业努力的,是承诺和履行的问题。

例如，中国银行明年3月份要招标ATM供应商了，企业要去竞标，那么，对于这件事情，销售最早会在什么时候得知招标的消息？一般不可能等到发标书那天，应该是中国银行在上年10月份做预算的时候就出在预算计划中，而对应的客户经理对这个项目应该是很清楚的。

这就意味着企业对明年几大银行在主要省份的新建项目或设备升级改造项目预算清单是有所掌握的，企业要做的工作是将它们的预算排开，预测有几个企业是有可能拿到合同订单的。如果这家银行以前用的也是该企业的设备，则以后用别人的还得重新学习，技术对接不上，那么这个省十有八九是该企业的供应范围。总得预测出几个，原因就在于销售部门需要首先向公司证明都干了些什么。如果在客户关系的布局、服务网络开发以及产品和解决方案的推广上已经做了很多工作，那么为了拿到这个合同，明天发标时企业再去客户那里肯定来不及了。应该是企业在了解客户的痛点和需求之后，向客户建议应如何规划布局、需要多少投资，则可能客户去年所做的预算就是根据你的测算和建议做出来的。总之，项目合同的赢得是事在人为，就看谁积极主动了。

因此，在这种情况下，销售合同的预测代表着公司的一种目标、意愿、规划和承诺，这就变成了不是预测准不准的问题，预测得不准也没关系，因为拿不下来合同也是有可能的，什么事都可能会发生，不到最后一刻谁都不清楚。

通常来讲，第二年将会拿到什么样的合同，在第一年大体上都有判断，尤其是那种长周期的项目都有这个特点。在这种情况下，销售部可能会找出很多理由告诉企业销售合同预测做不准，对此，企业只能说尽量向准确去做就可以了，但如果预测一个合同都没有，则这个公司也就不能生存了。因此，企业不能轻易接受销售部门合同预测做不准就不做了。

一个优秀的销售团队主管，因为工作细致努力，对客户和市场很有把握，他就敢在不确定的情况下做预测，因为他信奉的是预测代表了企业的目标、规划和承诺，它不只是一个预测，还得努力将它干出来。敢不敢预测，是敢不敢给自己责任和压力的问题，在某种程度上不是预测得不准，而是担心完不成后果太严重。但是如果销售部门不明确你的预测和承诺，企业的资源向何处配置？又如何调动呢？因此，即使在很不确定的情况下，也得将明年的预测做出来，然后公司各部门都为这个目标去努力，甚至由企业领导亲自出面，然后广告就做到目标项目所在的那个城市，甚至投资到当地，目的就是为了拿下这一单。

三、销售收入预算——服务型

目前，关于预算过程的介绍和分析，很多是偏向于制造企业的，而当下越来越多的企业开始从事服务业务，这些企业也能从良好的预算计划与控制系统中受益。例如，航空公司将平均上座率与乘客里程编入预算，酒店对入住率和单个房间的成本进行预算。适用于制造企业的预算方法和程序，在大多数情况下也适用于服务型企业。

面对市场上日趋激烈的竞争，越来越多的服务型企业开始重视预算，利用计划与控制两个关键职能，改进管理，提高效率，优化资源配置，从而应对竞争。

服务型企业需要大量的人力投入，并在收到订单后才开始履行服务，因此，服务企业没有生产活动，也没有库存，这些业务特点决定了其预算管理的独特性。

服务行业与制造业预算编制最大的不同就在于成本发生的类型以及相应采用的控制技

术不同。在大多数服务型行业里,最主要的成本要素是人员成本,通常反映在工资、报酬、佣金、奖金以及附加福利等方面。因此,预算编制首要考虑的是人员规划以及对人员效率的控制。

专业的服务公司销售的是员工的专业技能,因而重点强调的是提高劳动生产率、控制管理成本。在研究确定服务价格时,可以参照日工资费率、小时工资率,还要区分淡旺季和服务能力利用率,尽可能优化利用服务能力,以吸收固定成本。

然而,如果缺乏足够数量的合格员工或服务能力,从而导致顾客需求无法满足,也会有问题产生。员工的时间得到高效利用非常重要,员工生产率报告包括单位服务能力的销售额以及相关的直接成本。

服务型企业非常倚重其快速和高质量的服务来满足顾客需求,否则顾客就会选择其竞争对手。目光短浅的企业可能追求短期利益,不重视服务质量和顾客满意会给企业带来长期的负面影响,因此,服务型企业最好采用稳健的高质量的增长方式。

在专业的服务型公司中,如会计师事务所、律师事务所、咨询公司、广告代理商等,收入通常与每个员工挂钩,要确定每个人的收入以及直接成本,间接成本则独立进行预算,并基于收入进行分配。这种类型的公司都属于劳动密集型,并且有着各种不同类型的成本结构。

大多数服务型企业在设备方面的投资较小,投资和资金并非预算的重点。也有资本密集型的服务企业,如运输公司、计算机服务公司以及租赁公司,其预算重点正是对长期资本投资进行计划、优化和控制。

服务型公司只有在对未来业绩有信心时,才会对员工合同、薪水和办公设施租约做出长期承诺;否则一旦业绩下滑,高昂的固定成本就会有损利润。

下面重点以航空业和酒店业为例介绍服务业的预算编制。

【案例】航空业和酒店业的预算编制

(一)航空公司

航空公司的服务存在一个易逝性的问题。一般而言,航空公司都有一个被称为票务管理系统的软件,该系统不断地调整票价以及可销售的座位数量。例如,如果一家航空公司从北京至上海的航班座位销售得非常快,系统就会严格限制甚至取消打折机票。相反,如果一个航班的机票销售得非常慢,系统就会增加打折机票的数量。由于每张未销售的机票对航空公司来说都是一种收入的机会损失,该票务管理系统的目标就是为了将航空公司的收入最大化。

(二)酒店

对酒店来说,销售量和销售单价的计算远比制造企业困难得多。酒店每天以及每年都有一个最大可入住房间数量,类似于工厂的产能,然而,每天、每月及每年顾客对酒店房间的需求差异都非常大。

预测销售额和平均单价对酒店来说非常困难。历史数据可能会有一些帮助,但这些数据并没有考虑许多环境因素,如经济景气状况、新的竞争对手、天气等。因此,酒店预订的预测就显得更加依靠主观和直觉。现代计算机系统很少能够提高酒店房间销售的准确度,问题在于酒店房间是一种易逝性产品,如果当晚无法销售,当天潜在的价值就将永远失去。

酒店也在尝试将其单个房间的收入最大化,但像航空公司那样的系统就没办法在这里使用了。航空公司的每个客户通常在一个航班上只占一个位置,而酒店的顾客在酒店入住的时间长短不一,还有可能比他们预定的时间住得更长或更短,而且在顾客预订房间时,无需与顾客见面。在客户取消订单时,有些酒店也无法像航空公司那样收取退票费,它们的目标是尽可能取得下一刻更高价格的预定,这会导致只有少部分房间分配给较低支付能力的客户,如长期协议客户。酒店预订系统的功能与航空公司不同,每个客户群体或细分市场客户的数量无法自动进行调整,以便追求收益最大化。

酒店与航空公司一样可以拒绝潜在的低价的订单,如果酒店预计房间客满或即将客满,它就会停止预订服务,或停止较大折扣的房间的预订。这时如果有客户取消订单,酒店就会面临房间空置的问题。酒店还可能拒绝打折预订,因为它们认为可以将剩余的房间销售给支付全款的客户,为此他们宁愿承受房间未售出的风险。酒店和航空公司通常都有超额预订现象,他们预计会有一些客户取消订单,但并不是每次都能如他们所愿。

为了估算总销售额,将每种类型的预计房间数量与每类房间的平均房费相乘,计算出预期房间入住率为某个比例时的预期房费收入是多少。

预算销售额可按照每天、每月和每年进行预计,之所以要对销售额密切关注,是因为酒店房间是易逝性产品。如果根据实际销售收入报告和预订情况来判断,未来的销售将会趋缓,酒店的销售和管理人员就需要努力推动销售,通常采取降低房费的办法来刺激销售(特别是在周末,商务差旅需求很少),尤其是处于竞争激烈区域的酒店,通常将房费优惠作为竞争手段使用。

根据详细的销售预算,可以做出一个预期现金收款计划表。大多数个人顾客用他们的信用卡付房费,客户每次付房费之后,每笔费用都以电子的方式进入酒店账户。同时,团体、企业和政府也可能在离开时单独支付房费,一些公司,尤其是大公司和政府的付款周期较长,因此,在预计现金收款时应考虑在内。最后还有一种做法是缴纳订金,许多团体和个人都被要求支付订金,以确保房间预订。这就使得现金收款更加难以预测,因为酒店管理人员不清楚在什么时候以及什么时间会产生这些订金费用。

人员成本预算是酒店最关键的几个预算之一,尤其是提供全方位服务的度假酒店,通常都是劳动密集型的。酒店可以基于预期销售额,对人员数量和人员成本编制预算。当实际预算开始执行时,需要非常密切地关注这些数据的变化,每个部门都要寻求优化效率。

酒店的管理成本与工厂类似,任何与直接材料和人员成本不相关的支出,都会被视为管理成本。酒店的管理成本,可以分解为客房管理成本与餐饮管理成本

客房部和餐饮部也是大多数酒店的主要收入或利润中心,销售和管理成本预算对生产型企业和酒店同等重要。所有组织都必须清楚它们的销售成本,并且要明确在这个成本构成中哪些是固定成本,如租金、保险等;明确哪些是变动的成本,如销售和客房服务人员工资和佣金等。

最后,将不同的预算结合起来形成损益预算,该报表将预算期内的各种收入和费用预期进行汇总。销售收入减掉各类销售成本就得到了边际收益,再减掉费用就得到了营业收入,再减掉利息费用得到税前收入,最后减掉所得税得到净利润。预算通常是年度预算,但为了更好地进行控制,也可以按月度或季度进行编制。

第三节　产品成本预算

收入对应的就是产品,产品不只是硬件,我们将服务也看成是一种产品。销售收入的背后是产品的支撑,因而销售是对市场的预期,而这个预期的基盘就是产品交付能力。因此,做好产品预算,就是对如何实现收入预算的保障。

一、产品预算与规划

(一)产品预算的含义

产品预算有以下两重含义:

其一,无论是卖硬件的、卖软件的、做民用产品的、做工业用品的,只要是产品主导型的企业,一定要去设计产品、制造产品、购买产品、采购产品。总之,产品是开展业务的基础,因而在做完销售收入预算后,第一件事就是构思和规划产品,做产品的预算。

其二,企业通过销售收入预测确定了明年的销售额,那么,通过卖什么来支撑明年的销售额和业务的发展?公司明年整体的业务发展规划中要有产品规划。

(二)产品预算规划应考虑的因素

产品预算必须考虑以下两件事:

第一是将产品造出来以满足市场销售需求。这有点像生产,但有的企业根本不生产,而是直接将生产外包或者进货后再卖。

第二是产品规划。即明年公司想开发哪些新产品型号、明年的服务改进在哪里、有什么新软件开发出来以及产品增加什么新功能等。产品预算包括产品规划和产品交付两个方面,产品交付包含了生产,但是企业通常不做生产预算,因为生产本身是适应销售需求的行为,生产真正的计划安排是根据 ERP 进行的,是根据短期计划进行的,一般不会根据预算来安排。

例如,某企业去年 10 月份做一个生产预算,即今年 6 月份应该生产多少,那么,企业会按照这个预算来安排生产吗?答案显然是不会。通行的做法是企业会在 6 月初或者 5 月底召开生产计划会来协调安排。如果产品是大批量生产的,公司的 ERP 信息系统决定了生产计划和采购时间;如果某产品的生产周期长,可能会安排在交货日期前 4 周、8 周甚至 2 个月开工生产;如果某产品是为客户开发定制的,则会根据合同订单规格设计生产。因此,生产安排是按需求和计划而不是按预算进行的。在这种情况下,生产预算的用处不大,不做生产预算并不影响整个预算完整性。

生产预算对整体预算的实用性非常低,而且工作流程比较繁琐,所以本节不讨论生产预算,而是将重点安排在产品预算上。公司明年要上马哪些新产品、需要多少产量,来年就得按规划的数量生产这个产品。企业更关心的是产能,即生产的能力,包括生产线上需要的加工设备是齐全的以及需要的工人和技术人员是到位的,这就没有问题了。因此,为了将预算做完整,得有产品预算,但生产预算不一定必须有,企业只要知道产品、成本、库存(包括原材料、半成品、产成品)即可,而这几样可以不通过生产预算就能估计出来。但如果公司真正想做生产预算,又想安排得比较科学,就必须按照 MRP 原理去安排,这会导致整个过程很麻烦而结果又不一定适用于明年的实际市场需求。

产品预算由哪个部门来做呢？在大多数企业，产品规划由规划部门做，产品设计开发项目由研发部门做，产品供应由生产部门去做，所以产品预算本身不是单独进行的，而是多个部门合作协调的产物。

(三)产品预算规划的步骤

1. 产品预算第一步：产品规划

产品的规划是产品预算的第一步，是引领整个产品预算的关键。目标是决定公司明年要有什么样的产品，下一步才是开发和设计。例如，一个服装公司明年要上什么类型的服装，要先规划好有哪几款男装、女装，接下来是开发、设计、试制和生产，之后是市场推广和营销，最后是服务。

我们在前面讲过，企业销售预算的前提是市场分析。现在当企业做产品规划的时候，依然要做市场分析。在企业里面，做研发可以是不懂市场的技术型工程师，但是做产品规划的人，必须是既懂产品开发又懂市场需求的人才，这些人才是企业的核心能力。产品规划部门所做的市场分析和市场部门所做的市场分析应该是一致的，得出几乎相同的结论很正常，因为它们是经过协商的，甚至数据来源都是一致的。基于对市场新的需求的分析和理解以及客户对本公司产品的意见反馈，从而指导公司规划、开发、生产和销售，形成一个闭环的循环。

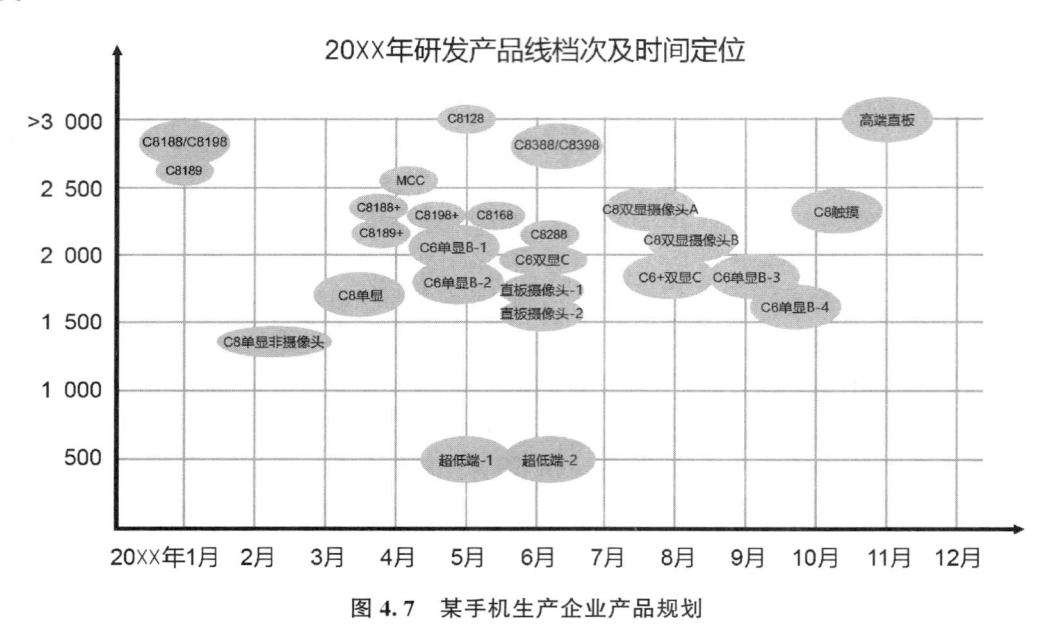

图 4.7 某手机生产企业产品规划

如果公司的规划部门比较强势，水平较高，往往销售部门和营销部门就会演变成执行机构，它们就不再做市场分析了，慢慢就变得短视，可以看到今天流行的需求和今天容易卖的产品，销售部门可能估计不出来明年什么产品会好卖，它们可能会反馈很多竞争对手的某款产品好卖，要求公司赶快研发生产，但当企业 6 个月后造出来这种产品的时候，这款产品已经不流行了。因此，在这种情况下，公司必须依赖产品规划部门，让它与市场对接，并给规划部门强力授权:产品规划部设计出来的东西,销售部必须卖出去。这样,销售部慢慢就退化成执行机构了。因此,在企业经营的过程中,慢慢地会形成驱动部门和主导部门,就是因为在现实过程中往往不可能两个部门都强势。

例如,某手机厂商在做产品规划时,对于明年要上一款什么类型的手机,产品规划工程师先通过想象将图像画出来,配以详细的产品配置和参数,即明年几月份上市、大概售价多少;然后给产品起一个公司内部代号,产品3月份上市,预计能卖6万台,还要估计摊销成本是多少,这是在做规划的时候必须事先清楚的。规划不是一年一次的行为,而是每个月都在做并向前滚动,只不过到了10月份,要将明年一年规划清楚。

有了产品规划,实际上后面的预算就都有了。如果没有规划,销售就不知道卖什么产品,生产车间不知道生产什么产品,材料采购也就没有方向。在产品规划的引领下,开始规划新产品、开发新项目,具体包括:研发承担部门是研究所和中试部、预计项目费、预计销售量、预计完成时间等。另外,也可以根据主要材料和BOM估算标准成本,包括加工费、技术提成、运费、保修费、模具摊销费等,总计的变动成本有了,最后决定销售价格定位和毛利。

2. 产品预算第二步:产品策略

在产品规划设计之初,企业就要明确某款产品未来在市场或客户心中的形象,以适应顾客一定的需要和偏好,这个过程被称为产品定位。产品定位是一种竞争策略。

仍以手机产品为例,公司开发简单实用的低价型手机用来争夺市场,开发功能强大、外观豪华的高价型手机来树立品牌,这些策略是由产品规划部门和市场部门来决策的,销售部门只是按照这个策略在市场上销售,便宜手机当作大路货去卖,贵手机当作奢侈品去卖,但公司必须要有产品定位策略。

接下来,规划明年不同的月份上市不同价位的产品,这是企业简单的布局,包括产品侧重的细分市场方向、投放重点区域、上市的节奏与数量、市场宣传推广的策略、采用的销售渠道等都要系统考虑。例如,所有新产品都在一个时间集中上市是不现实的,企业得分不同的月份上市不同产品,旺季要多上市一些,淡季则少一些。另外,企业还要对新产品的价格走势、成本的构成、生命周期等进行分析和规划。以上这些统称为产品策略与规划。

3. 产品预算第三步:研发项目预算

产品规划出来以后,研发部门就要对研发项目进行预算。例如,某汽车厂商明年规划要上市三款新车,其中,轿车两款,越野车一款。研发部门就要对这些产品开发进行立项,包括这三款产品明年几月份上市、几月份模型出来、几月份试车、几月份申请做安全认证,更具体的项目预算过程还涉及研发人员的人力投入、外包、买入第三方的技术、委托试制、自制物料、开发模具、国家有关部门检测费用等。一个产品上市可能研发投入少则几百万元,多则几千万元甚至上亿元。

例如,小米手机的研发费往往是上亿元。如果两年时间要上市一款产品,要突破的难关太多,要做的事情也太多,所以小米的研发部门要通过立项将各个环节协同起来:有做软件的,软件自己完不成的部分还得外包,浏览器可能还得买;有做硬件的,工业设计得外包,找法国团队做样机组装、测试,整个的过程非常复杂。这一款产品的成败可能决定了公司的未来,所以要通过立项和细致的核算跟踪来确保它的及时成功。

新产品开发项目预算如图4.8所示。

序号	项目内容	承担单位	项目经理	项目费	销售预测	完成时间	LCD	QDM	模具	FTA测试
1	经典手机-N2110	研究所	待定	844	17 600～21 600	20XX年2月	250	35	300	80
2	经典手机-N3110	中试部	待定	592	20 000～25 000	20XX年1月	110	60	140	80
3	娱乐手机-N69	研究所	待定	375	20 000～25 000	20XX年1月	0	0	150	50
4	娱乐手机-N70	研究所	待定	238	20 000～25 000	20XX年1月	0	0	60	50
5	商务手机-E71	规划部	待定	435	52 500～58 500	20XX年2月	60	0	180	50
6	商务手机-E90	研究所	待定	384	52 500～58 500	20XX年2月	0		180	50

图4.8 某手机生产企业产品开发项目预算示例

上例中的项目研发支出费用,如预算844万元,是需要有一个项目立项书做支持的,包括估算研发的人力投入、研发与测试设备投入、外部资源投入等。因此,在做预算的过程中,产品规划和预算引领整个公司都动员起来,现在就得为明年的计划做盘算和布局考虑清楚,全公司才对明年的经营心里有谱,从而增强信心。明年实现多少收入、多少利润以及到年底每股收益多少,这些都是在年初的时候就计划好的,到年底必须按照这个计划去实现。

对于年底的预算损益表的预算,如果配合一个比较到位和尽职的行动方案,这套预算和行动方案年初就应该做好,然后全公司上下不遗余力地去推动、实现它。在这个过程中不断地回顾检查企业处在什么状态以及究竟还差在什么地方。为什么企业敢说这张表一定能实现?因为企业在做损益预算的过程中就是可靠的,财务部是做不出这个预算来的,是规划部、销售部、研发部和生产部门去做的,是有一套科学务实和系统的思考逻辑及方法做支持的,所以企业会不断地强调预算的责任主体是业务部门而不是财务部门。

4. 产品预算第四步:产品标准成本预计

标准成本的定义对于指导产品定价和预计产品利润非常关键。标准成本的构成要素可由企业自己定义,可以定义到生产环节,也可以定义到销售环节。定义到不同的环节的目的是为了将管理责任分配到不同的环节,你可以定义到最终环节,为每一个产品销售出去还得付多少市场费以及一款产品付出多少销售费,这些都可以算进去,而且在实践中都是可以的。然后是产品标准成本预计,企业的材料、摊销的研发费、摊销的其他费用以及搭进去的包装费、运输费、售后等统统合在一起,就是产品的成本。

以汽车制造业为例,在新产品规划的时候就已经知道要制造什么样的产品了,如这款新车的配置是1.8米宽、2.2米高、4.5米长,轴距大概是2.46米,至于配什么规格品牌的轮胎、配什么型号和性能的发动机,在规划的时候做得很清楚。据此初步计算并确定标准成本,用于辅助指导产品的研发。到研发部门真正将这款产品研发出来的时候,还要在这个阶段再次根据实际使用的材料和工艺计算更新一次标准成本,用于指导工艺和生产。然后在产品试生产工艺配套之后,还要最终计算并确认生产阶段的标准成本,用于指导和考核生产过程和材料采购。最后是实际成本计算,可能高于标准成本,那么企业要再跟踪分析成本差异并采取行动来降低差异。因此,最初的标准成本不是生产部门做出来的,而是规划部门做出来的。

生产预算是测算明年在不同的月份生产车间要生产出多少产品出来,看车间是否有足够的产能。如果将所有的生产计划都集中到7月份,是不能满足供货需要的。因此,生产预算不是从材料到产品的预算,而是产能的预算,与发货的预算相似。

产品标准成本预计如图 4.9 所示。

序号	品名	合计成本	BOM	加工费	技术提成	运费	保修费	模具费	项目费	变动成本
自产产品										
1	N2110	224	108	45	66	5	35	72	45	902
2	N3110	226	110	45	66	5	46	72	45	1 124
3	N69	1 064	948	45	66	5	47	72	45	1 154
4	N70	1 106	990	45	66	5	50	72	45	1 199
5	E71	1 106	990	45	66	5	50	72	45	1 199
6	E90	1 106	990	45	66	5	50	72	45	1 199
OEM产品										
1	C2168	761				5	30	72	5	719
2	C2188	653				5	25	72	5	540
3	C5068	919				5	38	72	5	878

图 4.9 某手机生产企业产品标准成本预计

如果企业提供的是服务性产品,需要计算作业成本。比如机场,从拆卸开始,到托运行李,到安检台传送带,再到装车搬运上机,整个过程的各个环节要消耗多少折旧、多少人工、配合多少设备费用、多少电力、多少其他能源等,经统算后企业才能清楚提供一个机位或一张票应该收多少钱、明年是否涨价。定价的依据来自标准成本计算,只不过服务业的标准成本是服务,企业将服务的标准成本看作作业成本。

又如,明年要开发一个新的物流方式,企业就要定义这种物流的各个服务或作业环节,如上门取单、电子服务、自服务之类的操作环节应如何付费,每一个环节都要详细核算,算过之后才清楚定价是否合理、科学。

(四)产品预算的成本差异

如果企业没有规划部门,则产品预算的组织者就是产品设计部门,因为只有它们才能预测在没有成熟产品出来之前的规划设计阶段的产品大概的标准成本。对于未来将要设计的产品,设计人员开发产品是有原型的,无论是设计鞋子、设计服装、设计汽车配件,还是设计轮胎、设计手机,在设计人员头脑里是有成本表的,因为他知道做产品会用到什么。假如是服务型公司,公司运营的组织管理者会知道在整个服务过程中究竟有哪些关键环节会涉及成本,这个环节的成本估算最好由前端的人员来做,因为真实的成本还没有发生,财务人员没有信息根本做不出来。

设计部门的标准成本与实际成本差异很大,这是比较正常的,基本上都是因为料工费而产生的。差异的产生有两种可能:第一种是从设计到生产的差异,属于目标成本与标准成本的差异。比如,设计的时候计划 500 元就能开发出一个 mp3 播放器,结果在研发阶段发现 600 元才能开发出来。第二种是从生产工艺到生产实际,属于标准成本与实际成本的差异。比如,在生产过程中因为浪费太多,800 元才能造出合格的 mp3 播放器。

这些差异需要有一个反馈渠道可以从生产向研发、从研发再向设计传递,通过反馈和对标准成本估计的改正和完善,产品规划和设计人员才能对元器件、对组装产品需要的第三方服务成本的变化和公司内部各环节的费用有更清晰的认识,以后才会越估计越准确。

以生产加工水晶的施华洛世奇为例,在工厂里有各种不同产地来源的原料,有金的、银的、玛瑙、水晶，分作不同尺寸和规格的颗粒。每家工厂都有一个厚厚的报价本，设计师在设计一个饰品的时候，可以翻出来报价本，相对来讲很容易给客户出报价。在公司内部有人员专门维护这个报价本，报价本上有几万种分材料、产地、规格、配置的产品报价，如巴西产的多少钱、匈牙利产的多少钱、在美国组装要多少钱、在中国配置要多少钱。

如果是生产汽车的公司，如大众汽车，大众有很多款车型，不同的轮胎、不同的底盘、不同的轴承、不同的前盖、不同的喷漆等，在这种情况下，汽车设计如果不用电脑根本就做不了。在实际操作中，设计师有一款设计软件，他会根据脑子里面的原型对选配的组件进行色选，选完后运行成本计算，成本自动就出来了。这是因为有人在维护各种组件和工艺的价格，所有这些价格的变化是与工厂的 ERP 相连接的，即设计、研发、样品和生产用的成本价格是一样的，在概念生成的过程中成本同时生成。在这种情况下产品设计和研发阶段的标准成本也可由财务部来做，在布置预算的时候可以没有这张需要产品规划或产品设计部门填的标准成本表。

二、产品成本预算

产品规划设计阶段的标准成本是产品成本预算的主要依据，企业在产品销售收入预算中已经按产品种类和月份的销售数量进行每个月的预测。下一步是按同样的方法填列按月预计产品成本，产品成本由标准成本和预测销售数量相乘，再分到每个月，包括几月份上市、成本是多少。比如，产品1月份上市，卖到10月份，就是按照企业前面产品规划里面讲的BOM成本加上项目费摊销即标准成本，然后将总成本按各月预计的销量分到各个月，这个过程被称为产品成本预算。

这个产品成本预算是与销售收入预算相配套的，之后在产品预算中还有一张表，即生产产量表。一般来说，销量表与产量表不是完全一致的，其间的差额就是时间差的问题。如果产品需要两个月才能加工出来，就意味着销售部门如果从3月份开始卖，生产就得从1月份开始，要比销售提前两个月开始。生产产品计划表用于生产部门衡量产能是否能支撑明年的销售计划。

产品成本预算如图4.10所示。

有了产品成本，有了销售量的预算，至此，一个公司的产品销售成本就可以大体计算出来。延用前面的案例，如果一个通信公司编制销售成本预算，最终会体现为如图4.11所示的样式。

成本预算的主要目标有两个：一个是做出预算年度产品的单位成本；另外一个是预算年度的销售总成本。其中，销售总成本是用单位成本和月度销售量计算出来的；月度销售量是根据产品规划和销售预算以及库存规划分解得来。产品单位成本的预算相对来说比较难做。

在实务中，预计产品单位成本通常有三种思路：一种是管理基础比较好的公司，按照标准成本方式做产品成本预算，另一种是按照实际成本测算，还有一种是基于历史成本的基础上进行调整得来。这三种方式的难易程度不同，要求也不同，下面分别介绍一下。

注：因为本书主要是讲解预算的做法，为了完整性，我们将产品成本预算中可能用到的计算方法也列示在此，以供读者参考。因此，下面所讲的成本计算方法只是介绍和示意，不做具体阐述。如需更深入的了解，请参考本系列教材《成本管理》一书中的相关章节内容。

按照产品	1月	2月	3月	4月	5月	6月	7月	8月	9月	10月	11月	12月
经典手机												
N2110	224	224	224	224	224	224	224	224	224	224		
N3110				226	226	226	226	226	226	226	226	226
…												
娱乐手机												
N69		1 064	1 064	1 064	1 064	1 064						
N70					1 106	1 106	1 106	1 106	1 106			
商务手机												
E71	1 106	1 106	1 106	1 106	1 106	1 106	1 106					
E90	1 106	1 106	1 106	1 106	1 106	1 106	1 106	1 106	1 106	1 106	1 106	1 106
…												
3G网络设备												
交换机	20 000	20 000	20 000	20 000	20 000	20 000	20 000	20 000	20 000	20 000	20 000	20 000
基站	6 000	6 000	6 000	6 000	6 000	6 000	6 000	6 000	6 000	6 000	6 000	6 000
…												
3G设备服务												
安装	30 000	30 000	30 000	30 000	30 000	30 000	30 000	30 000	30 000	30 000	30 000	30 000
网络优化	20 000	20 000	20 000	20 000	20 000	20 000	20 000	20 000	20 000	20 000	20 000	20 000
…												
汇总												

图 4.10 产品成本预算示例

按照产品	1月	2月	3月	4月	5月	6月	7月	8月	9月	10月	11月	12月	合计
经典手机													
N2110	11 212	11 212	11 212	11 212	11 212	11 212	11 212	11 212	11 212	11 212			11 2120
N3110				6 787	6 787	6 787	6 787	6 787	6 787	6 787	6 787	6 787	6 1085
…													
娱乐手机													
N69		42 553	42 553	42 553	42 553	42 553							21 2766
N70					33 189	33 189	33 189	33 189	33 189				16 5945
…													
商务手机													
E71	22 126	22 126	22 126	22 126	22 126	22 126	22 126	22 126					17 7008
E90	11 063	11 063	11 063	11 063	11 063	11 063	11 063	110 63	11 063	11 063	11 063	11 063	13 2756
…													
4G网络设备													
交换机	60	60	60	60	60	60	60	60	60	60	60	60	720
基站	600	600	600	600	600	600	600	600	600	600	600	600	7200
…													
4G设备服务													
安装	30	30	30	30	30	30	30	30	30	30	30	30	360
网络优化	20	20	20	20	20	20	20	20	20	20	20	20	240
…													
汇总	45 111	87 664	87 664	94 451	127 640	127 640	85 087	85 087	62 961	29 772	18 560	18 560	87 0200

图 4.11 产品销售成本预算示例

(一)标准成本计算法

用这种方法做产品成本预算,需要企业有标准成本体系来支撑。也就是说,通常企业要使用 ERP 系统才有这个条件,在系统中,有详细的经过定期维护的 BOM 和制造工艺信息,结合预算年度的关键项目,如损耗率的调整情况、生产费用的降低目标等,做出主要产品的预算标准成本。

对于没有配置 ERP 系统的企业,如果财务部门的水平比较高,公司的产品在技术领域有类似 BOM 的单耗统计,也可以使用 Excel 做出手工的仅仅用于预算和分析的标准成本计算表。即将生产费用等预算信息输入 Excel,计算出手工版的标准成本,用于预算。但使用这种方法,在后期预算执行的过程中,做预算和实际成本对比分析会相对困难。

简化后,使用标准成本思路进行成本预算的相关预算编制式样如表 4.1~表 4.6 所示。

表 4.1　　　　　　　　　　　ABC 公司生产预算表:产量预算表

项目	上年实际	本年预算	第一季度				第二季度				第三季度				第四季度			
			1月	2月	3月	合计	4月	5月	6月	合计	7月	8月	9月	合计	10月	11月	12月	合计
预计生产其他产品耗用量																		
产品1																		
产品2																		
产品3																		
产品4																		
……																		
小计																		
本期预计销量																		
产品1																		
产品2																		
产品3																		
产品4																		
……																		
小计																		
加:预计期末存货																		
产品1																		
产品2																		
产品3																		
产品4																		
……																		
小计																		
合计																		
产品1																		
产品2																		
产品3																		
产品4																		
……																		
小计																		
减:预计期初存货																		
产品1																		
产品2																		
产品3																		
产品4																		
……																		
小计																		
预计本期生产量																		
产品1																		
产品2																		
产品3																		
产品4																		
……																		
小计																		

制表人:　　　　　　　审核人:　　　　　　　审批人:

填表说明:
1. 以保证销售计划、其他产品生产计划和月末产成品/自制半成品库存为前提,充分考虑生产周期的因素,进行各月分产品生产任务的划分。
2. 根据其他产品预计耗用本产品数量,填列在各产品每月的预计生产其他产品耗用量栏内。
3. 将销售部提供的各产品销售收入预算中列示的销售数量,填列在各产品每月的预计销量栏内。
4. 根据当年第四季度的存货收发存滚动预算、储运部提供的库存状况历史记录以及对未来安全库存的预测报告,估计预算编制年度的期初和期末库存数量,并分别填列在各产品每月的预计期末存货栏和预计期初存货栏内。
5. 将各产品每月的预计其他产品耗用量、预计销售量和预计期末存货的合计数列在每月的合计栏内。
6. 根据生产量 = 其他产品生产耗用量 + 销售量 + 期末存货 - 期初存货,计算各合格产品的生产量。

表 4.2　　　　　　　　　　ABC 公司单位产品原材料标准成本预算表　　　　　　　　　单位:万元

项目	耗用材料种类	上年实际			本年预算		
		单位产品耗用材料标准	计划单价	目标成本	单位产品耗用材料标准	计划单价	目标成本
产品1	材料一						
	材料一						
	材料一						
	……						
	单位产品原材料标准总计						
产品2	材料一						
	材料一						
	材料一						
	……						
	单位产品原材料标准总计						
产品3	材料一						
	材料一						
	材料一						
	……						
	单位产品原材料标准总计						
产品4	材料一						
	材料一						
	材料一						
	……						
	单位产品原材料标准总计						

制表人：　　　　　　　　　　审核人：　　　　　　　　　　审批人：

填表说明：
1. 根据生产部门的原材料消耗标准资料进行预算。
2. 原材料计划单价根据最新原材料市场的价格波动情况进行预算。

表 4.3　　　　　　　　　　ABC 公司单位产品标准人工成本预算表　　　　　　　　　单位:万元

项目	上年实际				本年预算			
	每月标准产量(1)	人数(2)	工资标准(元/人)(3)	单位产品人工成本(4)=(3)×(2)÷(1)	每月标准产量(1)	人数(2)	工资标准(元/人)(3)	单位产品人工成本(4)=(3)×(2)÷(1)
产品1								
产品2								
产品3								
产品4								
……								
合计								

制表人：　　　　　　　　　　审核人：　　　　　　　　　　审批人：

填表说明：
1. 生产部门应核定每月的标准产量与定员人数，再根据月工资标准核定单位产品人工成本。
2. 采用计时工资制的企业可以根据单位产品的人工工时定额和小时工资率来核定单位产品人工成本。

表 4.4　ABC 公司制造费用预算表

单位:万元

项目	上年实际	本年预算	第一季度				第二季度				第三季度				第四季度			
			1月	2月	3月	合计	4月	5月	6月	合计	7月	8月	9月	合计	10月	11月	12月	合计
工资及福利费																		
折旧费																		
维修费																		
办公费																		
水电费																		
保险费																		
包装费																		
租赁费																		
…																		
合计																		
现金支出																		

制表人：　　　　审核人：　　　　审批人：

填表说明：
1. 制造费用各项目，根据预算年度产量及预算生产费用等因素确定，以标准的生产费用为准。
2. 根据工资及附加预算表，填列工资及福利费栏。
3. 根据固定资产折旧预算表，填列折旧费栏。
4. 扣除折旧费等非现金支出后，计算现金支出额。

表 4.5　ABC 公司单位产品制造费用预算表

单位:万元

项目	单位产品定额工时	产量	产品工时总额	项　目								
				工资及福利费	折旧费	维修费	办公费	水电费	保险费	包装费	租赁费	其他	合计
产品1													
产品2													
产品3													
产品4													
……													
合　计													

制表人：　　　　审核人：　　　　审批人：

填表说明：以预算产能为基础，结合一定的分配标准，分配到不同产品中。

表 4.6　　　　　　　　　　ABC 公司单位产品标准成本预算表　　　　　　　　　单位：万元

项目	上年实际			本年预算		
	单价	单耗	成本	单价	单耗	成本
直接材料						
材料1						
材料2						
材料3						
……						
直接材料合计						
直接人工						
制造费用						
工资及福利费						
折旧费						
维修费						
办公费						
水电费						
保险费						
包装费						
租赁费						
…						
制造费用合计						
单位产品标准成本						

制表人：　　　　　　　　　审核人：　　　　　　　　　审批人：

填表说明：
1. 此预算根据前几项单位产品成本的预算汇总而成。
2. 单位产品标准成本的资料，可以作为计算产品销售成本和生产成本的依据。

注意：以上套表限于篇幅，在单位产品制造费用预算表中并未详细说明各种制造费用的分配标准。在实践中，应采用作业成本的思路，尽可能做到符合成本真正走向的分配。

(二)实际成本计算法

按照传统的产品成本计算思路，对直接材料、直接人工、制造费用做出相应的空白表格，让生产或技术领域部门根据量和技术改进情况以及生产管理情况填写未来可能发生的数据，这些数据可能考虑了企业的各种进步和改善，但并不系统。然后，财务部门按照成本计算法来计算预算年度产品的单位成本。

这种方法将问题推给了生产技术领域部门。假定他们在填表的时候会思考相关因素，但因为数据量大，制造费用与生产成本的关系较为间接等原因，实际使用效果并不好，也费时费力。

在这种方法下使用的表格与使用标准成本思路的表格非常接近。

(三) 历史成本调整法

在实务中,推荐企业采用历史成本调整法。

成史成本如下:以本年产品成本为基数,结合生产技术领域部门的关键 KPI 改善的目标,测算在相应的改善下对单位成本会产生多大的影响,然后据此调整出未来的单位成本。使用这种调整法预计单位成本,相对简单、省时间,而且可以很好地与生产技术领域的 KPI 进行结合,也就是说,与绩效考核紧密相连,只是对财务人员的能力要求比较高。

例如,下面是一家生产型企业在做预算时选择的对成本影响比较大的 KPI 指标,这层指标既是管理和运营的衔接之处,也是预算和成本管理的衔接之处。

- 主料损耗率
- 返工率
- 不合格率
- 单位能耗
- 生产速度/及时完工率
- 机器设备利用率
- 人员配置合理性

结合这些经营关键绩效指标,可以与财务成本指标互相对应计算,看看预期的目标是否能够达到企业最终财务成果的要求。通过这样深度的且结合运营的分析,另一方面定指标,一方面预测成本。

这样,经营中的关键绩效指标也同时确定。如果做得深入一点,同时可以探讨达成这样的关键绩效指标的方法。这就大大提高了预算实现的可能性,也大大提高了预算对运营管控的作用。

企业关键绩效指标分析如图 4.12 所示。

影响成本的关键要素/KPI	2014年指标	2015年指标	2016年指标	预算年度目标	主要产品1成本下降	主要产品2成本下降	主要产品3成本下降
1. 主料损耗率							
2. 返工率							
3. 不合格率							
4. 单位能耗							
5. 生产速度/及时完工率							
6. 机器设备利用率							
7. 人员配置合理性							
8. 主料采购价格							
9. 能源价格的变动							

图 4.12 企业关键绩效指标分析表示例

在图 4.12 的指标中,1~3 关联成本中直接材料的部分;4~7 关联制造费用和人工成本;8~9 关联材料和制造费用。

当然,在生产领域的重大成本费用方面,如维修、能耗等,也同样需要细致的测算。

在做与生产相关费用预算的时候,这些项目就按照分析表中所预计的数字,或以此数据为基础调整即可。

(四)项目成本的预算

对于项目型企业,由于在年度预算的时候,企业并不清楚明年会有什么项目,各项目也不像产品那样可以事先计算成本,所以项目型企业做年度预算的时候可能无法做到项目级。

项目型公司的项目成本预算思路和要点如下:

1. 年度预算

由于项目是非标准的产品,无法事先做出像工业企业的产品一样的成本预算。

在编制年度预算的时候,可以就整体项目或分类项目做毛利率的目标,这主要是通过分析前期项目成本毛利的情况或分类项目的成本毛利的情况之后来确定的目标。

在这种情况下,不妨碍针对以前的管理不足进行管理改善,同时将这种管理改善转化到更高的成本/毛利目标中。

2. 项目级预算

项目级别的预算会在实际竞标过程中或中标后做详细的管控预算时进行编制,不是企业年度预算的重点。

项目级别的财务预算包括收入预算和项目成本费用预算,不同的项目预算也有不同的模板。但是在做项目级别预算的时候,必须结合年度预算的毛利要求进行。

第四节　产能与供应链规划

一、产量计划

产量计划必须由生产部来做,因为生产部只有在做产量计划的时候才能知道需要的产量是否均衡以及是否是与产能搭配的。如果生产部认为某个月有异常大的需求而生产这么多是不可能的,就需要人为地将制造时间提前,所以生产计划表与销售量计划并非是一一对应的。一般情况下,生产的组织和计划是有其内在逻辑的。例如,企业可能发现某个月份,如 4 月份,不应该有这么多的库存,所以 4 月份的制造计划安排的生产太多了;生产部的解释是 5 月份开始设备检修,所以必须安排在 4 月份提前生产备货。因此,生产计划表要由生产部单制订。

有了销售量的预测,同时也对公司产品生产周期有准确的把握和历史经验值,那么就可以对生产的产量做出大致计算。生产产量预算如图 4.13 所示。

二、采购预算

有了生产成本和生产产量预测之后,企业就有大概的采购金额了,但具体的采购预算不是根据这些算出来的,而是根据生产量和 BOM(物料清单)算出来的,因为物料是需要采购

按照产品	1月	2月	3月	4月	5月	6月	7月	8月	9月	10月	11月	12月
经典手机												
N2110	50	50	50	50	50	50	50	50	50			
N3110			30	30	30	30	30	30	30	30	30	30
...												
娱乐手机												
N69	40	40	40	40	40							
N70			30	30	30	30	30					
...												
商务手机												
E71	20	20	20	20	20	20	20					
E90	10	10	10	10	10	10	10	10	10	10	10	10
...												
4G网络设备												
交换机	3	3	3	3	3	3	3	3	3	3	3	3
基站	100	100	100	100	100	100	100	100	100	100	100	100
...												
4G设备服务												
安装	1	1	1	1	1	1	1	1	1	1	1	1
网络优化	1	1	1	1	1	1	1	1	1	1	1	1
...												
汇总												

图4.13 企业产品生产的产量预测表示例

的,采购预算的主要任务是完成采购金额表。供应商一般会给企业一个信用账期,这是做预算付款时间用的。另外,采购的时间和生产时间是有差异的。一般来说,采购发生在生产之前,如果生产在前一个月要将料备好,即要在5月生产30台,就得用30台乘以物料清单成本,填到采购表中3月的位置,然后才计算出来采购金额预算。

采购预算要由采购部来做,因为只有采购部才清楚根据规划设计部门的物料清单这些部件是否能配上。具体来说,采购部要将物料清单里面的物料按级别分解为A、B、C等不同的类别。比如,哪些是通用的、标准的、当月就能买来的,哪些是能随时买来的,哪些是要混在一起打包买的,哪些是大客户专用但经常缺货的,各种物料必须提前多长时间储备。

例如,做实木家具所用的原料楠木买回来要放置3个月,自然烘干以提前准备,这些规律采购部门最清楚,它们知道报废率、需要提前多长时间进货、仓储在什么地方。因此,当采购部门以采购金额做采购预算或采购计划的时候,并不像企业说的这么简单,真正的采购是按照ERP对生产计划所需资源的规划的方式进行的。

比如,一家饭店在给客人做西红柿炒鸡蛋的时候,需要用鸡蛋,而做木须肉的时候,也要用到鸡蛋。因此,鸡蛋是通用的,无需储备太多,从而避免占用过多资金,可以随着需要的变化再进行采购,而这就是 MRP 的思想。有的企业管理能力跟不上,为了避免出错,就会采用成套采购的方法。接上例,成套采购的思路就是假如今晚可能炒 5 盘木须肉,就把需要的鸡蛋全部买来,而炒 5 盘西红柿炒鸡蛋需要的原料也全部买来,事先全部配套。如果临时需要调配一个鸡蛋到另外一盘菜,则一定有一盘需要鸡蛋的菜就炒不成了,而且炒不成的那个菜会有其他原料多出来,这就是配套思想。

按照 MRP 的思路是不能这么采购的,如果这个菜用 5 个鸡蛋、那个菜用 5 个鸡蛋,两个加在一起不是买 10 个鸡蛋,而是买 8 个鸡蛋,因为根据生产进度,采购部会不断下新订单,这就做得很细致了。这么做是从控制库存量和现金流来考虑的,如果企业单从采购预算的角度考虑,认为采购方式影响现金流的因素不是非常关键,可以采用相对简单的采购金额预算方式。

采购额预算只是用于最后形成资产负债表预算和现金流量预算,在现实中,没有人关注采购预算完成得怎样,因为采购部无论是考核还是业绩管理,检验的主要是及时供货、降低成本等其他指标,而不是预算完成指标。及时供货是根据生产计划来做的,如果生产计划就已经脱离预算,是月初做的或者是上月月底做的,那么对采购部的考察是及时供货、质量、成本、降价、风险保障、不良率以及是否有舞弊行为,与采购额预算时间准不准关系不大。公司汇总起来会涉及平衡未来的资金安排,也仅仅是用于这个环节。

依据生产产量的预算,综合公司的采购周期和生产周期,那么,公司一个阶段的采购金额也就可以随之确定了。企业采购金额的预算如图 4.14 所示。

按照产品	1月	2月	3月	4月	5月	6月	7月	8月	9月	10月	11月	12月	合计
经典手机													
N2110	11 212	11 212	11 212	11 212	11 212	11 212	11 212	11 212	11 212				100 908
N3110			6 787	6 787	6 787	6 787	6 787	6 787	6 787	6 787	6 787	6 787	67 872
娱乐手机													
N69	42 553	42 553	42 553	42 553	42 553								212 766
N70				33 189	33 189	33 189	33 189	33 189					165 945
商务手机													
E71	22 126	22 126	22 126	22 126	22 126	22 126	22 126						154 882
E90	11 063	11 063	11 063	11 063	11 063	11 063	11 063	11 063	11 063	11 063	11 063	11 063	132 756
4G网络设备													
交换机	4 000	4 000	4 000	4 000	4 000	4 000	4 000	4 000	4 000	4 000	4 000	4 000	48 000
基站	4 200	4 200	4 200	4 200	4 200	4 200	4 200	4 200	4 200	4 200	4 200	4 200	50 400
4G设备服务													
安装													
网络优化													
汇总	95 154	95 154	101 941	135 130	135 130	92 577	92 577	70 451	37 262	26 050	26 050	26 050	933 529

图 4.14 采购金额预测表示例

三、采购预算特性分析

在企业编制预算的时候,编制采购预算的并不多,因为采购工作的特点,企业关注的最多是采购价格问题,而这个问题在产品成本预算中已经包含在内了。对于采购量的控制,企业并不是特别重视,因为采购是被需求驱动的动作,本身不会独立进行,所以只要把握住销售和生产,对采购量的控制需求并不是特别突出。

但是,采购总额以及主要物资的采购额是企业总量管理的重要组成部分,尤其是在企业思考和确定采购策略如价格策略以及分析付款情况和资金情况的重要基础数据时。

那么采购预算包括什么？如何编制呢？

采购预算主要包括物料采购、设备采购等重要的采购事项,至于辅料、易耗品以及维修备品备件等直接体现在相应部门的费用中即可。

采购的成本或费用最终进入产品成本或部门费用,这在成本及费用预算中都已经包含在内。

采购预算的编制并不复杂,就是分项列示基于各类物资和基于各主要供应商两个口径的采购数量,进而预算采购单价即可。

在采购预算中,可以同时结合采购成本、质量、交期、付款方式等的讨论,以支持采购领域KPI的确定。

在采购领域还需要做的就是采购计划和开支计划,这个计划可以按照年度或月份做,以便指导采购工作,也可以形成辅助表。由于采购是支持生产的,所以在实际采购的过程中,要结合生产计划进行调整,如有ERP软件的,就直接按照ERP的采购安排进行,而不能完全按照事先做好的计划在未来进行采购和开支。预算作为工具并不是控制日常采购的合适的工具。

定期测算采购付款情况,包括年度的、月度的,用以支持财务的现金预算,这非常重要。

另外,对于库存,应收款和应付款的预算也要在做采购预算的同时涵盖进去。这些项目虽然不直接影响损益,但是对于资金流的情况,对于资产质量、潜亏情况具有重大影响,作为年度预算,必须将这些项目纳入考虑。

(一)库存预算

库存预算主要是从总量上思考,这个总量体现在每个月底的平均库存余额上。对于平均库存余额,最简单的估计是根据库存占预计销售成本的比重。复杂一点的方法,是根据企业的投资回报需求详细测算配套的库存余额,这种计算是将相应的数据排到上面提到的杜邦分析公式中,按照投资回报的要求调整相应的库存额度,从而作为未来一年的预算值。

这种方法胜过简单地配套销售成本比重的方法,因为简单配套销售成本比重究竟做到什么程度只是依靠感觉,与企业家最终想得到的回报的联系并不紧密。

(二)库存损失

一般的企业并不愿意事先就接受这个事实,即事先就测算有多少库存损失。企业在做预算的时候,这部分的测算可以由企业家和财务共同按照以前的情况预估,以促进库存管理和库存周转效率的提升。做得细致点的企业,可以将库存分为大类,然后确定大类的库存平均余额等,这样更有利于管理。

(三)应付款预算

应付款预算也是每月平均应付款余额的预算。对于应付款的预算,可以按照采购金额的一定比例来估算,也可以按照主要供应商的信用周期计算明细,然后汇总金额,按月计算。

企业也可以从投资回报出发,从财务杠杆的撬动作用和企业承担的风险出发进行应付款预算。这个指标的确定方法主要是从财务杠杆率出发,结合行业情况、宏观因素、公司的能力(收款与付款安排能力)、企业家对风险的态度,首先确定总资产/资本这一指标的数值,然后确定公司的贷款量,之后确定应付款总量。

应付款总量的确定对于未来的现金流管理至关重要。

四、计划还是考核?

生产预算和采购预算的意义在于计划而不是考核。前面说过,采购预算不是用来考核采购部的工作的,对采购部的考核是采购的物料不能缺料,否则会被生产部投诉,也不能太多,否则库存过高,财务部要追责。因此,采购预算的目的只是为了使企业对未来有前瞻性和推演。例如,某一个月销售的预测发货量非常高,而生产和采购都有"瓶颈",这时就需要协调沟通,分析是将单月的高峰发货分散到下月还是提前两个月为此采购和备货,即协调资源、规划未来,演绎各种可能性。如果经过演绎发现没有问题,则预算过了之后就再也不使用这一采购预算了。同样的道理,生产产量预算也不是用来考核生产部门而是做协调规划用的。

如果不编制生产产量预算表和采购预算表,就可能会发生事前并不清楚产能不足的结果,销售部的按月销量计划无法实现,所以这两个表本质上是检验产能用的。当然,对生成资产负债表和现金流量表预算也是很重要的参考。

企业每月考核生产部经理的预算执行情况,不是考核生产量预算的完成情况,而是考核部门的费用、投资、实际成本与标准成本比降低多少、库存是多少、发展趋势、产能是否增加以及上个月计划与这个月实际生产量的对比,但是通常并不会将实际产量与预算产量相比。

第五节 预算损益表

一、预算损益表格式设计

从公司治理的视角看,预算是企业所有者与经营者之间博弈的结果,在治理结构较为完善的企业,即所有权与经营权完全分开的情况下,预算关注的只是企业经营者有能力对结果负责。从这点上看,对损益表的格式设计要剔除经营者所不能左右的利息、所得税、汇兑损益等因素。在某些企业,也有将因并购记入的无形资产摊销以及因业务重组带来的成本排除在外。最后,考核经营者的"利润"是"经营性息税摊销前利润"。

从经营者的视角看,预算用的损益表需要服务于内部管理目的,而非外部报告需求。预算损益表的结果和对损益的分析具有支持决策和辅助考核的功能,从这一点出发,企业可以从以下两个方面对财务的标准损益表进行拆解:

(1)为明确业绩责任和支持决策,增加一些明细的损益项目,如销售毛利、毛利率、销售费用及比率、管理费用及比率、研发费用及比率、劣质成本及比率、未完全吸收成本及比率。

(2)为支持预算分解落实和对各业务分部进行考核,增加业务分部的预算损益表。例如,某公司以利润中心为单位对终端事业部、网络设备事业部和服务事业部分别做预算损益表。

图4.15是延续前几个章节案例中的通讯公司的相关数据推导出来的损益情况。

	1月	2月	3月	4月	5月	6月	7月	8月	9月	10月	11月	12月	
预算收入	158 600	282 600	282 600	295 500	373 500	371 000	271 000	262 000	174 800	81 800	69 800	69 800	2 693 000
预算成本	45 111	87 664	87 664	94 451	127 640	127 640	85 087	85 087	62 961	29 772	18 560	18 560	870 200
预算毛利	113 489	194 936	194 936	201 049	245 860	243 360	185 913	176 913	111 839	52 028	51 240	51 240	1 822 800

图 4.15 损益情况预计表示例

二、特殊的预算损益表

在多数企业，预算损益表编制到业务分部或利润中心这一层级即可，但对于某些大客户、大项目或新产品有特殊重要地位的企业来讲，大客户损益预算、项目损益预算和新产品损益预算可能对企业业绩有重大意义，财务部门有责任协助相关业务部门梳理和编制这些损益预算。这里，企业编制损益表的销售收入和销售成本的预测方法在前面讲过，编制相对完整的损益表需要财务部协助提供分摊的期间费用预算。

三、预算损益表的应用场景

单独一期的损益表用处不大，一般要通过与基准的比较才有意义。从平衡和批准预算的角度看，预算损益表的比较基准是上年的实际和当年的最新预测。例如，现在是20×6年10月，企业在使用20×7年的预算损益表时，要将20×5年的实际、20×6年的最新预测（即1～9月的实际加上10～12月的预测）与20×7年的预算损益安排在一起比较分析变化、趋势和原因，比较包括某一项如销售收入或管理费用的增长及原因，也包括对经营和盈利能力指标如销售费用比率和毛利率的变化原因进行分析。比较分析的结果可用于预算质询的提问，用于衡量预算目标和指导原则是否被理解和采纳，或对后续的预算修改作参考。

▲ 企业预算编制指引

如果企业想要简化预算，那么只需要做两个预算即可，一个是损益预算，另一个是人员和费用预算，这样就可以在很大程度上指导企业的经营管理进度了。因此，企业一定在损益预算方面下大功夫，避免预算形式化，结果导致满盘皆输。

具体到制定收入和产品成本预算的过程，财务部门应该把握好以下几点，才能在企业里顺利开展预算过程：

- 培训相关业务人员掌握针对公司业务预测和推演的技巧，熟悉经营管理的全盘流程。
- 督促组织相关会议，做到群策群力，在共同制定预算的过程中，也为预算的实施打下基础，形成共识，这种预算才是真正的全面预算。
- 无论是销售预测还是产品规划，都必须是市场导向，因此，如何做好市场判断以及如何搜集相关信息是做好收入预测的前提，这一点非常重要。
- 与损益表相关的基本概念的掌握有利于业务部门对预算理念的接受和对预算工作的配合。

第五章

投资预算

【本章内容简介】

投资预算与组织结构都是为企业配置资源的重要决策,直接影响企业未来 3~5 年的发展,因为投资预算既消耗企业的资源,又是战略实现的一个步骤,同时,也会影响当期的损益情况,因此,它在预算的顺序中具有更高级别,也是典型的承上启下的决策。

本章主要论述什么是投资预算、如何编制投资预算、投资预算的审批与实施预算的过程控制逻辑是什么、投资预算的注意事项以及投资预算的折旧计算,还包括如何将投资预算融入财务报表,形成企业的当期业绩。

【学习目标】

通过本章的学习,要求学员对投资预算的地位、意义和编制有一定了解,学会在实践工作中编制投资预算的基本方法,并理解投资预算背后的战略思想。

【要点提示】

- 什么是投资预算?
- 投资预算与投资审批如何共同作用?
- 投资预算如何编制?
- 投资预算与战略如何协调?
- 投资预算与资金预算如何协调?

第一节 投资预算的编制和控制

一、正确理解企业的投资行为

为了发展,企业要购买固定资产、开设分支机构、并购战略性产业等,用于规模的扩大、业务的扩张、竞争力的巩固、生产技术的优化、生产设施的完善等,这些用于企业长期可持续发展的资本性开支,都是企业的投资行为。

企业的投资行为一般是受战略驱动,而且因为投资行为对企业未来的影响深远以及耗费的资源巨大,必须与企业的战略布局相匹配。

企业的战略定位决定了未来将从事哪些业务,基于战略定位的资源配称决定了企业如何发展业务,即如何进行资源配置的问题,而企业内部资源的配置正是通过投资来拉动的。因此,投资具有导向作用,是企业根据战略规划、定位、取舍将有限的资源投入与战略目标相匹配的领域。

(一)企业投资的类型

从广义上讲,企业所有资源的投入都可称为投资,如营运资本投资,即资产负债表中所有资产项都可视为企业运营占用的有形和无形资源,是投资的一种表现形式。再如,企业为销售旺季到来而准备存货,为占有市场、扩大销售而给客户增加信用额度,从而提高应收账款余额,甚至是现金,这些在一定程度上也被视为企业为应对流动性风险和机会性投资而做的储备性投资。

企业常常将投资分为经营性投资和战略性投资两类。

1. 经营性投资

经营性投资是指根据运营目标和计划而实施的资源配称性活动,如技术和服务人员的招募及培养、组织结构调整和增减、研发项目的设立、产品工艺质量的改进、销售渠道开发与拓展、市场费用投入的增加等。经营性投资是企业获取资源和核心竞争力,并实现业务增长的关键途径。关于本部分的预算和控制方法主要在本书的费用预算一章介绍,这里主要讨论的是不会导致公司规模显著扩大的固定资产投资,或者是修缮、改良、重置性质的固定资产投资。

2. 战略性投资

战略性投资是指对企业的规模和扩张带来显著变化,对企业的战略影响较为长远的投资。例如,为实现企业长期目标而做出的重要的模式性和结构性的投资,如并购、重组、战略合作以及与产能和长期销售服务能力相关的新厂房、新生产线、新分支机构或销售网络投资等。

本章主要是从狭义的投资的角度介绍企业常见的固定资产投资的预算事项,也称资本性支出预算,既包括经营性投资,也包括战略性投资。对这两类投资的决策程序并不一样,但开支的表现结果是类似的。

这类投资行为通常要在预算中体现出来,尤其是在各个业务单元的预算中体现出来。但是,企业级的大规模的投资行为往往伴随融资事宜,是企业战略行为,非常复杂,对它的决策需要遵循公司的治理规则与授权体系,通过专题可行性论证的方式单独提出来,可以包括在年度经营预算中,也可以独立于预算之外。

(二)投资决策的特点

对投资活动本身的性质和特点的分析与探讨,将有助于企业更好地把握投资活动的规律、投资与战略、运营及资金需求的关系,进而做好投资预算和投资管理。

1. 引领性和超前性

企业总体战略确定后,需要通过投资引领和驱动企业资源安排及各项活动的优先级别。例如,如果公司决定采取以产品质量取胜的战略,则在提升和保证产品质量上的活动和投资就是最优先安排的,很多资源会向此倾斜。例如,公司增加检测设备以提高质量工艺,增加可靠性研发投入,成立专门的供应商质量管理团队等;如果公司决定采取以服务赢得客户的战略,则公司在服务网络建设和服务人员配备与培训方面的投入就是最优先的。

2. 开支大、风险高

投资是由战略驱动的,投资金额一般是较大的,对企业具有长期的影响。同时,由于企业内外部环境的不确定性,投资也充满风险,投资所形成的固定资产的专用性和较差的流动性意味着投资失败对公司的巨大损失。这也就决定了对投资的控制应设在投资的源头,投资预算和控制需要科学的分析和决策过程,相应的审批级别通常也是公司的最高级,如一个新生产线的投资很可能需要公司的董事会审批。

3. 对业务的系统性的影响

投资也是牵一发而动全身的活动,经营活动的其他方面与之密切呼应和配合,投资创造和提升企业的竞争力与交付能力,这时就要注意企业实际的交付能力取决于供应链中最薄弱的一环,而不是其最强的一环。这个最薄弱的"瓶颈"决定了企业交付最终的能力和效率。企业必须从克服"瓶颈"着手,通过投资有效地提高整个系统的产出和效率。

4. 投资回报原则

投资的最终目的是要求回报:购买更多高效设备与机器,从而提高生产效率、降低保养费用,通过额外收益或节省成本使资本支出能够产生额外利润。因此,应当预先设定理想的投资回报率来衡量并检验资本支出的必要性和可行性。例如,通过更新机器设备以提高效率、降低单位产品成本,增加新生产线以扩大产量、满足市场需求,推广新产品,提高产品服务质量,这些都是以回报为目的的投资。在审批投资时,都要有充分的可行性论证和投资回报论证为投资决策做支持。

二、投资预算编制

企业是以盈利为目的,综合运用各种生产要素和资源,向市场提供商品或服务的组织。企业运用资源的效率和有效性在很大程度上决定了它在市场上能否生存和成功。投资预算的重要性就在于它决定了企业长期的资源投入和配置,企业必须充分重视。

(一)投资预算概述

在投资预算之初,企业首先要明确:谁对投资预算负责?为什么要做投资预算?在资金紧张的情况下,如何让最重要的投资预算得到保障?为了做好投资预算,企业要注意以下几点:

1. 确定投资预算的责任人

资源是业务部门履行职责的必要条件,必要的资本支出对责任中心经理的业绩产生长远影响。在企业全面预算过程中,资本支出预算的责任人是业务部门经理或成本中心经理,他们对固定资产投资预算有建议权,投资与他们所承担的业务目标和业务职能是相对应的,他们对完成业务目标需要的资源有直接的发言权。

2. 找到投资预算的驱动因素

驱动企业产生资本性支出的驱动因素有市场增长和销售增加、生产规模扩大和生产效率提高、全员劳动生产率提升、产品质量提高、新业务拓展、常规设备更新换代、预防性保养、应对同行业的竞争等。

在考虑是否将备选的资本性支出项目纳入预算时,要考虑以下因素:市场机遇、投资回报率(ROI)或投资回收期、销售前景及利润、成本节省空间、生产力与生产效率、产能利用率、支出时间和风险、技术趋势、法律和安全问题(污染、职业安全与健康)、外部条件(资金成本和融资渠道、税收优惠、政府政策鼓励)等。

在不同的企业中,资本性支出预算所占的地位也不尽相同,因企业规模、行业性质、成长阶段和成长速度而产生差异。在市场增长周期和企业整体扩张过程中,大范围的投资驱动将占据更加重要的位置,战略性资本支出预算决策有时也能够扭转企业发展的整体局势。

3. 规划投资预算的优先顺序

基于投资回报与战略重点,业务部门经理应当对预算项目进行优先次序排列,这样做的目的是在企业资金紧张或采用紧预算控制策略时,仅部分资本支出计划可能被批准,建立资产项目的优先计划表可让经理们更从容地应对和选择对他们来说最为重要的投资。

4. 界定资产主管部门与使用部门

在企业里,通常有几个主管部门会集中计划和管理其他各部门的特定投资。例如,某公司各个事业部生产车间购买生产线的机器设备统一由公司技术部负责采购安装和维护,公司所有部门的电脑、打印机、复印机、服务器的采购由 IT 部门主管,公司所有的公共设施的新建和维护统一由行政部主管。因为这个结构性的安排,投资预算比其他预算要复杂,其他预算由部门独立完成就可以,而投资预算经常要由固定资产使用部门与采购主管部门协调一致才能做好。

5. 明确投资预算的主体

由于存在固定资产主管部门与使用部门分开的情况,业务部门编制投资预算时往往要与主管设备采购的部门协商,这里要明确一个问题,即由哪个部门来填报统一采购设备的预算。比如,销售部因人员增加需要购买电脑,需要明确由 IT 部门填报还是由销售部填报预算;研发部采购复印机的预算,需要明确是由行政办公室填报还是由研发部填报。对于这个问题,一般来说企业都遵循同一个原则,即谁消耗谁承担,或谁使用谁承担。因此,上述实例中应由销售部和研发部分别填报新资产预算。当然,资产实际采购需要按流程和审批权限由主管部门审批,审批批准后由设备主管部门集中采购。集中采购的目的是为了采购管理更专业,集中采购量更大,价格更优惠,服务更有保障,公司统一管理也可以最大程度地避免舞弊行为,这是一种旨在让整个公司受益的公司层面的制度安排。但要明确,投资预算的主体还是遵循上述原则,由消耗和使用的部门编制预算。

(二)投资预算的编制方法

本节将探讨投资预算中涉及的一些细节,如投资预算编制主体的确定、预算编制部门如何与资产采购管理部门配合以及预算编制过程中的信息填报格式、步骤和汇总方法。

从公司层面讲,参股或并购一个企业被称为长期股权投资或战略资本投资,这种投资取决于公司的战略规划和董事会层级的决策,这部分并不是本节讨论的重点,本节着重讨论企业各部门为完成预算目标配置资源所需要的固定资产和无形资产支出预算,这部分属于经营性常态化的投资。这种投资与资金的预算涉及各个部门。

下面介绍编制投资预算的具体方法。

投资预算是各责任中心经理对预算年度固定资产投资需求的明细,包括所需资产的种类、数量、单价、预计金额、原因、用途、资产使用的责任中心以及采购时间等。汇总后,根据固定资产的不同类别、金额、用途,预算批准级别和支持投资预算批准所需要的支持文件也会各不相同。

一般来说,投资预算在各个部门都会涉及,这里仍以财务部为例。假设财务部明年准备要上 ERP 系统,安装 1 台固定资产盘点使用的扫描仪,增加 2 台票据打印机和 1 台复印机,为 3 名新员工增加 3 台笔记本电脑,这就是财务部明年的投资计划。这个投资计划要再细化到预计不含增值税的支出金额和固定资产取得的月份,才能形成一个正式的部门投资预算。因为细化到这个程度的投资预算,才能作为计算折旧和摊销的依据以及资金支出预算的依据。

具体的投资预算明细编制过程如下:

(1)按月填报固定资产需求,每一个月包括数量、单价、总金额,以便于检查其合理性并准备后续的资金支出预算。

(2)不同的固定资产类别分开填报,如生产设备、车辆、仪器仪表、电脑网络、办公设备,每个类别要有一个汇总,因为不同的类别有不同的折旧年限。

(3)部门投资汇总,固定资产预算的分类汇总将作为部门折旧费用预算的依据。

图 5.1 和图 5.2 所示的表格可以作为固定资产预算的基础模板。

××通信公司固定资产投资预算明细表

年度:　　　　　　部门:　　　　　　成本中心号:　　　　　　货币单位:人民币(元)

	合计			1月			2月			3月		
	总价	数量	单价	总价	数量	单价	总价	数量	单价	总价	数量	单价
固定资产——生产设备												
资产明细1												
资产明细2												
资产明细3												
固定资产——车辆												
资产明细1												
资产明细2												
固定资产——仪器仪表												
资产明细1												
资产明细2												
资产明细3												
固定资产——电脑类												
资产明细1												
资产明细2												
资产明细3												
固定资产——设施												
固定资产——房屋												
固定资产——办公设备												
固定资产——通信器材												
固定资产——家具												
固定资产——电器												
固定资产——软件												

图 5.1　固定资产投资预算明细表示例

××通讯公司固定资产投资预算汇总表

年度：　　　　　　部门：　　　　　　成本中心号：　　　　　　货币单位：人民币（元）

月份	1月	2月	3月	4月	5月	6月	7月	8月	9月	10月	11月	12月	年度合计
投资预算													
投资合计													
固定资产 —— 生产设备													
固定资产 —— 车辆													
固定资产 —— 仪器仪表													
固定资产 —— 电脑类													
固定资产 —— 设施													
固定资产 —— 房屋													
固定资产 —— 办公设备													
固定资产 —— 通信器材													
固定资产 —— 家具													
固定资产 —— 电器													
固定资产 —— 软件													

图 5.2　固定资产投资预算汇总表示例

三、投资预算的控制和审批

投资活动的特点决定了企业对投资预算的控制方式和对投资支出的审批程序。

（一）投资的控制方式

投资的特点是金额大，一旦决定即形成沉没成本，不易变现；使用时间长，对业务活动影响的范围和程度大。因为投资的特殊性，投资预算的控制和审批会相对更复杂：一是必须遵守资本性支出的程序；二是重大投资决策要有可行性分析、投资回报分析和敏感性分析作为支持；三是当投资形成一个大型项目时要按项目进行管理，如 ERP 项目。

对于超过一定金额、持续时间较长或影响范围较大的投资，一般会要求做可行性分析或投资回报分析。一方面，从投资回报的角度看，大额固定资产投资一旦形成，很难再变现，所以除非非常必要和能直接为企业带来效益或避免损失成本，固定资产投资决策会十分谨慎，在很多公司的审批权限结构中，超过一定额度的固定资产支出是需要董事会事先批准的；另一方面，固定资产投资支出金额大，对企业现金流的影响也大，投资金额和时间计划安排会成为资金预算的一部分。

（二）投资支出的审批程序

健康的公司治理结构要求企业有一套完善的授权审批权限表和审批流程，对资本性投资支出的审批权限的规定是其中的一个重要部分。原则上讲，所有的资本性投资在实际支出前都需要审批。在完善的预算管理体制下，已经预算批准过的投资支出在审批级别上可以低于无预算的支出。在很多企业中，业务部门经理们的认识存在一个误区，即今年有投资预算并批准通过的固定资产支出，到明年资产设备采购时就不需要额外的审批了。

实际上,批准的投资预算只意味着预算开支审批可能会更容易一些,无需经过预算外特别审批,固定资产采购审批流程还是必不可少的。这样做背后的逻辑是,预算只代表在做预算时对业务需要的预计,实际的决策需要根据最新的情况来判断。例如,一个为增加产能的新生产线的预算,很有可能第二年公司发展不如预期,产量和销量都远低于预算水平,原来做的基于预算收入的资本支出计划已失去了执行的基础,这时即使有预算也很有可能通不过审批。如果采用有预算就不需要审批的控制方式,则很可能不顾现实情况做出错误的投资决策。

四、投资预算编制的注意事项

由于投资在企业中具有战略性和引领性的特点,企业在做投资预算时,也要从这个特点出发,区分投资的生产性和非生产性,充分注意和保证为企业直接创造价值的生产性投资,尽量压缩控制非生产性投资,同时充分考虑投资与业务规模的合理匹配。

(一)区分投资的性质

从投资与主营业务的关系看,投资预算可分为生产性投资和非生产性投资。生产性投资是与生产产品与服务用户直接相关的投资支出。例如,在一个企业中,为企业内部人员外出办事买一辆汽车,一般不算生产性投资,但如果一辆汽车是为客户服务维修用的,像4S店的客户救援车,则是生产性的。另外,为了扩大生产规模,要增加一条生产线,也属于生产性投资。

非生产性投资是与产品和服务的生产交付没有直接关系的投资,非生产性投资里也有与经营有关的。例如,公司扩大规模增加人员,原有的办公室面积不够用,需要扩大办公室面积,可能需要购买或租赁新的办公楼;又如,为维持正常运营的维护性投资,将破旧的厂房或办公室重新装修以保证功能性和安全性需要。

区分投资性质的目的是采用不同的预算控制策略,在审批投资预算时,一般企业会优先保证生产性投资计划,对非生产性投资采取尽量控制和压缩的策略。

(二)投资与收入匹配

投资预算,尤其是生产性投资的预算还要遵循一个重要的原则,即与销售收入或生产预算相匹配,检验明年的产能是否能够满足生产和收入增长的需要。例如,如果预计明年公司的销售收入翻番,现有产量至少需要翻番,这要检验现有产能是否能满足产量翻番。如果现在的产能正好是满负荷的,就需要增加一倍产能,就需要投资新生产线。这时,投资与收入预算的匹配就变得非常重要。如果收入预算做了,产能预算也做了,但相应的投资预算没做,意味着各部分预算前后不平衡,收入和产能预算就没有保障。

有时,企业还要从投资的可行性和现实性上看其合理性。例如,公司预计因收入增长要增加产量,计划上一条新生产线,估算整体投资 7 000 多万元,但预计公司明年没有办法筹集到这部分资金,面对这样的现实问题,可能就要返回来修改收入预算了。

具体而言,收入预算增加,产能和生产设备同时增加,负责预算组织协调工作的财务部门对此有预算汇总平衡的职责,也即对收入—产量—产能—设备投资有一个联动和综合的平衡检查过程。

生产制造部门需要对其明年的生产数量和产能目标负责,也就是说,产能和投资计划应该由生产制造部门去平衡,制造部门填报生产数量计划的时候,需要增加一个附加信息,就是现有的最大产能是多少,基于此,一个有经验的生产经理可以很快判断得出结论,如果明年要满足预计生产量的需要必须得增加几条生产线以及增加哪些固定资产投资。这意味着生产制造部门的经理在编制预算的时候,必须要编制产量、产能和投资预算,并必须密切协调销售部的销售预算。

在很多生产企业,新产品投产需要使用生产模具,不同的企业对模具的投资和账务处理方法不一,具体需要财务部门根据实际情况研究界定,有些企业按照固定资产管理,这就意味着生产制造部门需要负责这部分模具的预算、计划、购买使用和管理,在会计上按固定资产进行折旧摊销。但在某些高科技制造企业,尤其是产品生命周期比较短的企业,生产模具一般是配合某个产品项目使用的,产品周期短,生产不到一年就下线,为这个产品准备的专用模具使用不超过一年就需要报废,这种经济生命周期、技术生命周期对它的影响要远远超过正常消耗的模具,这时企业一般不作为投资处理,而是统一计入研发项目预算。例如,一个产品研发项目总投资预算840万元,其中包括价值120万元的一套模具,计入研发项目的总成本,按照产品的预计生产数量,平均摊销到产品成本里。

第二节 折旧费用预算

一、资本性支出对财务预算的作用

资本性支出对财务预算的作用主要体现在以下几个方面:
(1)计算资金需求量。
(2)计算折旧费用。
(3)投资对收入与费用的影响要计入经营预算中。
(4)确保资产维护成本计入预算。

固定资产投资不直接影响预算年度的损益,但投资形成的固定资产投入使用后会以折旧的方式进入损益。在重资产型企业中,折旧费用对损益的影响尤为明显,这就要求企业采用系统的方法科学地编制折旧费用预算,准确反映现有固定资产和新增固定资产投资形成的折旧费用对企业损益的影响。

折旧费用一般归属于固定资产所属的责任中心,多为成本中心。在预算年度,折旧费用增加成本中心费用,从而减少利润。同时,以累计折旧的方式减少固定资产的净值,计提固定资产折旧,这是对固定资产价值的一种收回和弥补。

二、折旧预算的编制

固定资产按不同类别对应不同的折旧年限,固定资产预算按类别汇总的主要目的就是方便折旧预算。一般,在编制固定资产预算时,企业会有当期的固定资产明细和分类。例如,20×6年10月做20×7年的预算,企业会结合20×6年9月的固定资产和折旧明细进行预算。在此基础上,企业通过以下三个步骤来计算折旧预算:

第一,预计当期固定资产在预算年度的折旧,即当前的固定资产在20×7年的分月折旧。因为每项固定资产都有明确的入账时间和折旧期限,会有部分固定资产在20×7年达到折旧期限而停止折旧。

第二,预计当年新增固定资产在预算年度的折旧,即根据固定资产采购计划,统计和计算 20×6 年 10～12 月新增固定资产在 20×7 年的折旧。

第三,预算年度新增固定资产的折旧,即 20×7 年预计采购的固定资产在当年产生的折旧,这部分是直接通过固定资产投资预算,按固定资产预计具体采购和使用时间推算而得。

图 5.3 为企业计算折旧预算的参考模板。

如图 5.3 所示,将投资预算汇总到下面的投资预算栏目,然后根据固定资产的性质设置预计残值、折旧年限以及折旧方法,将计算出来的数值直接填到上面费用预算表的"折旧费"科目明细里就可以了,也可以直接简化甚至使用公式,这样就可以在固定资产变化时自动计算变化。

××通讯公司预算表——费用、人员、投资

年度:　　　　　部门:　　　　　成本中心号:　　　　　货币单位:人民币(元)

月份	16年全年预测	16年费用但未报销	1月预测	2月预测	3月预测	…	12月预测	年度合计
费用预算								
人员费用(01)								
培训费(02)								
差旅费(03)								
业务招待费(04)								
直接成本(05)								
销售与市场推广费(06)								
办公费(07)								
外部费用(08)								
维修与低值易耗品(09)								
折旧费								
仪器仪表计量费								
租赁费(10)								
保险费(11)								
其他费用(12)								
投资预算								
投资合计								
固定资产 — 生产设备								
固定资产 — 车辆								
固定资产 — 仪器仪表								
固定资产 — 电脑类								
固定资产 — 设施								
固定资产 — 房屋								
固定资产 — 办公设备								
固定资产 — 通信器材								
固定资产 — 家具								
固定资产 — 电器								
固定资产 — 软件								

图 5.3　折旧费用预算示例计算表

三、投资额与折旧额的关系

在一个比较成熟的企业,年度固定资产投资额与折旧额是相对均衡的,即因折旧产生的现金流基本上可用于维持再生产所需要的投资。但企业在不同的发展阶段和不同的战略目标驱动下,二者可有完全不同的匹配策略。

在企业的初创期和快速成长期,需要大量的投资引领未来的增长,这时折旧额会远低于投资额,投资资金主要依靠外部长期资金如股东投入或长期贷款;在业务衰退期,企业全面压缩投资,甚至处理厂房生产线以去产能,这时的折旧额很可能高于投资额,企业一般选择将这部分多余的现金流用于弥补因外部环境恶化而产生的经营亏损或者干脆偿还贷款或分红。

▲ 企业预算编制指引

在企业实践中,投资预算牵扯到复杂的决策环节和相关的控制部门,同时也是公司战略实施的分解步骤,所以要求财务部门做好协调工作,具体实施要点包括以下几个方面:

- 投资预算的具体负责部门,协作部门的责任界定。
- 投资预算与公司的审批权限的关系与协调。
- 协调好投资预算与收入预算、产量和产能预算的关系,形成联动。投资预算的预演工作推动,而不是等待相关业务部门报数。预算质询需要背后的逻辑支撑,这个支撑就是市场调研和公司的战略分析。
- 制定好折旧和投资预算的模板。
- 协调好资产采购部门和使用部门的角色与职责。

第六章

费用预算

【本章内容简介】

费用预算是所有部门都要参与的预算工作，是最复杂和牵扯面最广的预算项目，也正是因为费用预算，才需要企业所有人对预算有一个基本认识，也正是因为很多企业有控制费用的诉求，才主动将预算工具用于费用管理。因此，费用预算具有最普遍的使用动机，也是最核心的预算内容。

本章主要讲解费用预算的前期准备工作，即成本中心责任体系界定问题、公共费用分摊的深度剖析、人员预算在费用预算中的重要性和预算方法以及几个最重要的费用预算特点，包括行政与管理费用、市场营销费用和研发费用。最后，主要阐述预算费用与平时的费用控制之间的联系和区别以及二者之间应该如何衔接。

【学习目标】

通过本章学习，学员需要掌握费用预算的方法、费用预算与费用控制的理念、主要费用预算与经营活动间的内在逻辑以及费用预算与费用责任中心的关系。

【要点提示】

- 如何设置成本中心？有哪些注意事项？
- 公共费用分摊的基本原则是什么？什么是完全成本？
- 如何理解可控费用和不可控费用？
- 人员预算如何编制？人员预算的重要性是什么？
- 行政管理费用的特点和预算注意事项有哪些？
- 营销费用的特点和预算注意事项有哪些？
- 研发费用预算的特点和预算注意事项有哪些？
- 费用控制的方式与预算有何衔接关系？预算对费用的有效控制起到什么作用？

第一节　费用预算的基础工作

费用的主要驱动因素是人和人的活动，在企业中，每一个人都隶属于组织的某一个部分，企业很难为个人制订费用计划和预算，费用预算的最小组织单位是企业里的部门或成本中心。因此，为做好费用预算，首先要了解企业的组织结构和成本中心设置。另外，我们也在本节探讨企业如何在会计科目和预算科目上为费用预算做准备、如何准备费用预算模板以及费用预算的顺序。

一、组织结构与成本中心

典型的企业组织结构包括企业的组织架构设置、组织各部分的职能、业务分工合作关系、层级汇报关系。企业组织结构配以各部分人员数量，可作为费用预算的范围、责任人、详细程度、汇总路线依据。

费用预算的组织单位一般是在组织结构中发生费用的各个部门，在企业中，由于业务类型和组织业务的方式不同，企业会有多种部门划分的方法，总体的划分方式是依据职能相似性、任务活动相似性或关系紧密性的原则将组织中的专业技能人员分类集合在一个部门内，配以专职的管理者。具体而言，部门划分的方式有以下五类：

（1）按职能划分：按研发、生产、采购、市场营销、服务、人事、财务等基本职能设置部门。

（2）按产品线划分：按照主要产品或服务的种类进行部门划分，如终端事业部、网络事业部、多媒体部等。

（3）按地域划分：按照地域划分部门，如将中国划分为八个业务大区，每个大区为一个部门。

（4）按主要客户市场划分：按照市场细分或客户的典型特征来划分服务于客户的部门，如某工业设备厂商将行业市场销售团队划分为重工行业团队、轻工行业团队，同时将销售管理按客户性质和渠道划分为分销商管理部、系统集成商管理部、OEM客户管理部、战略客户管理部、EPC管理部。

（5）按流程划分：按照业务流程来划分，即按生产组织的流程来划分，如某公司的生产组织划分为设备及工艺部、预装配部、装配部、质检部、物流部。

成本中心是费用预算基本单位，企业设置成本中心的目的是希望每个业务单元都以最小的资源消耗获得最大价值。因此，在保证质量的前提下，每个作业单元或者为每个作业项目发生的费用是评价管理者业绩的关键指标，企业将这样的评价作业单元设置为成本中心来记录和计量其资源消耗，即费用。原则上，每个部门都可以是一个成本中心，成本中心经理对成本中心的费用消耗负责。

典型的产品型企业组织架构与成本中心如图6.1所示。

在组织架构中，每个部门都与一个或几个成本中心挂接，即每个成本中心都直接隶属于某个部门。成本中心是为了预算管理和费用控制的需要而设置的。它与组织结构不同，组织结构代表上、下级汇报关系，为业务流程和职责需要而设置。成本中心是记录、计划、考核和控制费用的最基本单位，每个成本中心都有一个指定负责人并只对其成本中心的成本负责。

成本中心范围广泛，只要有成本费用发生的地方，都可以建立成本中心。例如，运营管

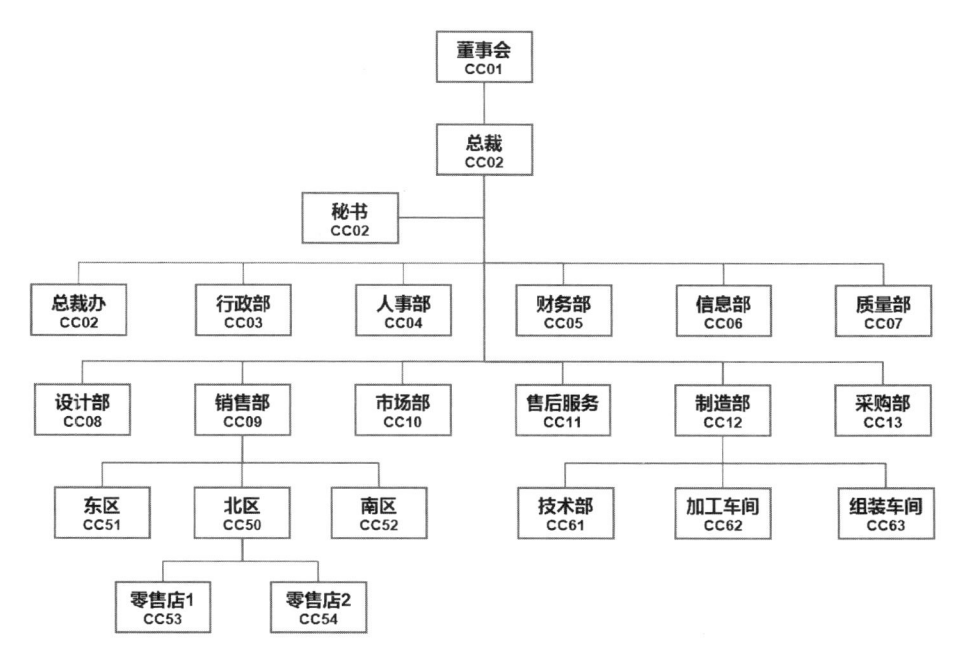

图 6.1 组织架构与成本中心

理全公司的厂房基础设施的部门应有两个成本中心:一个记录本部门人员的相关费用;另一个归集全公司的厂房设施费用。

有的成本中心费用需要分摊,如IT费用、房租基础设施费用。有些公司为了简单操作,将项目也设置为成本中心,这本身没有问题,问题可能出现在:临时的成本中心过多,或者成本中心变化较多,会给财务部和预算管理带来非常繁琐的工作,要经常不断地调整预算数据与实际数据所涉及的人员、资产等。成本中心的设置以平衡管理成本和效益为原则。

二、费用预算准备工作

费用预算的准备工作是否充分决定了后续部门费用预算工作是否顺利,准备工作由预算组织部门牵头,主要是预算科目的准备、说明、预算模板的准备和相关历史参考数据的提供。

(一)准备预算科目说明

参与费用预算的部门众多,涉及面广,各业务部门经理可能对预算内容的理解程度不同,甚至可能有偏差。为便于统一大家对预算科目的理解,方便部门经理填报预算,财务部门在做费用预算的时候,事前要准备一份预算科目说明。预算的科目要通俗易懂。预算科目一般是会计科目的二级科目,二级科目的定义和设置没有会计制度限制,可以相对灵活。为汇总预算需要,二级科目应尽可能地既保持标准化,也要通俗易懂,在公司内部有严格的界定。根据实际情况和业务需求设置费用预算科目,每个预算科目都要给出一个使用说明,如如何区分会议费与异地会议的差旅费。

预算科目一般不按会计属性分管理费用、销售费用或制造费用,而是按照部门活动和费用的性质设计全公司通用的部门费用预算科目,即每一个部门都会发生的费用。预算科目一般要与会计科目的二级科目一一对应,二级科目的设计不是取决于会计准则、会计制度和发票内容,而是取决于企业与业务部门对业务活动性质划分、界定后形成的一致意见。

预算科目设计应注意以下事项:全面预算是由业务部门编制和执行的预算,全面预算理念要求企业要从业务部门的角度出发设计费用预算科目和预算模板。在很多企业,由于财务部门在主导预算的组织编制工作,倾向于按照会计科目来设计预算科目,但如果站在企业经营管理的角度上来讲,支持费用预算、费用分析和费用控制的活动与费用分类超过了会计费用科目的范畴。

例如,对于同样的广告费,市场营销总监需要将它按照投放的媒介形式进一步细分为电视广告、报纸杂志广告、户外广告、直邮广告、电影植入广告、网络广告等,即使是支付给同一个广告代理商的广告费,为了分类控制需要,也会要求标明是用于支付哪种媒介,这样做的目的是更好地跟踪监测在不同媒介投放广告的投入及效果。

再如,对于医药企业的推广费,市场推广总监倾向于按照行业内流行的推广渠道对费用进行分类,将推广费分为商业推广费、学术推广费、医院推广费等,其目的也是监测不同推广渠道的投入与产出效果。在这种情况下,对于同一个销售员,如果他在同一次出差过程中既举办了医院推广活动,也举办了药店推广活动,他就要对这两部分活动产生的费用分开统计和报销,并计入不同的明细科目。

(二)准备费用预算模板

为了方便业务部门填报费用预算,财务部要提前准备费用预算模板。在费用预算模板中,财务部门要针对每一个具体部门,列示需要预算的费用项目、预算期间以及实际已经发生的费用,还要进一步明确哪一列需要业务部门填报、哪一列是历史参考数据、哪一列是自动计算或汇总不能手工填报,这些都要事先定义并用不同颜色加以区分。

例如,折旧费用是根据固定资产自动计算的,在工资填报之后,养老保险费用是按比率和规则自动计算的。各个部门的费用预算模板的结构最好一致并固定,部门需要填报的地方标示成浅绿色,而标示成灰色的地方是公式计算或汇总,不能填写。这样,标准的费用预算模板有助于对多个部门的费用预算进行快速的汇总平衡。如果模板不统一、不固定,则预算汇总工作会相当费时费力且容易出错。

设计费用预算模板时应注意:在很多没有财务背景的业务经理的头脑中并没有所谓的会计科目的概念,但他们在思考费用预算和控制的时候,倾向于将费用按会计科目以外的其他维度分类。例如,将费用分为可控费用与不可控费用,倾向于在部门费用中划分出自己可以掌握和控制的部分,以作为后期的绩效考核依据。有的业务部门经理没有完全的人事权,包括招聘和工资,从部门经理的角度看,这部分费用是不可控的,需要人力资源部统一计划和控制,部门经理只能做自己了解和掌控的费用,由此产生了可控费用和不可控费用的区别。

另外,在很多业务经理的思维中,还将费用分为可变费用和固定费用。例如,房租、人员的费用是固定费用,因为人员一旦签订合同,在一年内工资固定,且没有特殊理由不能轻易解除合同,房租也是至少签订一年的固定合同。可变费用随公司业务的增长而变化,如业绩提成,站在业务经理的角度看,希望业绩提成越多越好,因为业绩提成与收入有比例关系,由此产生了固定费用与可变费用的区别。

费用预算科目和模板如表 6.1 所示。

第六章 费用预算

表 6.1　　　　　　　　　　滚动预算表、费用、人员、投资

成本中心号：　　　　　　　　　部门：　　　　　　　　　货币单位：人民币（千元）

月份	20XX年12月预测	20XX年费用但未报销	1月预测	2月预测	3月预测	…	12月	年度合计
费用预算								
人员费用(01)								
工资								
福利费								
基本养老保险								
失业保险								
工会经费								
职工教育经费								
住房公积金								
医疗基金								
工伤保险								
补充医疗保险								
补充养老保险								
奖金								
加班费								
临时工劳务								
劳务费								
生育保险								
培训费(02)								
技术类的培训费								
非技术类的培训费								
团队建设活动经费								
团队活动经费								
差旅费(03)								
国内差旅费								
国际差旅费								
市内交通费								
业务招待费(04)								
业务招待费——餐费								
业务招待费——礼品								
直接成本(05)								
产品材料运费								
出口代理费								
出口商检费								
出口运费								
质量认证费								
劳动保护费								
技术设计费								
进口代理费								
进口关税								
生产损耗								
维修损耗								
保修——拆机								
保修——免费赠送								
保修——劳务费								
保修——等价换料								
保修——等价换机								
维修成本——备件与材料								
销售与市场推广费(06)								
促销活动费								
展览费								
信息咨询费								
广告费								
零售市场费用								
促销员费用								
促销运费								

续表

月份	20XX年12月预测	20XX年费用但未报销	1月预测	2月预测	3月预测	...	12月	年度合计
办公费(07)								
邮递费								
汽油费及其他								
水电费								
物业管理费								
资料制作费								
书报资料费								
固定话费								
移动话费								
移动话费（额度）								
办公费								
存档费								
会议费								
信息系统维护费								
外部费用(08)								
招聘费								
审计费								
法律咨询费								
管理咨询费								
其他外部费用支出								
诉讼费								
修理费——固定资产								
修理费——低值易耗品								
修理费——车辆								
维修与低值易耗品(09)								
折旧费								
仪器仪表计量费								
租赁费(10)								
房租费								
租车费								
保险费(11)								
财产险保费								
运输险保费								
其他保险费								
其他费用(12)								
其他费用								
投资预算								
投资合计								
固定资产——生产设备								
固定资产——车辆								
固定资产——仪器仪表								
固定资产——电脑类								
固定资产——设施								
固定资产——房屋								
固定资产——办公设备								
固定资产——通信器材								
固定资产——家具								
固定资产——电器								
固定资产——软件								

三、费用预算的规范

在正规企业有完善的成本中心和会计系统的情况下,费用预算要按成本中心进行,因为每个成本中心的成本属性和分摊规则是明确的、有区别的。如果公司没有设置成本中心,也可以部门为单位做费用预算。

费用预算的金额单位一般以千元为单位,预算期间是从 1 月到 12 月,按月来做,或者按 4 个季度做。如果不知道填报的数据是否合理,可以将本年实际费用的每月平均值作为参考。最后按照部门、事业部或产业、公司和集团的顺序逐级汇总,形成公司或集团费用预算汇总。

很多业务部门经理不懂会计准则,经常按照收付款时间填报预算期间,财务部门的责任是将权责发生制的原则和方法向业务部门培训和解释清楚。如果费用发生期间不易预计,至少要做到不能跨年;如果费用预计发生在同一个季度,前后混在一起,金额也不大,按现金收付制预算对损益表的影响也是可以接受的。

四、费用预算的顺序

由于存在公共费用和费用分摊的需要,在编制费用预算时,还需要考虑各个部门的费用预算的前后顺序问题。一般来讲,公共采购部门如 IT 部、设施部、行政部应该先行编制费用标准,对各项公共费用有一个指导原则,根据各部门组织结构计划和人员变化统一做出明年公共费用的预算或由各部门根据指导原则来做各自部门的公共费用预算。

对于人事相关的费用预算,人事部要先给出明年整个公司的工资总额的预算或工资增长的指导原则,各部门再根据指导原则去做,或者人事部根据各部门人员的计划统一来做全公司的人事费用预算。

综上考虑,费用预算的顺序是公共费用预算先行,然后再考虑部门专属的费用部分。

第二节　公共费用和人员成本预算

一、公共费用预算与分摊

(一)负责公共费用的部门预算

在企业里,由于专业和职能分工,有很多事情需要集中管理,这是因为集中管理更专业、高效,在控制上也更容易和规范,所以在一些领域会出现集中采购和集中管理。例如,技术部专门负责生产设备,IT 部专门负责电脑网络设备,行政部专门负责食堂、班车、文具等,这些公共的专业领域不会由各个部门自行分头采购。

公共费用的性质和管理特点决定了公共费用预算需要良好的部门间的协调配合。以人事费用为例,人员是隶属于各个部门的,但他们同时也是由人事部招来的,人事部还负责制定公司整体的薪酬政策和考核体系,在这种情况下就要考虑是由业务部门还是由人事部门来编制部门的人事费用。这里的关键是各业务部门是否清楚人事部明年的工资政策和考核政策,这是在企业里经常遇到的情形,专业部门与职能使用部门之间为了管理而形成了一种交叉、协调问题。这种协调性在任何企业都是存在的,不是特例。

以IT部门和电脑采购预算为例,如果由IT部门统一做电脑预算,IT部门需要询问各个部门明年的招聘计划以及电脑更换计划,在详细调查了解的基础上形成全公司分部门的电脑采购预算。如果由各个部门主导来做电脑采购预算,虽然各部门对招聘计划和电脑更换计划很了解,但是并不了解明年的电脑配置标准和预计价格,因为电脑是由IT部门统一计划和购买的,各部门就要得到IT部门的统一预算指导,包括电脑标准型号和标准的采购单价,最后按照IT部门制定的标准做出电脑采购预算。那么,在部门预算过程中,是由公共费用负责的部门还是由具体的使用部门来做这部分的预算呢?接下来,我们讨论公共费用预算编制的原则。

(二)受益者承担费用原则

从业务的组织管理方式上看,集中管理、集中采购的目的只是为了高效、专业、方便,而从预算和管理责任上看,企业必须要将公共费用按使用或消耗还原到受益部门。例如,工厂的动力车间是为所有的部门供应电力的,在供电环节所有的费用需要在公司范围内按受益对象去分摊,动力车间所做的预算计划最后在分摊完成后是要清零的,分摊与分配的去向可能是半成品车间、产成品车间、A产品、B产品或C事业部。预算编制的主体不一定就是预算费用承担的主体,预算费用承担的原则是谁受益、谁承担。

对于公共费用的预算,公共费用管理部门和使用部门都可以做,但是任何一个部门在做预算的时候都必须去协调另外一个部门,所以企业强调这类费用预算的基本原则是哪个部门使用就计入哪个部门。但是这些公共费用的政策标准必须由相应的主管部门给出,每一个受益和使用部门承担完全的费用责任。

(三)完全成本概念与控制观

在现代企业管理概念下,每一个部门要对其使用和受益的成本费用承担完全责任,因为如果公司认为某项职能服务由外包公司来做会更加高效、可靠、低价,公司会倾向于选择外包服务。在企业里,任何一个部门的工作都是可衡量并有社会化标准的,如果公司考核认为某部门不合格,完全可以选择外包,而选择外包的决策点之一就是比较两种方式的完全成本。

由费用使用受益部门承担完全责任的第二个目的是将不可控费用最后变成可控。

因为在公司层面上,没有任何费用是不可控的。例如,食堂是由行政外包给供应商,每个部门都要分担,食堂午餐每人每餐15元钱,每个月汇报预算的时候,财务部认为其午餐费用太高,认为最多8元。如果财务部认为这部分费用不是可控的,就会在月度汇报时不发表意见,也不会提建议。在这种情况下,行政部是不会改变的。

只有当各部门承担了完全成本,各部门自身范围内的费用已经没有进一步的控制空间而只能在公共费用上考虑,然后开始挑战公共费用管理部门并表达不满的时候,行政部、IT部的负责人就需要更加谨慎尽职,这些费用就会逐渐变得可控了。

因此,完全成本意味着对不可控费用由无人过问变成有人不断地去挑刺,这些公共费用管理部门包括行政部、IT部、设备部、人事部才能不断地改进。当然,这只是公共费用预算的一个原则,在具体的问题上还得具体分析。

(四)公共费用的分摊标准

公共费用分摊标准的透明性和公平性对于预算和激励来说都是非常重要的。以 IT 部门费用分摊为例,IT 网络是为全公司服务的,假设明年预算一共是 100 万元,其中,生产部门摊 40 万元,营销部门摊 40 万元,其他管理部门摊 20 万元。其他管理部门共有 5 个,平均每个部门分摊 4 万元,在这种情况下,每个管理部门平均分摊是一种分配标准,但是这个分配标准就是科学、合理的吗?

以财务部为例,财务部是 5 个部门里面人数最少的,为什么 5 个部门每个部门要平均负担 4 万元呢?网络布线量是由网络节点数量决定的,网络节点数量是由人数和座位数量决定的,财务部人数并不多,而行政部、人事部人数比财务部多 1 倍,应该承担更多才合理。因此,这项费用应该按人头数分摊才更合理。

摊销标准的不清楚、不公平意味着有的部门占用公司资源多,实际上却费用分摊得少,这时这个部门表面上业绩很好,但实际上业绩并不一定好。在企业管理中,这种不公平的存在可能会使那些业绩不好的员工最后得到好的业绩和奖励,而另一些本应有更好业绩的人因不公平的分摊结果受到负面激励。

因此,企业要将公共费用摊销做得尽可能清楚、合理。例如,电力费用分摊,如果有可能,就可以在每个车间甚至每条生产线都安装单独的电表,尽量单独核算。如果不能做到单独计量核算,就尽量找一个大家都认可并接受的公认的合理的分摊标准。

(五)公共费用分摊方法

公共费用分摊的一般原则是:谁使用谁受益,谁受益谁承担。常见的公共费用分摊方法有人员数量、销售收入、占用面积、附加值、工时、体积或重量等。表 6.2 为每种分摊方法的适用性及优缺点。

表 6.2 多种分摊方法的适用性及优缺点

分摊方法	适用费用项目	优 点	缺 点
人员数量	按人使用的费用项目,如 IT 服务、人事费用、保安和保洁	简单、明了	不能突出重点,如研发和销售部门其实占用更多资源
机器工时	机器设备维护与维修费用,设备公共损耗,如电费	对性能和用途相似的机器设备的分配很合理	性能和用途差异大的不同的设备分摊标准单一;与实际耗用差异大
销售收入金额	各产品线产品的运费、保险费、质保费	收入与成本匹配,毛利比较均衡	不一定是按真实受益分配;不利于真实反映各产品线的盈利能力
工时或产能	车间管理人员费用,制造费用	符合以人为本理念,人是成本费用的驱动因素	忽略了管理复杂程度的区别,简单的大量重复劳动可能只需要少量的管理
附加值或利润	商标费,广告费	基本体现受益者承担原则	未充分考虑产品生命周期和定价策略
占用面积	办公室租金,部门水电费,公共维修与维护费	简单、直接	未考虑使用场地的优、劣
体积或重量	混合采购原材料的运费	准确反映实际	复杂、费时费力

二、人员成本预算

随着中国经济的转型升级,人力资源成本在企业成本中的比重越来越高。近年来,服务型企业和互联网企业的发展很快,人力成本年年都在上涨,一般企业的人力成本占总成本的30%左右,而在互联网和高科技企业,能占到70%~80%。可以说,如果人力资源成本管理不好,总成本就不会有大的起色,所以企业探讨费用预算的一个重点是人员成本预算。

人员成本预算成为费用预算的首要关注点,其背后的基本逻辑还在于:费用一般是基于人员发生的,有人就有费用,所以做费用预算要从人员预算开始。

对人员成本的计划始于对未来一年业务职能、业务范围的变化及由此带来的组织结构的变化和人员的变化,所以一个组织结构及人员增减变化的计划有助于勾画未来的人员成本预算。因此,组织结构图要配以变化说明,说明未来结构、人员的增减变化。

(一)人员成本预算的具体项目

第一项是工资。一般来说,在管理比较职业化的公司,部门经理都应该清楚部门人员的工资,以便于对团队人员的招聘、评价、发展和保留。但出于保密考虑,工资一般都是汇总结果。

第二项是福利费。一般企业按国家政策每个月按工资计提一定比例的福利费。

第三项是社保费。即基本养老保险、失业保险、工会经费、职工教育经费、住房公积金、医疗保险、工伤保险、生育保险等,需要按照相关政策规定,在预算模板中按工资基数和计提比例直接将公式设好,然后直接计算出来。

第四项是奖金。要依据公司的奖金政策,计算全年奖金后,按权责发生制原则分摊计入12个月。如果销售部的奖金采取佣金制,则按预算收入和佣金百分比直接计算。这样,当预算收入或数量价格变化的时候,销售奖金就会据此变化。

第五项是加班费。假如部门平均每个季度都要加一次班,或者赶上一个节假日需要上班,预计平均每月的加班费在7 000元左右,就接着写7 000元即可。

第六项是临时工和劳务费。可以按历史发生情况参考填报,或按明年的临时活动及用人强度估计。

(二)动态人员成本预算的考虑因素

以上是以静态的观点分析填报人员费用的分项预算,在实际填报人员费用预算时,还要考虑以下情况:

第一,明年的组织结构变化和人员数量变化,因为可能会有人员的增加或减少。

第二,人员因职位和级别的变化而发生涨工资或调工资。

第三,公司可能会系统性地调整年度工资,这需要密切关注人事部的工资调整政策。如果人事部通知明年从3月份之后,工资平均上涨3.5%,企业就必须在人员费用预算上反映工资的变化,之后由工资作为基数的所有其他如福利、奖金和社保等费用预算都随之变化。这个过程和方法在人事上被称为工资预测,而作为部门经理,也要懂得这种预测的方法。

下面以某手机制造厂商的20××年预算组织结构和人员编制为例,说明组织结构和人员变化对人员费用预算的影响,具体如图6.2所示。

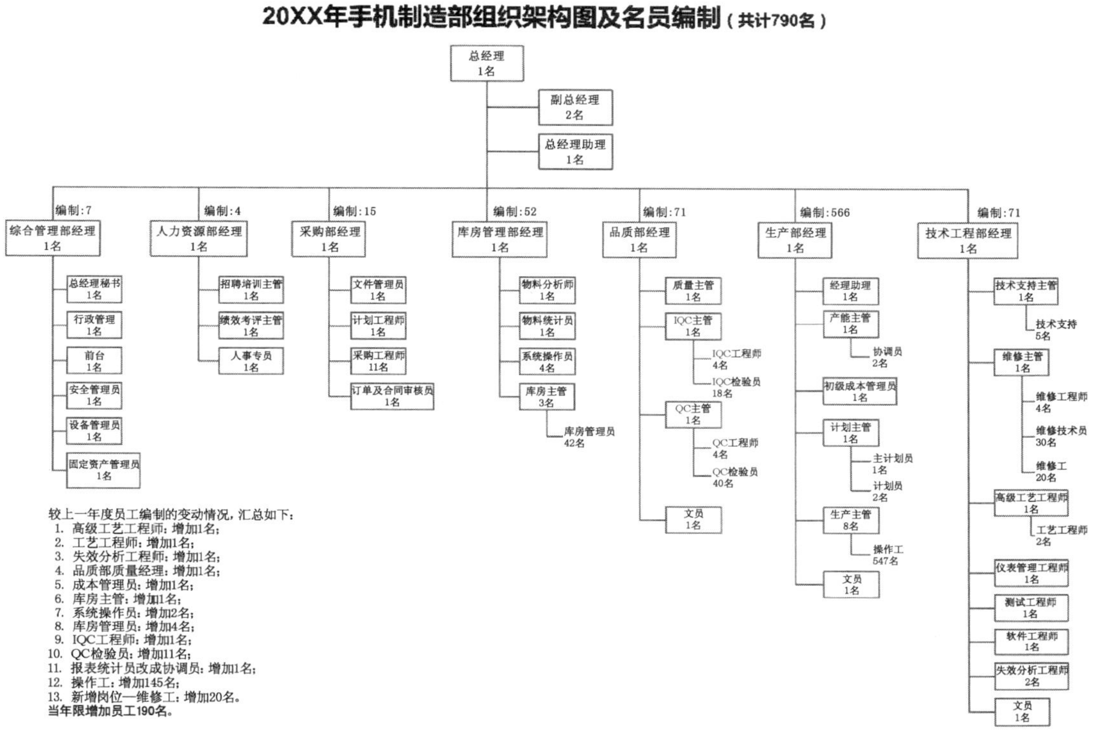

20XX年手机制造部组织架构图及名员编制（共计790名）

图 6.2　ABC 公司制造部门组织结构

在图 6.3 中，首先是基于现有的组织结构勾画出预算年度的组织和人员变化。

其次是对每一个或每一类人员变化和增加的原因做出详细的说明。明年共需要增加 190 个人员编制，具体说明如下：

（1）组测部门，2 条线（原有）、4 班，现 272 人，新增 1 组组测共 68 人，维修班（新增）共 20 人，加工增加 1 组共 8 人，包装新增加 60 人，综合计算，操作工共增加 145 人。

（2）质检部门，楼上共 20（3 条线），楼下共 20（3 条线），IQC 检验员需 18 人，QC 检验员需 40 人，因而要增加 11 人，增加质量经理 1 人。

（3）由于售后客服 30 天之内退机维修，按 7% 计算，共 24.5 万部，加上客服每月退机 2 万部，因而需要增加维修工 20 人（1 班/天 800 部，1 个月工作 22 天，1 个月维修约 1.8 万部），不足部分由原编制维修技术员补充。

（4）外包量增大，厂家增加，需增加 1 名协调员。

（5）由于产量增加需夜班倒班增加 2 名系统操作员；由于产量增加，供应商质量不能保证，需增加来料检验，增加 1 名 IQC 工程师。

（6）成品库归制造部管理，需增加 5 人（其中 4 人已归制造部，主管 1 人）。

（7）为降低制造成本、加强成本核算，增加 1 名成本管理员。

（8）加强自我工艺改进、控制外协加工的管理、自产产品的质量控制，需增加高级工艺工程师 1 人、工艺工程师 1 人、失效分析工程师 1 人。

第三节 行政与管理费用预算

行政与管理费用是指与企业日常经营管理相关的,但与生产特定产品和交付特定服务没有直接关系的费用,如总裁办公室费用、人力资源部门费用、财务部门费用、法务部门费用等。行政管理费用是普遍存在于所有公司的一项费用,行政管理费用预算也是费用预算中最常见的一项。

一、理解行政管理费用

对行政管理工作的性质特点以及对管理费用的属性的探讨,有助于企业发现和遵循行政管理费用发生和控制的规律,从而做好行政和管理费用预算。

行政管理体系可以说是企业的中枢神经系统。它以 CEO 为最高领导,人事、财务会计、IT、行政、总务后勤、法律等职能部门各自分工负责公司某一方面的整体功能。企业的行政管理体系担负着企业的管理工作,除行政管理外,其他部门都与企业的某一方面的业务相关。但行政管理体系推动和保证企业业务系统的顺利、有效运作和协调。行政管理主要有管理、协调、服务三大职能。

行政管理的价值不易衡量,因此,对其进行资源分配也是管理上的难题。

企业日常的行政管理工作千头万绪、纷繁复杂,总经理和各行政职能部门每天都面临着大量的、琐碎的事务,有很多还是突发性的事务。行政管理工作的特点决定其职能难以被明确界定,其工作职责范围难以清晰、准确地定义,本身的价值也存在着较大的争议,进而对其在预算中应占用多少资源也不易有一个统一的结论,因为很难量化投入管理活动的资源(管理费用预算)所带来的价值。

另外,有的行政管理部门也不太容易正确计算出明年预算费用的金额和时间。例如,公司是否需要一个专业的法律部门?对于违反法律受到处罚或已被起诉专利侵权的公司,加强法律职能是好事,但有了法律诉讼才开始投入成本恐怕就太晚了。因此,企业往往很难衡量行政服务的价值以及通过这些服务实现利益的时间,更难正确确定预算支出的时间。

二、管理费用预算的重要性

企业经营的核心理念之一是以最小的投入获得最大的产出,对效率和效果的重视与追求向来都是企业生存和发展的动力。企业的升级转型不仅是产品和技术的升级,也是管理模式和效率的提升。近年来,越来越多的企业试图通过重组以及组织结构转型的方式提高绩效和生产率,这提高了人们对于管理费用的重视程度。管理费用比较直接,但管理费用产生的价值,也就是管理活动耗费管理费用的原因却不是那么直接,因为许多人难以理解和认同管理费用带来的价值和目的。如果一个公司可以制订出比其竞争对手更有效率和效果的管理活动,或者是耗费的管理费用更少,那么这个公司可以通过这种能力获得竞争优势。

三、管理费用预算的内容

管理费用预算可以通过其不包含的内容来表述,这比通过说明其包含的内容更加容易表述。通常情况下,与产品和客户接触的活动属于核心业务,产生的费用属于运营费用预算而不属于管理费用预算。这些活动通常包括销售市场、制造、客户服务、研发。采购费用通常属于运营费用,但在一些企业中属于管理费用。

其他费用的预算(不属于核心业务产生的费用)属于管理费用预算的范畴。这些活动的费用往往由内部受益部门分担。企业主要是以职能或部门为基础制定管理费用预算。

通常大部分管理费用主要是与人相关的成本(即工资和福利),管理费用也往往包括一些外部服务成本,如许多管理活动如法律、战略咨询、审计、行政前台、信息系统维护等往往被外包出去。同时,与信息技术和办公设施相关的管理费用预算也包含很大部分的折旧、摊销及租赁费等。由于一些活动具有特殊性,管理费用可能也与较少发生的活动(如诉讼费、年审费、认证费)相关,而这些活动通常与特定的产品或服务无关。相比之下,运营预算则由实际耗费的资源成本和人力成本组成。大多数运营成本与特定和重复的流程(如生产、销售、服务)有关,并与特定的产品或服务有关。

四、管理费用预算的方法

根据不同管理活动的特点及其费用的性质,企业在做管理费用预算时,可以灵活地采用不同的方法。

(一)增量预算法

增量预算法可参考前一年的预算和实际结果,根据前一年的结果和本年最新的预测结果,在预算期内调整预算水平。增量预算法通常用于人力成本预算,因为行政管理部门结构和人员相对稳定,可根据实际的人数和工资福利水平,按照一定的增量假设如工资增长和人员增加来确定预算年度的人员成本。

(二)收入百分比法(取费)

收入百分比法是根据一个基本假设,随着企业的发展和收入的变化,管理效率应逐年提升,管理费用占收入的百分比应维持不变或逐年下降。这样,可通过参照上年实际的百分比来确定预算年度的管理费用占收入的比例,进而确定管理费用预算。这种方法的逻辑与增量预算法类似,仍然是依据历史水平来设定未来水平,这种方法也是由在管理费用中人力成本和效率是主要因素所决定的。这种方法适用于以效率为主要考量的管理部门,如某集团有一个不成文的标准,每3 000万元收入配1名会计,而且行政管理费用比例不应超过销售收入的2%。

(三)零基预算法

零基预算法指的是从零开始编制预算,就像第一次制定预算一样。管理者需要审查每一项拟定的开支,以证明支出的合理性和必要性。很少有公司在对所有部门进行年度预算时采用零基预算法,但公司可对一些预算项目采用零基预算法,如国外差旅费、培训发展费、年检认证费、企业发展顾问费等。

预算方法的选择主要是考虑难易程度和该方法所带来的价值,管理费用不太重要的企业可采用较简单的预算方法。如果管理费用的地位和金额非常明显和重要,应更加注意管理费用预算费用的方法。

选择管理费用预算方法时应考虑的因素如表6.3所示。

表 6.3　　　　　　　　　　　选择管理费用预算方法时应考虑的因素

考虑因素	增量预算法	收入百分比法	零基预算法
简单	是	是	否
耗时费力	否	否	是
支持投入收益分析	否	是	否
支持决策	否	否	是

五、影响管理费用预算的因素

企业的特点以及所在行业的特点不仅影响其制定管理费用预算的方法，也会影响管理费用预算水平。下面是在管理费用预算工作中的一些关键考虑因素：

(一)管理活动的效率与效果

管理活动的核心是提供良好的服务以维持并促进企业的健康运营，管理活动的效率和效果是企业考虑其管理费用预算的主要因素。一家健康运营的企业，可以通过系统性的方法测量跟踪管理效率和效果。

大部分企业可以综合考虑以下维度以提高管理效率：盈利能力、内部客户满意度、行业平均和先进水平、管理"瓶颈"等。

(二)行业的特点

1. 制造企业与服务企业的区别

服务企业的管理费用往往较高，这是由于其业务特点决定的。服务企业的主要资源是人，人员流动率和培训成本都较高，平均人员工资也比制造企业要高。

2. 组织结构的复杂程度

具有复杂结构的组织的管理费用往往较高，这是因为企业需要更多的管理和协调工作。

3. 业务的季节性或周期性特点

为了在业务量的高峰期保证运营，企业需要更为特殊的活动安排，工作量的不均衡分布及非常规的工作流程往往会产生较高的管理费用。

4. 上市公司与非上市公司的区别

上市公司的管理费用往往较高，这是为了满足各种监管和报告的要求。

5. 管制与非管制行业的区别

受政府或法律监管限制的行业的管理费用往往较高，以满足监管机构的要求。

(三)企业发展阶段和成熟度

1. 初创期

初创企业在实现高效率和运营稳定之前会产生更高的管理费用。

2. 成长期

成长组织的管理费用往往较高，因为这一阶段企业的目标是开拓市场以获得高增长，从而可能会失去对管理费用的控制。

3. 成熟期

如果是成熟的企业，一般已经开始重视利润和费用控制，其管理费用较低。

(四)组织结构和经营理念

1. 组织结构的集中程度

分散型组织往往产生较高的管理费用，因为组织分散可能产生重复和冗余的活动。

2. 技术水平及办公自动化程度

自动化程度较低的企业由于效率低，往往产生较高的管理费用。

六、管理费用预算的控制

很多企业对管理费用的预算控制有一个误区，认为管理费用是一块固定费用，而且因为管理费用通常是与总经理、人力资源、财务、法律等公司高层管理部门相关的费用，控制的空间有限。实际上，对管理费用的控制，体现了公司对有限的管理资源的运营能力和效率。通过预算方法来控制管理费用常常使用以下三种方式：

(一)预算差异分析

实际与预算的差异分析可以帮助企业深入了解实际结果与计划的表现不一样的原因，进而为管理费用控制决策提供有用信息。差异分析最重要的任务是了解差异发生的原因，然后利用分析结果持续改进，从而制订更好的成本管理计划。这里，注意积极的差异与消极的差异同样重要。

(二)将管理费用分摊到利润中心

很多企业将管理服务费用分配到各个利润中心，以提醒利润中心经理这些费用的存在。利润中心要采用完全成本的概念来核算利润，其收入必须足以支付分摊的管理服务费用，以合理确定其对公司的贡献和回报。这样可以刺激利润中心经理向行政管理部门施加压力，以更好地控制它们所提供的服务的成本。

(三)外包方案

将部分行政管理部门置于市场竞争是激励管理部门控制开支的一种有效方式。如果运营部门可以选择从外部购买服务，那么管理部门会出于自我保护而控制其成本。

第四节　市场营销费用预算

企业是以提供产品或服务从而生存和盈利的组织，市场营销活动的重要意义在于将产品和服务的潜在价值变现，为企业实现利润和可持续的经营发展。在传统上，企业都非常重视营销活动及其能力的提升。在很多企业，尤其是医药企业、快速消费品企业、家用电器企业，都在营销渠道开发、营销队伍建设、市场品牌形象提升和促销上花费了大量的人力和资源。

近年来，随着新商业模式的出现和快速创新，如电子商务、免费模式、O2O，市场营销方式也在不断地创新，但在市场竞争的驱动下，对其投入的力度有增无减。市场营销费用预算在企业费用预算中占据着非常重要的地位，对市场营销费用的科学分类、计划和控制，在某种程度上决定着企业的市场成败和利润水平。

一、市场营销费用分类

市场营销费用的细分问题对后续的预算与控制非常重要,对于一项费用,企业必须清楚其性质、费用支出的去向、原因和受益方,只有这样,才能加强企业对市场营销费用的透彻理解,才能制订出有针对性的费用计划和控制政策。一般可将销售费用分为以下四大类:

(一)销售管理类的费用

销售管理费包括销售的行政办公、仓储管理、产品交付过程、后勤系统等费用,具体有销售人员工资、办公电脑和信息系统、客户发票处理以及在整个销售和服务客户的过程中产生的地区办事处房租、水电费、打印、电话、邮寄等费用,还有其他为维系销售部门日常正常工作而与产品交付和后勤相关的费用。销售部发生的这类费用,实际上与其他部门发生的部门费用类似,都是部门基本的管理费,企业往往将这种费用界定为日常的支出。只要公司正常经营,这类费用就会发生。与销售收入无关,这是一种企业的基本管理费用。

(二)销售交易类的费用

销售交易费是为了促成销售而产生的费用,包括以下几种:

(1)售前活动和支持费用。例如,企业是做 B2B 的,在业务成交前要去给客户讲解产品和技术方案,准备按客户的发票要求去投标,这些都是在售前要支出的费用。同时,业务人员需要出差、住酒店、向客户讲解产品或方案、招待客户等。

(2)客户关系维护和激励费。例如,定期举办一些产品知识讲座,赞助客户的市场推广活动,协助客户做促销活动,给商场与超市的进场费和上架费补贴,等等。

(3)销售提成。一般来说,基层销售人员都是实行低底薪、高提成,销售提成是指对店面的促销员、督导员按营业额的百分比支付的提成费或佣金。

(4)产品展页和传单发放费。常见的有携带展页传单到各个社区或人流密集处发放传单,这些都属于直接销售费用。

(5)收款清账。即企业赊销后,将应收账款收回的过程。企业只有在收回欠款后,才算完成销售的闭环过程,在收款清账过程中发生的费用也属于销售交易费用。

(三)市场推广类的费用

市场推广是指企业为扩大产品市场份额、提高产品销量和知名度,而将产品或服务的信息传递给目标消费者,以激发和强化其购买动机,并促使这种购买动机转化为实际购买行为而采取的一系列措施。具体而言,常见的市场推广活动有:

(1)品牌宣传推广。例如,开展广告和公关活动。广告有多种形式和方式,有高速公路路牌广告、路边的站牌广告、公共汽车车身广告、电台与电视台广告、网络媒介广告等;公关也有很多形式,有网络发稿、杂志软文、产品推介会展览会、名人座谈公关会,在各种公关活动中要准备模型、展品、展架、易拉宝、POP 等材料。

(2)某些公司为宣传和推广产品而建设的一些设施,如门店主要为宣传公司和产品为目的而设立的产品展厅,也属于市场宣传推广费。

(3)促销活动及赠送礼品。例如,一些厂商在节假日会在大型商场或人流聚集的地方搞促销活动,通过请明星或文艺演出团体表演来聚拢人气,然后现场促销打折,这些都属于促销活动。

(4)为吸引购买而举办的买一赠一活动。例如,买一台电脑,就送一台 iPod,这也属于市场促销费或市场推广费。

通过对市场宣传推广活动及由此产生的花费性质的分析,企业希望通过这些花费带来品牌和产品的知名度,提升客户对企业产品的正确理解,对客户产生强烈的影响,对客户群体产生一种价值渗透,让客户了解企业产品的价值。

(四)营销策略类的费用

营销策略费是与公司战略和市场策略相关的费用支出,企业只有及时适应市场变化调整策略,才能在激烈的竞争中生存。很多企业设立业务发展部或市场情报部来做情报分析,以了解竞争对手;做市场调研,研究产品的市场占有率,以便给公司未来的决策做分析和支持。例如,调查一款新产品是否能上市?现有的营销网点是否需要扩展?现有的商业模式是否需要变化?原来是直销的模式是否需要改成代理?原来是代理的模式现在是否需要自己建店?要不要发展特许连锁和加盟商?

通过研究和分析,公司决定在销售和市场环节做出变化,如业务扩张、增加人员、开设新的办事处、增加销售网点以及对新产品的上市进行渠道开发,为此而发生的费用是一种策略决策的结果。制定决策后,与此相关的费用就注定要发生,如果决定建设新的办事处,则新办事处必然要产生租房、购买新家具、招聘人员等一系列相关的费用。如果决策结果是不做,则这部分费用就是零。因此,销售策略费用不是控制和降低的问题,而是有和无的问题。在这个方面,公司所做的是一种策略性的决策,这一类费用是销售策略费用,是与公司的未来发展战略相匹配的。

二、销售管理费用预算与控制

销售管理费用是销售部门本身的部门费用,包括销售分公司的房租费用、办公费用,电话费用、差旅费用、交际应酬费用等。

(一)销售管理费用预算

销售管理费的部门费用性质决定了这部分费用的预算适用于一般部门费用预算的原则和方法。在组织结构变化不大和业务相对成熟稳定的企业,这部分费用预算可采用增量预算的方法,对于快速成长的企业或业务模式变化较大的企业,需要抛开历史数据,重新考虑合理的销售管理费用预算。

(二)销售管理费用控制原则

因为销售管理费与其他部门的管理费差不多,其他部门如人事、行政、财务、制造部门都有类似的费用,对这类费用的控制的原则就是节约、高效,禁止铺张浪费,能省则省。其他部门的部门费用是如何控制的,销售部门也要实施同样的控制。销售部门一般没有特殊性,基本原则就是尽量压缩和控制,因为控制这类费用并不会引起销售业绩的变化。

(三)销售管理费用控制方法

1. 预算控制

即用制定和执行部门预算的方式来控制,用预算来事前框定部门管理费用额度,再用预算费用与实际费用的对比来检查并控制费用支出。

2. 目标控制

即与历史记录对比设定新的目标,比如降低的百分比,或者在业务增长百分之多少的情况下保持原来的费用,不增长或者增长一个很小的比例,也称年度总费用降低百分比法。

3. 制度控制

即销售管理费用需要用制度来加以控制,公司费用开支要有制度和支出标准,以减少铺张浪费。例如,在客户招待政策中应规定哪些职位和级别有权请客户吃饭,之后由谁来牵头进行报销。又如,什么样的人出差可以坐飞机,什么样的情况下才允许坐飞机头等舱以及什么样的情况下不允许,出差可以住几星级的酒店,请客户吃饭大概要控制在多少额度范围之内,电话费的报销标准是多少,等等,所有这些都需要通过政策和制度的事前规定来加以控制。

4. 提高效率

随着部门管理事务的范围和量的增加,现有的人员不能满足工作量要求,需要扩充组织、招募新人,而招募新员工就需要增加费用。因此,每个部门都要提高办公效率,提高为客户交付产品和服务流程的标准化程度,通过对系统信息工具的使用来降低对人工的投入成本。这样,通过提高系统化、信息化和标准化来提高效率,从而节省人员费用。

(四)销售管理费用控制观念和技巧

1. 控制经验的掌握

首先,要理解销售管理费用的控制通常不会影响销售业绩,因而财务无须担心控制尺度对财务结果的影响。

2. 区分费用类别

要注意这类费用不应与其他费用相混淆,因为这类费用是需要控制的,而其他很多类似的费用往往是无须控制的。

3. 借助费用报告和分析

通过每月费用报告和费用对比分析、结构分析、专项分析来检查和控制费用。例如,费用分析的重点如果是专项分析,那就应该考量究竟是哪个地区的费用超支以及哪个办事处费用超预算,原因是什么?结构分析则是看这些费用里究竟是哪类费用多以及合理不合理。另外,通过对比分析,与预算比较,预算业绩完成了没有?与上年比较进步了没有?与竞争对手或者是同行业比较,评估本企业处于哪种竞争态势或处于行业的哪一水平。

4. 检查销售流程和效率

通过分析销售交付和客户服务的流程和效率,评估是否有改善的空间,是否有可能通过信息系统进行流程再造来节省成本或节省时间和人力,从而更好、更高效地服务客户。

三、销售交易费用预算与控制

销售交易费用是为了促进销售和交易而发生的,是伴随着销售量和订单量的增长而变化的。

(一)销售交易费用预算方法

销售交易费用随业务量的变化而变化的特点决定了其预算的重点在于检查费用标准的

112

合理性。通常对于此类费用采用弹性预算方法,即对于符合公司政策制度的费用,允许其在一定范围内随业务量的变化而变化。

(二)销售交易费用控制原则

销售交易费用在正确使用的情况下是能够给公司带来直接利益的,即支付越多的费用,就会带来越多的销售额。例如,某手机企业规定每卖一台手机给促销员提成40元,如果某月的提成很高,说明当月手机的销量也很高,所以企业希望这项费用越高越好,因为它是与交易直接相关的。因此,对于销售交易费用,企业不是采取直接的严格控制的方法。

这类费用如果控制不当,会影响销售业绩。如果为控制费用而禁止出差,就可能要放弃外地的项目投标;如果为节省成本而减少客户拜访次数和频率,客户可能会转向别的厂商的产品;如果给促销员的提成不够,他们对销售就没有积极性。因此,销售交易费用不是控制的问题,而是设好政策和标准的问题。

这类费用控制的原则就是设定合适的标准。例如,卖一台手机究竟是一律提成40元还是将手机分成两档? 即2 000元以上的手机提成40元,2 000元以下的手机提成20元。这就要分析产品的收入和成本结构中是否能负担这种费用,如果能负担,意味着这类费用花费越多越好,因为实现的销售额会越来越多,利润自然也越来越多。但如果标准设得不对,比如一款手机只有20元毛利,但卖一台就得提成30元,结果就是卖得越多则亏损越多,这时候提成就没有意义了。因此,这里企业关注的是标准。

(三)销售交易费用控制方法

销售交易费用控制的核心关注点是政策和标准,具体而言,包括以下几个方面:

1. 确定销售提成奖励政策

这种政策要由公司统一制定,不能随意制定。在这些政策中,要明确政策目的、受益对象、计算规则、应用范围等。具体而言,包括:是为哪种产品设置的提成? 又是给谁的? 如果提成,则要按照销售量完成到什么程度? 提成多少? 超额完成提成多少? 对于不同品类的产品,新产品提成多少? 老产品提成多少? 利润高的产品提成多少? 利润低的产品提成多少? 是回款之后才能兑付奖励,还是签了单就给奖励? 由于这些费用在发生后并记录到会计账目上再去管控是没有用的,因而最重要的是提前明确政策。

2. 确定绩效计算的标准

因为这项费用计算的依据是实际完成的业绩量,要想控制这项费用,就要确定计算这些绩效的信息来源是否准确、渠道是否有问题以及数据统计的原则和标准是什么,杜绝重复计算和提前计算的情况。

3. 审核把关交易费用的真实性

例如,在计算促销员提成时,要验证促销员的真实性,需要用身份证验证和工作状态验证,提成计算的过程其实就是审核过程。又如,要支付客户奖励,理由是客户为公司产品做了一个广告,企业要分摊20%,则企业就要审核广告的真实性,看是否有照片或报纸证明。最后,要对客户激励政策如给客户的提成、返点、合作基金、价格保护等各种激励政策的执行审核把关。

(四)销售交易费用控制观念和技巧

一般来说,对于这类费用的控制,首先要明确游戏规则,制度先行。例如,规定某款产品卖到 2 000 元以上提成是多少以及卖到 2 000 元以下提成是多少。其次，适当提供灵活性和弹性预算，对于这类的费用，不容易控制一个固定数，通常适用于弹性的预算。再次，关注标准的动态变化，标准是在不断变化的，上市的某初款产品的毛利是 100 元，卖一台给销售人员 20 元提成，现在这款产品经过不断地降价，毛利只剩 20 元了，卖一台就只能提成 10 元。最后，这类费用要与业绩紧密挂钩。费用来自于收入，没有收入就没有提成的来源。在某些行业如家电、医药行业，经常有人谈论某分公司的奖金提成较多，但实际上有多少奖金提成最后还要看完成多少销售额来确定。例如，完成了销售额预算 1 000 万元，奖金就是 10 万元，而如果销售额超预算了，则每超额 1 万元提成 300 元，这就是费用与业绩挂钩。费用来自于收入，销售收入多则奖金就多，二者的关系不是固定的。

四、市场推广费预算与控制

企业为了将品牌形象和产品服务推向市场并为市场所接受，进行市场推广活动是最常见的方法。近年来，市场供求关系越来越向买方市场倾斜，很多企业为了吸引客户或消费者购买，在品牌建设、广告宣传方面也加大了投入力度，在某些行业如医药、高档化妆品行业，市场推广费用已经占用了其大部分销售费用，有的企业市场推广费用甚至超过销售收入的 30%。加强对市场推广费的预算和控制是这类企业预算管理中最重要的环节之一。

（一）市场推广费预算原则

市场推广活动无论是广告还是商业推广，在活动做完后，不会立即影响销售，但是从长期来讲这些活动会影响公司的业绩，影响的方式是通过在客户心中建立品牌形象，给他们选择产品带来一种心理上的影响，所以市场推广活动一般需要持续不断地进行。在很多时候市场推广费用是不能节省的，短期的费用节省很可能会对公司长期的市场地位和业绩产生影响，但是市场推广费用预算的多少需要依据公司的市场策略和市场活动计划来决定。

制订市场推广费用的计划有一个总体的原则，即量入为出原则，在预算中计划好明年费用多少，然后就按计划去执行。计划费用实际支出的多少取决于明年的收入预算目标的实现情况，因为销售市场费用属于支撑销售任务完成的资源投入类活动，如果销售组织和市场活动做不好，明年的销售收入计划就很难完成，所以销售收入预算和市场营销费用预算是相互支撑、配套的。

（二）按营销部门的习惯设计预算科目

市场推广费用在很多公司尤其是快速消费品和制药类公司，都是一项非常重要的费用支出。如果企业想要将它做好，在设计预算模板的时候，就要根据业务的性质和实际发生的场景来设计。

表 6.4 是某通讯公司 20××年度市场推广及宣传费用预算。

表 6.4　　　　　　　　　　20××年手机市场推广费用预算清算

序号	费用项目	费用占比	20XX年初费用预算（万元）	单位（万元）	数量	注解	负责部门
1	**产品宣传费用**	**45%**	**15 910**				
	电视媒体创意费用（包括拍摄、制片、创意）	2%	300	100	3	预计重点投放4轮较强密度的广告，配合新品推广和促销，每波大约45天	品推部
	电视广告投放	50%	8 000	1 000	8	在预算不充裕的情况下，暂时不计划投放	品推部
	杂志广告	0%	0	0	0		品推部
	模型	10%	1 664	64	26	按照26款上市，每款做4万个模型，能最低限度地满足市场需要。由于模型制作工艺要求越来越难，每个模型的成本控制在16元/个	产品部
	网站	4%	600	100	6	预计重点投放6轮较强密度的广告，配合新品推广和促销，每波大约30天	品推部
	户外	3%	400	0	0	由于业务需要	品推部
	平面广告创意费用	1%	216	18	12	26款产品平面和推广策划费用（月费制度）	品推部
	宣传折页、挂旗	4%	600	50	12	按照支持26～30款产品在市场销售，终端需求宣传品准备	品推部
	宣传海报、易拉宝等	1%	180	15	12	按照支持26～30款产品在市场销售，终端需求宣传品准备	品推部
	特种宣传品（柜台展示品——组合托架、桌卡）	2%	300	25	12	按照支持26～30款产品在市场销售，终端需求宣传品准备	品推部
	新产品培训和CI设计手册	0%	50	50	1	设计制作2004年手机新视觉形象，并印刷指导手册，发放给终端的市场人员	产品部
	产品部数据购买（定向调查、知名度调查）	0%	100	50	2	重点购买一组详细的手机市场监测报告，完成最基本的专项市场和竞争分析调查	产品部
	平面报纸广告（含杂志促销）	20%	3 000	250	12	配合每月的促销活动和新产品推广，在15～20个省份进行广告投放	品推部
	形象代言人	3%	500	500	1	更换品牌代言人，选择更有影响力的明星做代言人，整合包装手机品牌	品推部
2	**零售市场费用**	**8%**	**2 880**				
	门头广告	14%	400	0.5	800	全年共制作800个门头，每个门头平均按5 000元计算，包含画面、框架的制作，不包含发布费	渠道部
	产品灯箱广告（也包括客服中心需要的支持）	14%	400	0.05	8 000	全年新制作或更换灯箱共8 000个，每个平均价格500元	渠道部
	产品专柜	28%	800	0.1	8 000	全年共制作专柜8 000个，每个平均价格1 000元	渠道部
	产品专卖区	14%	400	1	400	全年共制作专区400个，每个平均价格10 000元	渠道部
	产品专卖店	7%	200	10	20	全国在20个省建立专卖店，每个店专修费用10万元	渠道部
	物流费用（北京运往各地零售终端）	16%	480	40	12	按每月40万元计算	渠道部
	进店费	7%	200			全年预留进场费（含灯箱、门头、专柜、专区发布费）200万元	渠道部
3	**促销人员费用**	**21%**	**7 070**				
	督导（400人）	16%	1 120			督导人数400，平均月薪1 400元	渠道部
	促销员(4 000人)	79%	5 600			促销员人数4 000，平均年薪14 000元	渠道部
	促销员培训、集合	4%	300			分三部分组成：(1)促销员、店员培训：每场500元，每月8场，共28个省；(2)督导培训：每省、每月2场，每场平均1 500元；(3)省经理培训：全国每季度一次，每次15万元	渠道部
	促销人员培训手册	1%	50			每册50元，全年制作10 000册	渠道部

续表

序号	费用项目	费用占比	200X年初费用预算（万元）	单位（万元）	数量	注解	负责部门
	促销活动费用	**24%**	**8 600**				
4	促销费用（含礼品、奖励）	93%	8 000		12	春节、劳动节、国庆节全国活动每次800万元，其余每月600万元	渠道部
	小型路展	7%	600			每区每月10万元，全国五个大区	渠道部
	公关宣传费用	**2%**	**670**				
	日常发稿	63%	420	35	12	日常公关发稿，配合公司整体宣传效果。补充广告宣传的单一性，详细介绍手机功能、类型与特点。有力促成消费者购买	公关部
5	发布会（产品发布会和巡展）	30%	200			在手机市场推广期间，由公关部与当地经销商在重点销售城市开展小规模巡展，有针对性的宣传当地热销的机型。并推动品牌效应和重点机型销售	公关部
	政府公关、危机处理	7%	50			针对客服、消协、工商、质检等部门对手机发生的问题与活动跟进并进行参与，对特定媒体问题予以处理。保证手机正面形象宣传	公关部
	宣传费用合计：	100%	35 130				

备注：1. 零售市场费用和促销人员费用，建议以固定预算形式平均分配到每月每个区域，如未用完，在同一财年内可滚动到下一期，但绝不允许超预算过，预算的申请、审批、报销流程需固定下来。
2. 其他各项费用均为可变动费用，由管理层依据新品推出的情形和市场时机每月、每季度申报。
3. 平均成本：72元（目标销量500万台）。
4. 本预算根据目标销量500万台所制。

在表 6.4 中，该公司按市场推广活动性质和活动目的将相关费用分为几大类，如与产品宣传相关的、与形象宣传相关的、与会展相关的、与品牌建设相关的以及与海外市场拓展相关的，产品宣传则又进一步有更加明细的活动分类，如按每种产品的宣传费用预算。又如，将形象宣传细分为自办媒体、媒体公关、新闻发稿、宣传资料印刷、公司的宣传册、影视宣传片、媒体宣传、形象广告、主题宣传等，这些是比二级科目更加详细的按业务性质的分类。因此，市场推广费用预算的一项重要的工作是按照业务部门习惯的方式对费用进行分类和管理，以便于业务部门做出符合其管理思路和风格的预算。

（三）建立查询和控制市场推广费用明细的台账

在某些企业，在会计账目里查询不到按业务习惯分类的明细费用，如媒体公关费用，因为会计的二级科目没有设置到这种详细程度，相关的费用全部计入广告费科目了。在这种情况下，为了让预算能够得以控制，很多公司对重要的需要更加详细记录和控制的费用采用备查台账的方式来记录和管理。对于业务人员的报销单据，除了将其记账录入会计系统的二级科目，还要同时在备查台账的相关位置登记记录，这样就可以时常与业务部门对其预算费用及其支出进度进行核对沟通，按照业务部门熟悉的费用分类方式进行费用控制。例如，时常提醒费用支出进度、剩余额度、超支需要特殊审批等。企业在预算执行情况统一报告分析的时候，可能还是按照二级科目分析，这就要求财务部门要尽可能地将所有的最底层的费用明细科目与会计的二级科目做出对应关系。

预算科目与业务部门的业务活动的一一对应关系的建立，涉及预算执行的后续监督问题。在某些公司，并不设置备查台账，而是将详细的业务活动类别设成二级科目。这里的一个重要环节是二级科目的设置要与业务部门负责人协商并达成一致,明细科目结构最好在一年内保持不变,第二年年初因为没有科目余额可以重设,这样做是非常有利于预算管理的。

(四)编制市场推广费用预算的步骤

不同企业的市场推广活动的内容和形式不同,市场活动投入的力度也不同,相关费用预算的侧重点要依据和结合业务特点来进行。仍以本节图 6.4 为例,以一家典型的电子消费品企业的市场推广费用预算制定过程来说明编制市场推广费用预算的基本步骤。

1. 依据战略目标和销售目标来计划市场推广活动,将明年要做的所有活动和事项列一个清单

如图 6.4 所示,市场推广活动清单需要很详细,首先是划分市场推广活动的项目类别。例如,将市场推广活动按目的分为产品宣传、零售市场、促销人员、促销活动、公关宣传。其次,将每类活动再按活动举办的渠道或形式进一步划分为活动内容,如在产品宣传项下按活动方式划分为电视媒体创意、电视广告、杂志广告等。接下来是对每项活动做预算,如单价、次数或数量、总金额预算。例如,准备做门头广告 800 个,每个预算 5 000 元;产品灯箱广告做 8 000 个,每个预算 500 元。这样,按预算项目、数量、单价、总预算金额等各项占总预算费用的百分比来分类和列示。这样做预算的益处是可以更好地审视各项费用本身的合理性和占总费用的比例是否合理。例如,促销人员费用占 20%,零售市场广告宣传占 8%,这一预算比例是否合理、科学?与上年相比增加或减少的原因是什么?每一项预算后面还要加上费用明细的注释说明。例如,网站广告计划投放的次数和时机,宣传费用是按配合 26~30 款新产品投放而准备的,某个活动费用支出计划增长 8%,某项特殊推广活动与上年相比减少了。最后,要落实每个事项和活动的负责人,负责渠道的、负责品牌的、负责宣传推广的、负责公关的要一一分开,原因在于要落实负责费用控制和支出的部门,这就是比较详细的市场推广费用预算。

这个市场推广费用预算明细的优点在于,它能够将明年市场推广活动要做的事计划得非常清楚,有理有据地表明这些预算总数是如何做出来的,比如数量是多少以及单价是多少,计划得很细,这样有理有据的预算可以增加获得批准的可能性。如果公司由于预算控制需要削减费用预算,公司总经理要求市场部将市场推广预算由 3 500 万元降到 2 500 万元,作为销售市场总监,削减预算还是要依据这张详细的市场推广费用明细单,例如,不用请形象代言人了,500 万元预算就可以节省了。很多预算项目是与销售量预算挂钩的,这些预算是不能随便改动的。这时如果预算做得很粗糙,没有做到非常详细,在预算削减的要求下销售部门可能没有太好的理由拒绝,也因为没有明细而不知如何与领导论理,可能就答应了。但实际上,部门花费的每一分钱都是与特定的目标任务和计划的行动挂钩的,从 3 500 万元降到 2 500 万元一定意味着某些计划的活动不能做了,或者是少做,或以更低的成本降低标准来做,想要将这一层向领导说清楚,只能依靠这张费用预算明细表。然后,在预算审查或质询阶段,与领导一起重新审核这一费用预算明细,由领导决定哪项活动可以取消或降低标准。

2. 按照费用预算发生的时间将费用再细分到 12 个月

上述的费用明细作为市场推广费用的预算还是不能接受的,因为费用支出还没有分到

12个月,整个市场推广费用支出对公司来说是大项支出,需要明确计划活动时间,还需要判断准备做活动的那个月份是否科学与合理、与销售季节的匹配度以及公司财务是否有充足资金。整个预算是基于明年企业实现销售目标和获得盈利之上的,从中拿出 3 500 万元投入市场。如果预算不考虑时间,在开年就早早将钱花完,就会将公司逼上绝路,没有回旋余地,所以市场推广费用预算要分开月份来做。

例如,对于户外广告,400 万元是一年的广告费,需要与广告供应商明确付费方式,如先付 50%,余款年底支付。这样,对每项费用有大体上的费用支出的分布和排期,只谈行动、不谈时间等于计划没落实。

3. 由于市场推广活动发生时间与费用支付的时间不一致,在这项费用预算上,企业还要明确费用预算的权责发生制方法

市场活动计划实施和发生的时间与明年费用支付发生的时间是分离的,就变成了收付实现制与权责发生制之间的差异。例如,业务部门经常有这样的疑问:去年 300 万元的广告费今年 1 月份支付,那么,今年 1 月份是否应该做一个 300 万元的广告费预算呢?还是如果今年的广告费明年支付,今年的广告费预算是否就无需做了?作为预算组织推动者的财务部门,需要将权责发生制的原则向所有部门交代清楚。也就是说,费用预算的依据是计划和活动发生的时间,无论是否支付,只要发生了,就会按比例负担责任并计入部门费用。例如,挂上广告牌之后,与什么时候支付广告费没有关系,挂的时候就要按受益计入广告费。通过讲解权责发生制的原则,让预算部门预计的结果与企业的预测保持一致,否则预算就失去了正常的计划、协调和控制功能。

4. 市场推广费用明细是该费用批准考核的基础

有了分 12 个月的市场推广费用明细预算,无论这个明细有多长,最终签字批准的一定是这个明细。有了明细以后,才谈得上监督、考核、绩效以及现金流平衡的落地。

(五)市场推广费用控制原则

首先,前面讲过销售管理费是越少越好,而销售交易费用则是在标准没有问题的情况下越多越好。由于市场推广费用对公司业绩影响的长期性特点,此项费用既不是越多越好,也不是越少越好,量入为出是控制市场推广费用时要遵循的主要原则。比如广告费,广告费的投放力度是很难把握的,不做广告,公司和产品没有名声,但做多了需要大量的资金费用投入。广告的效益是长远的,但是难以评估具体的效果,企业不知道哪个客户是因为广告而购买产品,但企业知道只要客户知道本公司和产品,总有人因为广告来买公司的产品。有人总结了一个规律,广告费有一半是无效的。但是企业不知道是哪一半无效,所以就得将广告费都花出去,而不是挑出有用的才去花费。

因此,市场推广费用的支出和控制以量入为出为原则,在花费的时间上也要进行平衡和计划,可以按计划细水长流,公司可以按月平均地使用广告费,或者根据广告轰动效应理论,一次性地将费用拨到市场上,做出一个比较轰动的效果出来。虽然后续没有广告投入了,但是很多人已经知道这个品牌了,这些都是由广告专业的性质决定。但是无论如何,这一类的费用要遵循量入为出原则,对于这类的费用控制就是严格按预算操作。如果公司决定全年收入的 3% 用来做广告,这是不能节省的,否则公司形象、名声及品牌要受到影响。当然,也不能超支,如果广告费预算 1 000 万元,结果最后花费 1 500 万元,这也是有问题的。因

此,对于这类费用,企业以预算控制为核心。

其次,市场推广费用因为效果不好评估,所以最容易产生职业舞弊行为,在采购环节产生贪污受贿。例如,某医药企业应该在大众健康杂志上做广告,但因为IT杂志给的回扣多,市场部就去IT杂志做一个药品广告,虽然不能说看IT杂志的人不买药,但这个广告针对医药客户群体的聚焦度是不够的,这样做也不符合职业操守。这类费用是花公司的钱,公司又很难评估效果,这就存在舞弊行为的土壤,对此要加以注意和防范。

再次,企业要关注这类费用的效果和效率。如果有100万元的费用预算,不能花多又不能花少,一定要花出去,而花出去之后企业关注的是效果,这是最重要的。通常来讲,如果没有贪污舞弊行为,费用花出去后总会有效果的,但是如何来衡量这个效果,需要企业用一定的方法来测量,这是市场推广费用控制的重要原则。

(六)市场推广费用控制方法

根据市场推广活动的特点和市场推广费用控制的原则,在企业中,常用的费用控制方法有以下6种:

1. 预算控制

将实际费用与预算进行对比分析,分析是超支还是节支,并按照原来的费用支出计划时间,核对费用是提前支付还是错后支付。

2. 建立严格的开支审批制度

要建立健全的市场费用授权审批制度和流程,明确各类别的费用和额度的费用批准程序和批准人。因为这类费用容易产生贪污舞弊行为,费用金额往往又很大,所以对这类费用的审核和批准一定要严格慎重,明确审批需要提供的支持文件和审批的责任人。

3. 对某些重要和大额的费用支出实行招投标制度

例如,选择哪一家广告公司做广告需要走招标流程,即先分析哪家广告公司对企业的业务更理解、哪家公司报的价格更低以及哪家公司的广告做得更专业和更有经验。总之,招投标制度能很好地控制舞弊行为。

4. 对费用效果进行评估

市场活动效果一般是不好评估的,为保证公司对市场推广活动的大额投入的有效性,通常企业找第三方机构做市场调查,分析公司和产品的市场知名度是否比以前提高了。例如,在广告过后原来只有3%的受众,现在到5%了,说明市场宣传是有效果的。

5. 财务部门主动对市场推广活动进行后续的监控

例如,市场部发了软文和公关稿,费用是100万元,企业可以要求财务部审核杂志样章。

6. 内部审计控制

内部审计是事后进行的,是针对公司内部风险较大的业务和流程进行的合规性检查、监督和评价。针对此类金额较大、不易评价效果的费用,可通过供应商访谈和第三方机构的价格比对来发现业务合理性与合规性或价格方面的问题。通过审计这种事后发现机制,形成对业务部门的一种威慑力,让它们更加主动地遵守制度和规范。这样一来,费用其实在某种程度上是可以控制的。

(七)市场推广费用控制观念和技巧

在理解市场推广费用的性质、控制原则和方法的基础上,企业还要更新相关的费用控制观念。

1. 动态评估预算

例如,公司在预算执行过程中效益良好,销售利润率等各项指标都达到或接近预算,则原来预算的100万元广告费就保持不变;如果效益不好,就要慎重考虑,可能需要暂缓批准费用支出,因为预算的假设是100万元广告费的,是从销售额里提取出1%,现在销售额达不到预算,广告费额度也需要进行相应调整。

2. 关注舞弊行为,严格审查

市场宣传活动要有整体策划方案,方案要体现出时间周期、节奏性和专业性,而这些方面企业要进行严格审查,证明这些费用支出是否合理。对于讲出预算理由但没有业务逻辑,或者对诸如为什么在这个杂志上做广告、为什么这个月做以及配合哪个产品做广告等答不上来或说不清楚,则这些费用支出可能存在问题。

3. 完善采购策略和供应商管理

大部分的市场推广费用是支付给第三方供应商的,因此,企业需要提出和回答类似以下的问题:礼品促销品长期稳定与可靠的供应商是谁?展品展架和宣传单找谁去印会符合公司的宣传定位和品质要求?广告最后通过哪个代理商来做会有利于公司全方位的形象宣传?对此,企业要有一个长期策略并不断完善,而在这种情况下要避免出现采购策略和供应商选择上的问题。

4. 重大的开支要集体决策

例如,需要请一个代言人做广告,总费用支出700万元,对这种大额的重要的费用支出,需要集体决策以避免决策的轻率和失误。

五、营销策略费用预算与控制

市场策略性费用与明年销售的策略性布局活动相关,这种费用预算没有历史数据可以参考,也不是线性的关系,而是有无的关系,这就决定了对此类费用的预算和控制需要一套项目式的预算管理和控制方法。

(一)营销策略费用预算

营销策略费用预算来自公司的整体战略和销售布局。例如,公司决定明年要开20家新店,这20家店需要租办公室、招聘人员以及添置办公家具和办公设备,所有这些都要有相应的预算,如果决定不开这些新店,就没有这部分预算。公司在规模上是否有变化、在增长方式上是否有变化以及在商业模式上是否有变化一般是由公司领导和管理层决定的,不是部门计划的结果。因此,从根本上讲,这类费用是一种投资决策的结果,与增加生产线投资的性质是一样的。对市场策略费用的预算要基于公司的战略规划,由销售市场总监建议,视投资规模与影响由公司总裁或董事会批准。

(二)营销策略费用控制原则

销售策略费用是决策层面产生的费用,对此类费用控制的原则也很简单,即要与公司的战略和销售策略相关联,财务人员要在决策过程中提供投入与产出分析和敏感性分析,作为决策支持。营销策略费用预算要回答的问题是:要不要开新店?要不要扩张?这项费用支出对公司来讲是有和无的关系,而不是多和少的关系,所以企业要关注的是决策行动本身和预算相关的配套开支是否超出企业的计划。

（三）营销策略费用控制方法

营销策略费用的战略从属性和非常规性决定了其独特的控制方法和理念。

(1)根据公司的发展策略制定预算,在部门预算里是单独的预算。

(2)进行增量的专项管理。例如,对多开1家店大概要多少预算进行专项管理并专项记录,审核预算支出额度和支出时间。

(3)测算和预警配套开支。例如,新设一个办事处,需要招聘人员、租用办公室、购买家具、装修,对于这些配套开支要有一个范围规划,超出范围要进行预警。

(4)通过费用细分进行预算控制。假如开新店要装修,整体预算大概是多少?每个月的预算是多少?每一项的预算是多少?这样进行细分之后就知道哪项预算应该关注节省,从而通过这种方法来控制费用。

（四）营销策略费用控制观念和技巧

(1)这类费用支出要与公司的发展速度相配合,如果不符合发展规律,发展过快则很可能产生投资的浪费。

(2)业务模式的转变要有基础作为支撑。假如一直以来企业的产品都是由经销商代理,现在由于利润越来越薄,决定自己去做零售渠道并开设新的终端,则这种情况是一定要慎重的,因为业务模式的转变是要有能力并且有基础的,把握不好尤其是如果公司没有这方面的人才和经验,那么就会有很大的风险。

(3)如果要采取一种新的竞争策略,比如在市场上低价铺货竞争,在事前最好做一些小范围的测试,而且一定要审慎,不宜过度冒险。因为现在市场竞争很激烈,市场环境很复杂,对于任何重要的策略性的行动都要审慎。

(4)对重大费用进行专项的深入分析,将费用单独拆开并分析其结构明细,对每一项明细的合理性及支出进度安排进行质询和验证。

第五节　研发部门与研发费用预算

研究开发又称研发,英文为 research and development 或 R&D,是指隶属于企业、大学及国家机构所开展的研究与发展活动。对企业而言,研发一般是指产品、技术的研究和开发。一国及其企业对研发的投入力度与其国家实力和经济发展程度密切相关,据相关统计,2004 年,部分国家研发投入强度（R&D 占 GDP 百分比）如下:瑞典为 4.3%,日本为 3.1%,美国为 2.7%,中国为 1.8%,欧盟 25 国为 1.8%。

中国的研发投资总量及强度自 20 世纪 90 年代末期以来增长迅速,除中国经济继续高速扩张等一些必然因素外,中国决策层在发展中重视科技投资及企业加大投资是造成这一现象的主要原因,这表明中国正在迅速向开发自身以技术为基础的产业迈进。

随着中国制造 2025 计划的启动及中国经济转型升级的加速,很多企业对研发越来越重视,投入力度也越来越大,中国企业凭借研发投入取得竞争优势和领先地位的事例层出不穷,最典型的代表是华为。很多企业已形成共识,即企业要想在长期市场竞争中获胜,就要加强对研发投入的力度,加强研发能力建设和研发队伍建设。因此,研发费用的预算和控制在很多公司凸显出重要性。

【案例】华为的研发投入(摘自《人民邮电报》)

2015年3月31日,华为发布经毕马威审计的2014年年报

"……值得注意的是,2014年,华为研发投入达到408亿元人民币(66亿美元),较2013年大幅增长29.4%,占2014年销售收入的14.2%,创下新的历史纪录,而过去10年,华为研发投入累计超过1 900亿元人民币(307亿美元)。对此,华为副董事长兼轮值CEO胡厚崑先生表示:"聚焦管道战略、简化管理、提升运营效率是华为2014年收入和利润实现有效增长的主要原因。此外,企业持续加大创新投入,在云计算、大数据、5G、SDN、NFV等领域开拓创新。企业相信,华为可以抓住数字转型时代带来的历史性发展机遇……"

点评:华为2014年的业绩十分惊人,销售收入、净利润在全球前五大设备商中增长最突出,而更加令人吃惊的是华为2014年的研发费用高达408亿元,占销售收入比例达14.2%。放眼国内高科技企业,一年研发投入超过400亿元很罕见,这也从一个角度解释了华为为何近年来在电信总投资趋缓的大势下仍然保持相对高增长的原因。随着电信行业转型的深入以及技术的不断演进,华为持续加大创新投入,在云计算、大数据、5G、SDN、NFV等新领域开拓创新,始终站在技术发展的最前沿,引领行业发展。在国际上,研发投入占销售收入比例能达到10%的高科技企业都能保持技术引领能力,而中国企业目前在研发投入上下"血本"的还不多。没有研发就没有核心技术,没有自主创新就没有长远竞争力。因此,与其羡慕华为亮丽的财报,不如学学华为在研发投入上所下的功夫。

一、研发活动的性质和重要性

要想深入理解研发费用预算及其控制背后内在的逻辑,企业就要对研发活动的性质及研发对企业的重要性做一个全面的了解。总的来说,研发活动是企业创造有机增长的最重要手段之一,企业获得可持续发展以及未来长期的利润创造都依赖于今天对研发的投入。

(一)有机增长和外延式增长

研发活动影响的是公司未来的利润和增长。企业成长分为有机增长(organic growth)和外延式增长(inorganic growth)。有机增长是通过企业内部自身努力实现的,其中,从产品提供角度看,是从研发新产品和完善产品质量性能中获得;外延式增长则一般通过并购实现。企业在研发上的投入在很大程度上决定了企业有机增长的质量和潜力。

(二)研发创造未来的利润

企业的其他部门包括营销、生产、服务、质量控制、物流、采购等都是企业成熟价值链的一部分,这些活动与企业今天的利润有关。这些部门在生产和销售企业往日研发的产品,这种基本事实常被关注当前利润的人忽视。

利润和销售额之间的关系也许会因行业不同而不同,但总的来说,利润率会在增长期的中叶达到峰值,并在之后的时间开始下降,尽管同期销售额继续增长。当现有的产品已过时而又没有新的产品推出时,一个公司终将会被淘汰。在生命周期短的行业,如创新型电子企业和其他高科技企业,这种现象会更加明显。一个企业必须问的问题是:研发经费水平要多高才能让企业保持健康成长?

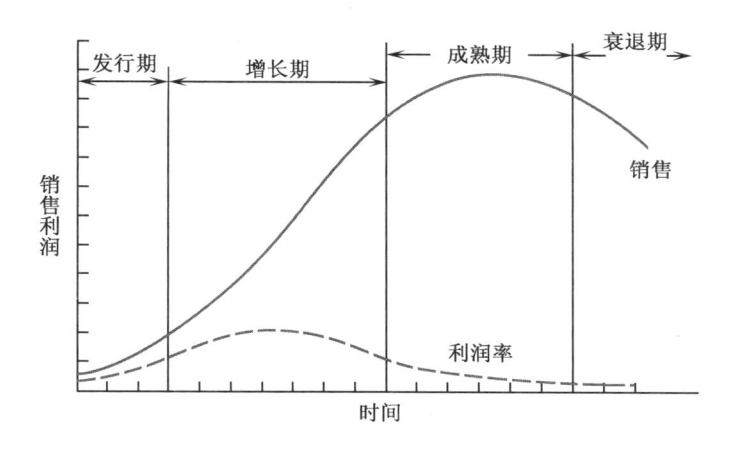

图 6.3　研发与企业长期利润的关系

二、研发费用水平

从企业长期发展的角度看,研发的投入当然是越多越好,但很多企业受限于规模和实力,并非每个企业都能像华为一样以超过收入 14% 的资金投入到研发中,在计划研发费用水平时,企业还要充分考虑企业的具体情况。下面就从几个方面阐述影响和决定企业研发费用投入水平的考虑因素。

(一)影响研发费用水平的因素

企业的战略计划中应该有一部分是回答对未来研发的策略、规划和投入水平的。具体而言,影响研发费用水平的因素一般有产品生命周期、行业技术水平、市场定位和目标、产品开发风险等。

1. 产品生命周期

各个行业的生命差异很大:电子产品的生命周期从 1~3 年不等;化学品的周期则有 10~30 年,甚至可以以百年计算;制药行业的产品会延续 3~40 年;采矿机械在该领域使用的时间往往长达 40 年;钢铁工业的合金产品的生命周期则可以是上百年。产品生命周期理论认为,当某个产品带来的盈利不足以支持投资时,就是要结束这个产品销售的时间。当企业可以在其他地方更有效地使用资金时,就是舍弃该产品的时机。

2. 行业技术水平

每个行业都有技术引领者,创新型的公司会决定一个行业的技术发展的速度和节奏,而那些不跟上革新步伐的公司会失去市场份额,但对于夕阳产业或过时产品的唯一生产商,技术创新就没有必要了。对于其他所有公司来说,如果不能从技术上追随竞争的步伐,就会被市场淘汰。企业一般可以通过行业协会或行业报告获得所在行业的技术水平的统计。行业报告中的数据指的是行业平均值,具体公司的数据会与这些平均数据有差别,这些差别往往是公司的战略决策的结果。

3. 市场定位和目标

公司可以用统计数据作为研发预算投入比例的指引,将这些指引与企业战略目标相结合,并根据其在所在行业中的竞争力制定研发政策。在某些行业,做市场老二同时又有优势产品是有可能的,而在其他行业,老二注定会失败。生命周期和技术水平的双重强化作用会让某些行业(如电子产品)的产品很快过时,在其他行业(如建筑设备和餐饮),这些因素就显得不太重要,这些行业更看重生产和服务因素。

企业在战略上的考虑一般不是针对行业平均水平,而是针对竞争对手。一个公司如果能够通过上市公司报告或其他渠道了解竞争对手在研发上的投入水平,就可以进一步根据公司长期增长目标来制定自身的研发支出水平策略。这个水平须考虑以下部分或所有方面:

(1)公司在该行业的长期定位。
(2)超越特定竞争对手。
(3)保持市场份额。
(4)定位于技术领先还是跟随。
(5)技术多元化还是聚焦。
(6)现有技术有哪些新市场。

4. 技术和产品开发风险

风险是把"双刃剑",每一项新技术都有失败的风险,但不追求技术进步本身就是风险。许多公司就是因为没有保持它们的竞争水平而被淘汰。

对技术和产品开发风险的分析需要广泛的信息和各业务及职能部门的合作,包括以下几个方面:

(1)开发成本计划和分析(技术上)。
(2)产品销售预测(市场营销)。
(3)制造成本(生产)。
(4)所需设备成本(生产)。
(5)资金需求(财务)。

根据预计的产品生命周期,必须每年对上面所说的每一项做出预测,这些预测可以基于3年、10年或更长时间的完整的产品周期做出。基于此来制订乐观的或悲观的但最有可能的现金流量预算。同时,需要有一个企业政策或指引来进行筛选和评估各个技术和产品研发项目,企业的目标是在不抑制内部增长的同时最大限度地减少这种风险。

三、不同类别研发活动的预算

在确定了研发费用总体水平后,下一步企业需要根据研发活动的具体性质和内容,进行分类的研发预算斟酌。研发预算总体上分为两部分:一部分为研发项目预算,这部分已经体现在前面的产品规划章节了,单独编制产品项目预算,分摊到产品标准成本中;另一部分是研发部门的行政和管理费用以及基础研发费用,这部分直接体现在部门费用预算中。如果研发活动附带固定资产投资,那么就在制定固定资产投资预算的时候一并包括进去。

本章节主要讲解研发预算的预测逻辑。大型企业一般将研发分为三个主要部分:基础与应用研究、产品开发、工艺和技术支持。

(一)基础与应用研究

基础研究是指对自然和科学规律、原理、方法的研究活动。例如,在光学领域对光与物质接触时发生质变的规律的研究,在互联网领域对基础架构和开发工具的研究。一个国家基础研究的实力和水平通常决定这个国家的整体能力和竞争力,而基础研究的特点是影响深远但需要大量的投入和时间。在中国,基础研究通常由科学院和大学承担,大型企业也可以有自己的基础研究团队,其目的是通过研究取得和保持自己在本领域的专业和领先地位,更多的公司依靠外部或资助专门的研究机构进行研发。

应用研究是将基础研究所产生的知识设法应用到解决实际问题上,例如,利用光与特质接触时发生质变的规律来研究如何提高光伏产品对太阳能转换的效率,利用互联网基础研究成果研究数据挖掘技术。一般的学术及工业机构都会进行应用研究。学术机构的研究经费一般是从企业获得资助,其特点是针对具体的领域和问题做研究,其成果以科学论文、专著、原理性模型或发明专利为主。

经验表明,一个行业整体技术的提高与基础研究和应用研究都有直接的关系。但基础研究和应用研究一般没有明确的计划,其结果也有很大的不可预测性,大多数公司会尽量减少对这方面功能的预算。

(二)产品开发

新产品开发是指从研究选择适应市场需要的产品开始到产品设计、工艺制造设计,直到投入正常生产的一系列过程,既包括新产品的研制,也包括原有的老产品改进与换代。新产品开发是企业研发工作的重点,也是企业生存和发展的战略核心之一。

一般来说,在产品开发中会用到新的技术或成熟的技术,一些行业的技术在快速发展,最先进的技术正在飞快变化,而其他一些行业技术是稳定的。

如果开发的产品是基于新的技术时,开发所用的时间和预算都有更高风险。如果开发的产品是基于成熟的技术,将降低风险。

在使用成熟技术进行开发的情况下,开发成本和时间都是可评估的,可以为此开发项目做时间表和预算,运用项目控制法。正是由于这个原因,一般企业将资源集中在产品开发上。

在某些公司,产品开发资源也可用于对可能影响公司的市场份额的竞争威胁做出保护性反应,对竞争产品进行技术和工艺分析、监测行业和市场的技术变化等活动也可纳入产品开发预算范围。

(三)工艺和技术支持

工艺和技术支持是指为保持现有产品的不过时、保持市场竞争力而组织的一系列活动,包括以下几个方面:

(1)对产品或工艺做微小修改;

(2)降低废品率和返修率;

(3)提高生产效率和产出率;

(4)降低成本。

在多数企业,负责工艺和技术支持工作的部门由产品工程部门承担。

那么,企业应如何在上述三部分研发中做研发费用预算的分配?

企业的研发费用取决于其在不同研发活动中的投入,不同的企业在研发活动中的侧重点是不同的。具体而言,如果一家公司是本行业内最先进技术的领导者,会对新的技术领域花更多的钱,这样一来,对公司来说产品开发部门会很重要,工程部门可能完全并入开发部门,则预算分配参考比例大致为产品开发占60%、产品工程占40%。

在技术较为成熟的行业和公司,产品开发方面会花费较少,其预算主要用于工程方面。在这些公司中,开发部门要么不存在,要么只是工程部门的分支,则预算分配参考比例大致为产品开发占20%、产品工程占80%。

处于二者之间的行业和公司,即采用均匀的新旧技术相结合的企业,预算分配参考比例大致为产品开发占30%、产品工程占70%。

四、研发部门预算

研发费用预算最终计划落地和实施,体现为研发部门的预算,所以对研发部门预算的特点和规律的把握是编制研发预算的最重要的步骤。研发部门预算一般由3个部分组成:研发项目预算,研发部门费用预算,研发人员产能和费率预算。

(一)研发项目预算

研发项目的成败关系到企业未来的发展,研发项目的预算和研发成本则关系到企业的盈利水平。通过研发项目预算,将重点研发项目纳入公司层面的计划中来,通过立项评估来控制风险,通过预算获得资金保证,因此,研发项目预算是研发部门费用预算的一个重要部分。

(二)研发部门费用预算

研发部门预算的思路与其他部门的预算是相通的,具体请参考费用预算的基础工作一节。研发部门费用预算即研发费总预算,研发部门费用与销售收入的比例关系标志着一个公司对研发费用投入的水平,对于研发费用比例的巨大变化,如从3%提高到5%,都需要公司给出详细的解释。

(三)研发人员产能和费率预算

在多利润中心的情况下,各利润中心共用的研发部门可视为一个公共服务部门。为合理计算和预计各个研发项目或产品占用的研发人员资源,对研发人员产能和小时费率的预算就变得很重要。

产能和费率的计算可分成本中心进行。在部门费用预算的基础上,成本中心明年的人数和总费用是整个计算的基础,而研发产能或可用有效工作时间则可通过以下公式计算:

每人有效工作时间=(全年天数-周末天数-法定假期-年假-病假-培训或会议天数)×每天有效工作小时数

部门全年有效工作时间=每人有效工作时间×部门人数

研发费用小时率=部门研发费用/部门全年有效工作时间

第六节　费用分类与控制重点

本章从费用预算基础工作开始,重点介绍了人员成本预算、公共费用预算以及最典型的三类费用即管理费用、市场营销费用和研发费用预算及控制的规律与实践。下面基于跨部门与跨职能的角度对一般费用的分类与控制重点做一个总结。

一、费用预算控制思路

在预算过程中,每个部门都有诸多理由要求增加明年的费用预算,而且都是合理的理由,都能列举各种客观原因从而导致不得不增加成本。但是企业在费用预算上的目标和方向是要不断控制和降低的,所以各部门必须得有减少费用的行为、动作、思路和计划。

以下为常见的控制和降低费用的思路:

(1)加强和改善供应商管理,控制和降低采购成本。

(2)减少不必要的重复或无效工作。

(3)进行业务结构调整,重新设计工作流程和部门间的衔接配合,优化本部门的结构和效率。

(4)提高工作效率,用系统自动化工作取代人工。

费用的控制与降低是一个非常困难的工作,而这偏偏是企业在做预算的时候审核的核心,即审核业务部门和成本中心负责人是否采取了适当的降低成本的方法。这需要按上面提示的思路和方法多询问一些问题,比如,某个改善费用的工作做了吗?有关业务结构重新搭建了吗?是否采用外包以提高效率并优化费用结构了?

总之,降低费用的方法是企业审核的核心,只有经过细致斟酌和审核的费用预算才是可靠的,才是最后能通过执行的。

二、费用增长的驱动因素

如同牵牛要牵牛鼻子一样,研究费用发生的规律和控制费用要从研究费用增长的驱动因素入手。在预算过程中,有的部门或成本中心为方便起见,采用增量费用预算方法,也就是在上年实际或本年累计实际的基础上,增长或减少一个百分比或绝对额。那么,如何确定费用增加或减少的主要驱动因素呢?以财务部门为例,其主要费用驱动因素有:

1. 业务量

公司收入增加了意味着工作量也会多,发票开多了,合同签多了,应收账款多了;收入增加了,产品就会增加,产品增加导致库存增加,盘点一次库存的时间变长,工作量增加就可能要加人。因此,从总体上来讲,第一驱动因素是业务量。

2. 物价上涨

公司普遍性的员工工资上涨;各种消耗的原料价格都会上涨,包括房租、水电、物业费等。

3. 提高效率

例如,财务部的传统职能只是记账,明年计划将成本、预算都管起来,就得有管理信息系统,进而招聘或培训高素质的人员,即财务能力的提升在某种程度上是需要成本的。

4. 业务模式

业务模式的变化会带来相应的成本结构的变化,进而带来费用的增长或减少。例如,明年计划将物流和行政管理服务外包,这种变化会带来全新的成本结构和预算控制方式。

三、按费用发生的目的分类

费用按发生目的分类的意义在于不同性质的费用的预算方法和控制的原则是不同的。按费用发生的目的,费用大致可分为以下四类:

第一类,固定费用。例如,某公司的广告费一年为 3 000 万元,这项支出无法与销售收入建立直接的线性关联,但却是企业为建立品牌形象和促销态势的必要支出;另外,像房租、水电费、固定资产折旧等费用,是由于一个先期的投入和长期合同形成的,即使企业的业务量增长或者减少,都是相对固定不变的费用。

第二类,可变费用。即与销售收入有正比例关系的费用,如促销员的工资或提成、运费、保修费、销售奖金。

第三类,常规的部门日常支出。即为了维护一个部门的正常运转的必要投入,如办公费、会议费、差旅费等日常支出。

第四类,战略性的支出。即当部门有大的战略决策的时候,如财务部明年新上一个 ERP 系统、销售部要开 4 个新办事处、制造部要新建一条生产线、研发部要新开若干个高端产品研发项目。

四、费用控制的重点

费用预算和控制的重点包括:根据费用的分类,费用预算与控制的重点是非常规性支出,尤其是在组织结构、业务模式或战略方向上发生变化的,如进军新业务、开发新市场、研发新产品、增加市场方面的投入、增加生产产能、降低采购成本等,这类业务目标的实现,往往伴随着人员或其他资源的投入,最后会落到行动计划和费用预算上,思考这些行动计划和费用的合理性与必要性是费用预算与控制的重点。

五、适当匹配财务项目与业务项目

财务核算项目的细致程度是有限的,而且还要照顾到部门或成本中心之间的通用性以便做出格式统一的费用表。这样的财务项目的分类,便于统一报表,但是业务人员在填报费用表的时候就会比较费解,哪些费用安排到哪个财务项目上去?例如,对于行政部来说,修车的费用是计入车辆相关费还是计入修理费?这个问题基本上没有理论上探讨的必要,但在实务中需要明确,否则就会在做预算者、审核预算者、未来的记账者之间发生不必要的误会。因为既没有必要让业务部门对财务记录费用的会计科目的内涵了如指掌,也不能假设业务部门自然就能做出正确的判断,所以需要想办法做出一个比较好的对接。

针对这种情况,在实务中,企业可以参照如下思路进行:例如,对于行政部的部分费用,企业可以在财务会计明细科目的基础上,结合对以往公司开支的项目统计,做出对应表,这样就便于行政人员填表,也便于财务人员记账。

对于行政部的部分费用项目,可以参照如表 6.5 所示的表格模板进行设计。

表 6.5　　　　　　　　　行政费用明细与会计科目对应表

预算项目	明细项目	金额	预算说明
董事会费用			
股东会费用			
资料费	书籍、资料		
修理费	车辆保养、维修		
	办公设备维修		
	零星维修		
	轮胎		
运输费	养路费		
	油费		
	停车过桥费		
	审证费		
	验车费		
办公费	邮件		
	快递		
	工商年检		
	部门通信费		
	文体用品		
	照片冲印		
	复印纸		
	打印纸		
差旅费	老总		
	经理		
	其他员工		

对于研发项目开支的部分费用项目,可以参照如表 6.6 所示的表格模板进行设计。

表 6.6　　　　　　　　研发费用明细科目与会计科目对应表

预算项目	一级明细项目	二级明细	金额	预算说明
物料消耗	制版费			
	市场开发费			
	工程流片			
	工程测试			
	工程封装	封装		
		样品		
测试费	测试费	初次测试		
		光检		
		成测		
		检验器件及材料		
咨询服务费	质量认证	高温实验		
		其他材料		
		可焊性质量报告		
		认证费		
合计				

这样，通过费用分类、预算细化、项目对照等技巧，就将费用预算往实践落地大大推进了一步。

▲ 企业预算编制指引

因为费用预算涉及的人员较多、层次参差不齐，为了更好地做好费用预算，在企业编制费用预算的时候，要注意做好以下工作：

● 做好成本中心的划分。最简单的方式就是按部门设置，通过成本中心将费用管理和控制责任落实到位。

● 做好费用预算的培训工作。企业经常因为人员多而变化大，应该在预算初始编制的几年坚持每年做预算编制的培训，要求所有成本中心相关人员都参加。

● 准备好历史数据和各种费用政策和标准，包括分摊费用的标准。

● 协调好相关的费用主管部门和实际消耗部门的责任与任务，避免有的项目无人预算，有的项目重复预算，或者预算标准不统一的问题。

● 制定好预算模板，按业务特点设置预算科目。预算模板一般以 Excel 表的形式呈现，对于有条件的公司可以上预算软件，并对软件的操作进行培训，以提高费用预算效率，并为以后年度进行滚动预算奠定基础。

● 财务部门要掌握好公司各个部门的业务特点，以便在费用验证审核与预算质询中能够起到作用。

● 注意在编制费用预算的时候，务必与公司现有的费用管理制度和报销制度相一致，费用标准要在各个制度间统一，避免产生冲突，从而导致在预算实施过程中无所适从。……

第七章

资金预算

【本章内容简介】

资金预算是指在各个分支预算的基础上，对公司全年的资金消耗、资金缺口、资金流动性和融资计划等进行统筹安排的预算。资金预算的主要目的是测试公司现金流的合理性，并在此基础上修订各个部门的分支子预算项目，以便平衡公司资源，使总预算的投入和产出配比更合理，避免出现资源不到位、预算失效的尴尬现象。

资金预算平衡之后，会形成一个资产负债表的雏形，资产负债表预算并不是用于指导实际工作，而是通过对最终预算的结果进行多角度审视来验证全部预算汇总在一起的合理性。

本章主要讲解以上内容以及其蕴含的财务管理理念。

【学习目标】

通过本章节的学习，学员可以掌握企业在预算过程中如何汇总和平衡现金流以及融资计划，理解在预算的过程中如何验证其合理性以获得企业预期的财务成果。

【要点提示】

- 资金预算与资金预测有何区别？
- 会计上的现金流量表与预算现金流量表有何区别？
- 如何编制预算资产负债表？编制预算资产负债表的意义是什么？

第一节 资金与现金流量预算

资金是企业运营中不可或缺的血液，是一个企业的命脉，是企业创建、生存和发展的一个必要条件。创办一个企业需要资金，企业在运转过程中则更需要大量的资金。在一定时间内缺少资金或出现了造血功能障碍，又没有新的血液（资金）输入，企业的生命就会很快枯萎、死亡。良好的资金计划和管理将有助于企业抓住发展机遇，为企业发展提供强劲的动力支持。

随着我国资本市场的发展,投融资渠道增多,市场竞争激烈,有关资金在企业中的管理、计划和决策也越来越重要。本章将重点阐述全面预算中关于资金的预算。

一、资金预算的关键是平衡

企业的发展离不开各方面的投资,而投资的一个最重要的方式是资金投入。资金预算的目的是为了平衡投资与信贷资源,通过资金预算来管理并回答以下关于资金的问题:明年的贷款额度是否足够?如果不够是否能新增?如果不能新增,是否能上新生产线项目?如果不能上新生产线,销售收入预计是否还得重新做?

企业的增长规律一般是销售额的增长和交付能力的增长是同步的,交付能力的增长一定存在对资金的需求,也就是销售额、业务量或交付能力、资金需求这三条线是平行增长的。或者可以简化成随着销售收入的增长,资金的需求会增长。

例如,从事电脑生产和销售的厂商,成品库存量是一个月,即一个月大概库存能周转一次,如果库存额是3 000万元,意味着一个月有大约3 000万元的销售额,一年就是3.6亿元。在这样的经营水平下,想实现7.2亿元的收入从原则上来讲就需要6 000万元的成品库存,所以收入的增长和资金需求的增长是平行的。企业经常会出现这样的问题,即资金的需求在增长,但资金的供给不一定同步增长。假设应收账款、应付账款各方面都不变,公司资金来源就是利润加折旧,如果再有资金缺口,就得申请贷款。

企业应首先分析一下公司自有资金的来源——利润。

在收入增长很快的情况下,通过利润积累资金的速度可能是很慢的,总有一天企业会缺资金。例如,当收入每个月增加3 000万元时,需要的资金可能也是同步增加3 000万元,但是通过利润累积增加的自有资金一个月仅增加100万元,下一个月增加100万元,即年收入从3.6亿元增加到7.2亿元的时候,资金需求是从3 000万元增加到6 000万元。二者之间线性是一样的,但二者增长的斜率是不一样的,如图7.1所示,即增长发生的时间是不一样的。资金需求来得很快,可能在销售收入增长的前3~6个月就需要到位。

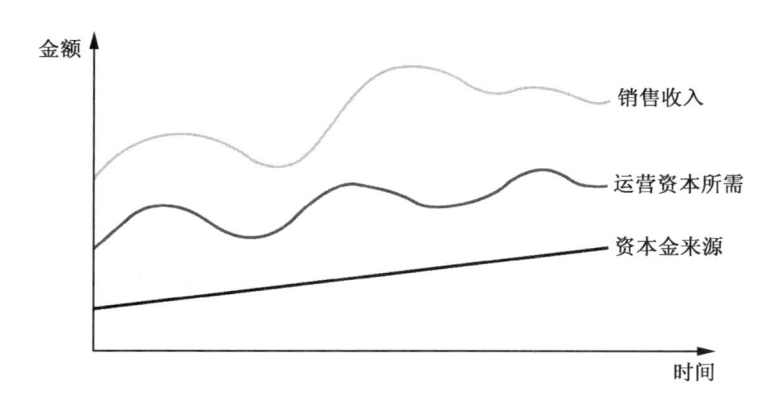

图7.1 收入增长与资金需求的关系

这就意味着,业务的发展与资金的需求之间是有一个系统性的关系的,只要业务发展,资金必须增加。企业需要将这里的逻辑和风险算出来,如果需要的资金量在增加,而自有资金不够,必须通过借贷补齐;如果借贷不到位,就只能让业务增长降下来。也就是说,财务最终通过资金平衡企业发展,而不是销售部门想做多少和想做多快都可以,所以资金是最终反过来决定销售收入预算、生产量预算和采购预算结构是否合理的砝码。

资金预算很重要,在预算的汇总与平衡阶段,企业要明确资金需求,平衡营运资金投资与信贷资源,能平衡的预算就是可行的,不能平衡的预算是不可行的。如果某一个公司的高层决定一项业务无论如何都要做,即使亏损也要做,这从战略决策上讲是允许的,但如果这个领导决定有资金要做,没有资金也要做,这就行不通。

二、资金预算的步骤

为做好资金预算,企业还要做很多相关工作,其中包括评估风险、调整相关政策、制订融资与资金使用计划,最后经过平衡将业务增长重新确定在一个合理的高度,估算在这个增长水平上的资金缺口,企业自有资金可以弥补多少以及明年的贷款计划是多少,都可以通过资金预算来规划。具体而言,资金预算要做以下几个方面的工作:

(1)附带时间表的投资计划。例如,明年要上一个新项目,预算是800万元,但这样是不行的,因为不够详细。更进一步地计划明年3月份要上一个新项目总计800万元投资,这样也不行,因为与现实的投资支出时间不符。

假如明年3月份要上一个ERP项目,大概总投资800万元,实际上3月份先支付200万元就可以启动项目了,9月份通过验收再支付400万元,最后12月验收通过结尾阶段试运行再支付200万元。

因此,资金流与投资计划可能是不完全一致的。编制资金预算的时候,企业需要一个详细的投资支付进度时间表,如果只是采购金额不大的简单的固定资产,如电脑、复印机等,可以不做详细的支付进度表,只是简单地假设采购资金支付与固定资产采购时间一致就可以了,但如果是大型项目,就必须按预计资金支付进度列示,因为它的金额大,影响也大。

(2)营运资金预算。营运资金预算的重点是确定应收账款、库存和应付账款计划。应收账款可以在编制销售收入预算的时候确定,企业暂时假定库存水平不变,因为企业在产量和产能预算时做过平衡,销售量与制造量基本上是一致的,所以假定库存不变。应付账款则需要计算,应付账款是按供应商给企业的账期政策和预算采购量来预计的,预测1～12月每月应该支付以前各月的采购金额是多少,这与计算应收账款是相同的原理。最后加上预算利润和预算折旧。以上即为营运资金预算的基本组成和原理。

(3)接下来,为做出详细的营运资金预算,企业要充分考虑应收账款、存货和应付账款的变化规律及按月的金额预计。

首先,企业要明确明年的信用政策、采购政策、库存的效率。假设库存的经营效率不变,即明年库存周转天数或周转率不变,销售目标是到明年年底要实现4.8亿元收入,在这种情况下,需要准备多少库存?企业可以通过收入的发展趋势计算出库存的值,即到年底是4 000万元,假设期初库存是3 000万元,随着销售额的增长,库存在3月份增加到3 200万元、5月份3 400万元、7月份3 500万元、9月份3 700万元、11月份3 900万元,到年底4 000万元。

在另外一种情况下,由于资金紧张,企业领导可能会给生产和采购部门提出库存控制目标。比如与上年相比下降10%,这个假设的结果是明年的库存周转效率提高10%。这样,如果明年预算收入增长也是10%,企业就可以简单地预计库存水平不变。但如果预算销售收入增长超过10%,库存的预算仍然需要有一个上涨趋势。

另外,明年库存周转效率提高10%的目标是否能实现还要再验证,主要是看在行业内是否有哪家类似的企业能做到这个水平,因为这是与资金筹备直接相关的。如果竞争对手能做到,企业应该不比对手差,也能做到,则就可以通过这个假设。

(4)接下来是应付账款预算。应付账款预算主要是将采购额计划结合供应商的赊账政策,将预计的采购付款金额分配到明年的各月,计算当月应付上个月的采购金额以及下个月应付当月的采购金额,各月的预计付款额要与采购应付账款的总额进行汇总复核。

(5)再接下来的资金预算是利润、折旧、投资、需要归还的信贷资金、红利分配。

(6)最后,明年银行存款的预算余额等于上年末的余额减去应收账款的增加,减去库存的增加,加上应付账款的增加,再加上折旧,减去投资、还银行贷款以及红利分配。

用同样的方法可以计算出详细的分月的银行存款余额,每月银行存款的余额意味着,实际余额减去银行余额安全线,多出来的部分是可以还款的。与安全余额对比,缺少的部分就是必须增加信贷或其他融资的金额。例如,某个月富余2 000万元,根据计划可以归还银行,但两个月后出现负数3 000万元,到时就得增加3 000万元的短期贷款,这就是明年的信贷计划的雏形。

但要注意,信贷计划不会按照企业的计划和想象可以随时贷出和归还,很可能与银行3月份达成了贷款协议,3月份就要贷出来,否则到4月份再贷款,银行可能就没有资金额度了,所以按预算做出的信贷计划在实际执行中还需要调整。

表7.1是某公司20××年度的资金预算明细表。

表7.1　　　　　　　　　　　　　　　资金预算明细表

	年初余额	1月	2月	3月	4月	5月	6月	7月	8月	9月	10月	11月	12月
银行存款	112 429	224 818	393 854	594 477	826 134	1 056 394	1 300 254	1 506 166	1 684 879	1 814 158	1 884 786	1 938 426	1 989 665
应收账款	265 817	266 917	291 717	266 917	268 397	281 417	265 317	245 817	264 017	248 377	247 217	263 417	265 817
应收账款增加		1 100	25 900	1 100	2 580	15 600	-500	-20 000	-1 800	-17 440	-18 600	-2 400	
存货	1 286 577	1 286 577	1 286 577	1 286 577	1 286 577	1 286 577	1 244 024	1 286 577	1 264 451	1 253 388	1 275 365	1 286 577	1 286 577
存货增加									-22 126	-33 189	-11 212		
应付账款	183 654	183 654	183 654	176 867	150 465	183 654	226 207	183 654	205 780	216 843	194 866	183 654	183 654
应付账款增加				6 787	33 189				-22 126	-33 189	-11 212		
利润		113 489	194 936	194 936	201 049	245 860	243 360	185 913	176 913	111 839	52 028	51 240	51 240
折旧													
投资													
借贷													
红利分配													
汇总													

总体来说,如表7.1所示的资金预算表是企业用来盘算未来资金使用情况用的,为了更加聚焦地关注现金的变化过程,企业可以再编制一个现金流量预测表,用现金连接多个期

间,现金流量预测表的主体按照现金流量表的格式分成营运资金、投资和融资以及现金结余,主要目的是为了让企业掌握明年资金的运行态势,判断现金是余缺,并据此制订全年的信贷计划,然后再来分析其与企业上面提到的分月的信贷计划是否大致匹配。

三、预测现金流量表

在现实中,现金流量表的编制比较复杂,预测现金流量表也因为过于复杂,所以很多企业在预算过程中会做现金流量的预测,但是并不一定填制完整的现金流量表。通常现金流量表是编制过去的财务报告需要的,在企业实际的资金管理中,企业预测未来现金都是用月度或者每周的现金预计,所以预测的现金流量表只是大致做出来以提示企业明年的风险变化,但并不会真的用它来指挥资金运作安排,真正用于指挥资金的仍然是月度和每周的现金预测表,即未来4~8周或3个月的现金变化预测,这与企业说生产计划不是用生产预算而是用MRP来安排的道理是一样的。但资金预测的目的是让企业平衡风险,在预算阶段总体掌握明年企业的发展趋势和现金变化状况,提前安排资金,并不是具体指明资金用途。

表 7.2　　　　　　　　　　　　　现金流预测表

项目	20×5年实际	20×6年实际	20×7年实际	20×8年预算	20×9年预算	20×0年预算
期初余额						
经营活动现金预算						
经营净利润						
加:折旧						
减:存货增加						
减:应收账增加						
加:应付账增加						
经营活动净现金流量						
投资活动现金预算						
新增厂房设备投资						
新产品研发项目投资						
电脑及其他办公设施						
新分公司及办事处						
新产品上市前期投入						
其他投资项目1						
其他投资项目2						
投资活动净现金流量						
筹资活动的现金预算						
股东增资						
股权融资						
长期借款						
短期借款						
筹资活动的现金净流量						
期末余额						

表7.2是现金预测表的一个样表,包括20×5年实际、20×6年实际、20×7年实际、20×8年预算、20×9年预算和20×0年预算。从年初的现金余额开始,加上折旧,减去存货增加,减去应收账款增加,加上应付账款增加,得出经营活动的净现金流量,然后是投资和筹资。在这里,现金预测表的格式可根据公司的具体情况灵活调整,关键是表中的每一项都是企业思考和运算的结果,表中数字都是有来源和有逻辑的,据此企业要真正评估企业资金风险有多大。为了更好地评估风险,企业必须首先校准这张表里所有的事项及其数据的来源,并进一步做弹性分析。

第二节 资产负债预算

一提到预算,人们想到的多是销售收入预测和费用的控制。彼得·德鲁克说过:"企业首要目的是用正确的产品和价格来'创造客户',用更好的成本控制实现盈利。"因此,损益预算是全部预算中最受关注的。在很多企业的预算中,资产负债表预算一般不被重视,因为许多公司关注运营预算,而不关注资产负债表,任由资产和负债状况发展。这种观念的代价是风险的增加和利润损失。从逻辑上来说,资产负债预算是对损益预算的补充,其短期利益虽然不明显,但是却有更加长远的影响。具体而言,资产负债表是一张由管理层负责的报表,企业内部关注资产负债预算的目的在于帮助管理层规划资产、负债和权益,从而实现以下几个方面:

(1)优化资产和投资,以最少的资本来支持业务运作。
(2)保留充足的现金储备,以应对或减弱市场冲击。
(3)合理的资产结构和资本结构规划有助于企业把握新的商业机会。
(4)以健康的资产负债结构融资,从而优化和降低融资成本。

一、资产负债预算概述

资产负债预算中的关键词是"比例"。艺术作品因比例而美好,建筑物因比例而坚固、美观,资产负债表则因比例而健康。只有某个资产负债表账户与其他资产负债账户或者收入账户或者一组账户有关联对比关系时,它才会有意义。与损益表中的利润数值越大越好不同,资产负债表只有在比例最优而不是数值最大时才达到最佳。

资产负债预算是一个对未来资产、负债和权益的系统的预测和计划。企业需要这样的计划,尤其是企业的最高管理层,包括董事会、总经理和财务负责人。因为资产负债预算勾画了达到明年的销售收入和利润目标所需的资源,也指明了获取必要资产所需的资金来源,而这个来源可能是增加贷款(即负债),也可能是未分配利润或增资(即权益)。

如果合理使用资产负债预算,它不仅仅是一种计划的方法,更是控制公司资源的方式。为了有效地规划和使用这一预算,则需要专人或者专门部门来管理资产负债表中的每一个项目。

现金、短期投资和应收账款等流动性资产通常是由财务总监负责。在某些公司,销售部对应收账款政策也有一定的话语权,因为应收账款的意义在于促进公司产品销售,但由于利益太过特殊,不能让市场部门完全控制,它们需要对因信用政策和应收账款产生的成本负一部分责任。

存货通常是由生产总监或采购总监负责,如我们在上一节所述。另外,销售总监也经常起到重要的作用,因为存货的目的在于分离生产和销售,以便在生产突然停止或者销售突增的情况下保持对客户的及时交付。当生产处于稳定和持续状态时,生产效率最高,但是客户需求是不受内部控制的,即客户想要产品时企业必须要有储备,如果延误发货,客户可能会等不及,转向有现货的竞争对手购买。

公司通常通过制定投资预算、资本性支出政策和固定资产采购批准流程来控制固定资产,由固定资产的使用部门提出购买申请,由相关设备主管部门、财务总监、总经理及其他高层投资委员会审批通过申请。

一般而言,对于负债,对其进行安排和管理离普通员工比较遥远,负债管理的首要责任在公司的财务总监,有时总经理也会积极参与。

应付账款通常是由财务部门按供应商的账期自动处理,而供应商的采购付款账期管理是考核采购部门或供应商管理部门的一项重要指标,公司当然希望这个账期越长越好,但与供应商的谈判是一个立体和全方位的过程,包括价格、交货期、质量、付款条件,在不同的阶段和情况下有不同的侧重。

当公司出现资金紧张状况,无法满足正常的采购付款需求时,采购部门可帮助财务部向供应商说明情况以争取延期付款,并针对情况分配付款优先级,而有时如果因缺料导致生产线瘫痪,生产部门可能会介入供应商付款的安排。

管理公司的资本结构(长期负债和股权)通常由财务总监提出,并交由总经理和董事会讨论执行。管理资本结构需要熟悉财务杠杆概念、各种资金利率和资本成本,在公司发展遇到重大资金"瓶颈"时,由财务总监和总经理提出长期负债和股权的融资方案。在小型公司内,大股东个人的影响力更大、更直接,这就要求企业管理者不仅清楚正确的融资方案,还需要说服股东以获得支持。

资产负债预算反映了为支撑预计销售额的流动资产和固定资产水平,流动负债和长期负债也会受到销售额影响,股东权益中的未分配利润也会随着利润或者损失的变化而变化。预算的目的是保证预算年度资产流动性持续、充足以及杠杆控制合理,所以资产负债预算将财务比率作为补充项目。

二、预计资产负债表

资产负债表与损益表不同,损益表的预算顺序是:收入-成本=利润,过程简单、直接,不需要平衡。资产负债表则必须要做平,这是做预计资产负债表的一个难点。

资本负债表预算有一个基本原则,即凡是企业在前面做的众多的预算中已经得出来的数据,都需要如实地填列。具体步骤如下:

(1)先将今年的资产负债表数据列好。例如,现在是10月份,先将9月30日的资产负债表所有的数据列好,假定明年12月31日和现在是一样的,这是第一步。

(2)用企业前面资金预算部分已经做出来的明年预计的应收账款、应付账款、存货、固定资产、现金、银行贷款、未分配利润等数据替换旧的数据。

(3)检查和规划其他的主要资产负债项目。例如,预提费用,可以按照公司预算费用的政策和实践并结合明年的业务增长情况做一个大概的估计或调整;待摊费用,可以大致保持余额;其他应收款,可以大致定一个清理目标如努力降 10%,将数字调整到这个水平比较合理或满意。

(4)应交税金的填列。营改增后,企业的主要税种是增值税,根据每个月的销售收入和采购额的差额再乘以税率,可以大致计算下月应交的增值税,然后填列到应交税金一项。

(5)主要资产负债项目更新后会有一个结果,即表两边的数据一般是不平的。在这种情况下,企业计算出两边的差额,将这个差额在资产负债表两边找到一个企业认为并不关键的科目,在左边减掉或在右边加上都可以,之后资产负债表两端就平衡了,预计资产负债表的编制也就完成了。如果这个不平的差异很大,就需要重新审视那些数据的可靠性,确保预计过的数据是有根据的,并且与其他科目联动考虑了。

企业对预计资产负债表的平衡不必过于纠结,最重要的是要保证其中的主要数字的来源的可靠性,要明确数字是通过业务的规划和计算出来的,其他的数字代表着企业对这个数字预计的变化方向。例如,存货损失准备与产品质量、生产计划、销售政策等相关,在建工程与工程施工进度有关,其他应收款与财务部对其的管控力度有关。总之,对资产负债的预算原则是明确数字背后的来源与逻辑,无需特别计较数字是否十分准确,只要逻辑和道理准确即可。

▲ 企业预算编制指引

企业在实施预算的过程中,最重要的工作就是现金流和资金的平衡,因为这是最重要的企业资源,几乎完成一切工作都需要相应的资源投入。如果这个资源被各个部门的若干专业子预算分解之后出现入不敷出的局面,就意味着整个预算在实施的时候大打折扣。首先要在理论上成立,才能在现实中通过控制取得好的效果。如果在理论上就已经证明资源无法支撑公司的未来预算和发展,那么这个预算就很难发挥它真正的作用了。为了做好资金预算,财务部门应该在以下几个方面重点对待:

● 掌握资金运作规律,正确预算资金流量。

● 在资金平衡和编制资产负债表的过程中,财务要注意提供各种可能的变通办法,从多个维度验证资源的合理性以及提出最佳的、可以调整的方向。

● 同时安排筹资计划,以作为预算完成的保障和整体预算安排的一部分,并对这份融资计划进行可行性论证。

第八章

预算的汇总与平衡

【本章内容简介】

预算编制的最后一个步骤就是进入财务部的汇总与平衡,这是一项繁杂的工作,但又非常重要,是最后呈现整个公司预算成果的过程。预算编制是分工协作的,只有汇总之后才能清楚整个公司的预算状态。

预算不仅有数字,还有与之配套的一系列行动方案,正是对这些行动方案的确认和预判,才带来对预算的认可。因此,对于那些重要的里程碑式的业务节点,对于各个部门在改善和提升各自经营管理水平的过程中追求的关键指标,对于各业务单元负责人准备为实现预算所采取的专项行动等重要的配套方案,需要与预算一并来考虑和批准。

预算编制是预算过程的主体,预算质询是预算成功最重要的保障,要使预算真正成为企业的财务管理工具,预算必须是在编制的过程中就经过认真思考和准备,经过科学的推演和充分的沟通以及经过充分的调研和市场判断。因此,一个良好的预算必须是经得起检验和质询的。预算质询是一个非常重要的环节,如何把好这一关并让全面预算真正落到实处,就是管理会计工作需要努力的方向。

【学习目标】

通过本章节的学习,学员可以掌握预算汇总的流程、预算中的行动方案如何制定、预算质询的会议如何进行,从而让整个公司的预算科学、合理。

【要点提示】

- 预算汇总的程序是什么样的?
- 行动方案在预算中的意义和制定原则是什么?
- 预算质询过程中,财务应该做好哪些工作?
- 如果能够有效地参与预算质询工作,财务需要具备哪些能力?
- 预算的一般批准程序是怎么样的?

第一节　预算汇总与平衡

全面预算的核心是由各业务部门而非财务部门编制预算,这种预算模式下一个重要的工作就是在各分部门的预算完成后预算的汇总与平衡。一般由预算的组织部门,如财务部承担这项工作。预算汇总的目的是通过将分散的预算归集加总后,形成公司主预算数据,然后进行分析平衡和必要的调整。

一、预算汇总的层次

按照汇总的目的,企业可以从以下几个维度对预算进行汇总:

(一)职能部门预算的汇总

某一业务部门下的各子部门或成本中心将其费用预算进行汇总,成为部门费用预算。例如,市场营销部门的负责人需要将其负责的销售总部、市场推广部、公关部、各销售大区的预算进行汇总,形成总的市场营销部门预算。本层次预算汇总的目的是明确市场营销部门负责人对本部门费用的预算、目标和责任,类似的职能部门还有生产部、采购部、研发部、行政部、人力资源部、财务部等。

(二)功能性预算汇总

即对某项业务的预算进行汇总。例如,将全公司的销售收入、生产成本、固定资产投资、新增人员与工资费用、IT 设备和软件需求等汇总分析等。该层次预算汇总的目的是明确业务发展的方向和水平,明确相关业务负责人的目标与责任,在资源短缺的情况下平衡资源。

(三)业务线维度的汇总

即按公司的利润中心或业务单元划分,将各产品和职能部门的预算归集汇总,然后形成利润中心或业务单元预算,进而形成损益表。对于公共成本与费用,要进行分摊后的汇总处理。该层次预算汇总的目的是明确业务线负责人的责任和目标。

(四)全公司预算汇总

在业务线汇总的基础上进一步将各利润中心或业务单元的预算汇总成整个公司预算,这个层次预算的负责人就是公司的负责人即总经理。

二、预算汇总的方法与注意事项

在预算组织不够规范的情况下,预算汇总很可能成为一个非常费时费力的工作,因为财务部门要在有限的时间内面对种类繁杂众多的预算报表,汇总过程中很可能会出现各种遗漏或错误。为确保预算汇总工作的顺利和高效开展,企业要遵循以下方法和原则:

(1)明确各主预算汇总的责任人。只有负责该预算汇总的人才可以修改的方式打开和编辑主预算表,从而避免因多头编辑和误操作带来的错误。

(2)使用 Excel 做预算工具的公司要统一预算模板。各业务部门只能在事前规定的格式内填报预算,采用自动汇总和单元格锁定的方式以避免因业务部门填报预算时的误操作带来的不规范性错误。

(3)使用固定的预算文件名。固定的预算文件存储目录,通过链接自动更新或宏命令的方式自动汇总,从而提高汇总效率。

(4)有条件的公司可使用汇总功能强大的专业预算管理软件,进一步强化预算工作规范和汇总效率。

(5)每次进行预算的重大调整之前,要保留旧的整套预算版本,主预算负责人要记录各预算版本的主要修改之处,这样便于在汇总平衡过程中对调整历史和思路的追溯。

三、预算平衡

经过前面各章的学习,企业已经做出公司层面的预算损益表、简单的预计现金流量表和资产负债表,在此基础上,企业要做的一项重要工作是预算平衡。预算平衡的目的是在预算质询和提交批准前,先由财务部审核检查其整体的合理性和协调性。预算平衡的一项重要工作是在汇总的基础上计算预算报表的各项比例,包括利润率、资产负债率、周转率等。预算关键指标分析的模板如表8.1所示。

表8.1　　　　　　　　　　预算关键指标分析

预算关键指标分析	20X4年12月实际	20X5年12月实际	20X6年9月实际	20X6年12月实际	20X7年12月实际
销售收入					
毛利(%)					
销售费用					
行政管理费用					
营业利润(%)					
平均运用资本					
应收账款周转天数					
应付账款周转天数					
应收账款/销售收入(%)					
存货/销售收入(%)					
材料费用/销售收入(%)					
固定资产投资					
人均劳动生产率					

对资产负债表相关的重要科目和比例进行核查,包括资金、应收账款、库存、固定资产、短期贷款、应付账款。对于所有者权益,企业重点分析的指标有平均运用资本、应收账款周转率、应收账款的平均天数、存货占销售收入的比率等。通过将前3年的历史数据、今年最新的数据以及到今年年底预计的数据都计算列示出来,安排在与预算数据平行的位置进行比较分析,分析预算数字中有哪些数字是与历史的平均额差异比较大,这意味着很有可能某个数字的预计或预算有问题,或者这个预算数字差异是因为业务模式的调整所导致的。在正常业务发展模式下,这些常规指标比率应该不会有大的变化,如果有大的变化,一定意味着发生了什么。这时,如果有非常合理的解释,就要验证通过,否则就是不合理的,就要回过头重新考虑相关的预算。

检测并验证企业财务运营健康或效率的指标在预算期是否有改善,包括人员数量和劳动生产率。例如,今年的人均劳动生产量是70万元,明年人均劳动生产量应该是高于70万元,这表明企业运营效率有了提升。

另外,还要检验预算期企业的盈利能力,如毛利率、净利率、投资回报率、收入增长率是否在一个健康和期望的范围。例如,销售收入过去几年平均增长多少,销售费用占收入的百分比,行政管理费用占收入的百分比,财务费用占收入的百分比,等等。这些销售能力的指标与历史及同行业相比要在一个合理的区间。最后,要通过计算资产负债结构的指标提示资金风险,如资产负债率、流动比率、净资产增长率、总资产增长率、流动资产增长率,要看这些财务分析常用的指标是否在企业允许的范围,如果与期望的健康指标范围偏差较大,同样要重新考虑相关的业务预算。

四、预算行动方案

预算不仅有数字,还有与之配套的一系列行动方案,正是对这些行动方案的确认和预判,才带来对预算的认可。因此,对于那些重要的里程碑式的业务节点,对于各个部门在改善和提升各自经营管理水平的过程中追求的关键指标,对于各业务单元负责人准备为实现预算所采取的专项行动等重要的配套方案,是需要与预算一并来考虑和批准的。

下面先看一个企业预算行动方案的例子,图8.1是一个企业制造部经理的行动方案汇报材料关于关键指标的汇报的其中一页。

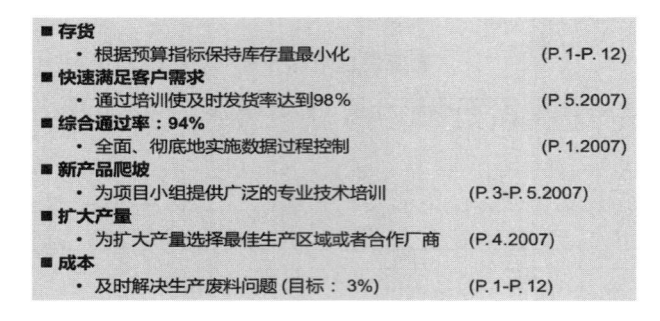

```
■存货
    ·根据预算指标保持库存量最小化            (P.1-P.12)
■快速满足客户需求
    ·通过培训使及时发货率达到98%            (P.5.2007)
■综合通过率:94%
    ·全面、彻底地实施数据过程控制            (P.1.2007)
■新产品爬坡
    ·为项目小组提供广泛的专业技术培训        (P.3-P.5.2007)
■扩大产量
    ·为扩大产量选择最佳生产区域或者合作厂商   (P.4.2007)
■成本
    ·及时解决生产废料问题(目标:3%)          (P.1-P.12)
```

图8.1 行动方案:关键指标示例

具体来说,与预算配套的行动方案就是不能用数字表达的重要的事项,包括以下几个方面:

(一)为达成预算目标要采取的行动计划

系统地描述行动目标、步骤方法、时间节点、需要投入的资源、负责人等。

例如,为达到明年销售收入增长10%的目标,营销总监需要有一套支持销售增长的行动方案,包括新产品的开发与投放、开发新的销售渠道、进入三线城市市场、加大针对年轻消费群体的品牌宣传力度等。

在制订行动计划时可做如下计划内容:

(1)目标:在市场份额相对较低的6个省会级城市开发20～30家新的渠道代理商。

(2)具体方案:在安徽、青海、内蒙古、吉林、云南、贵州增设办事处,专门负责当地的经销渠道开发与维护工作。

(3)时间节点:3月底前完成4个省份的渠道开发工作,6月底前完成全部渠道开发工作。

(4)资源投入:6个新增省级办事处及相应的渠道专员。

(5)负责人:销售总监。

(二)与预算目标相关的重要的KPI指标

在企业的绩效考核中,有一些KPI指标是直接与预算挂钩的,但仍有一些重要的KPI

指标是不能直接与预算数字挂钩的,但又是对企业完成预算目标非常重要的指标,如用户满意度、劳动生产率、产能利用率等。其他可以量化的指标如下所示:

(1)在预算年度成本节约 10%;
(2)及时交货率大于 95%;
(3)一次性通过率大于 90%;
(4)生产率每人员每周达到 500 台;
(5)存货周转小于 44 天;
(6)报废率小于 1%;
(7)保修成本率小于 2%;
(8)员工满意度不低于上年的指标,即 80%。

(三)重要的里程碑

里程碑一般是指企业发展过程中可以作为标志的大事,在预算行动方案中特指为完成预算目标要做的几件关键的大事。例如,营销部门为完成收入增长目标准备明年再开 4 家新店,这就是重要的里程碑。这在预算数字中是反映不出来的,只能在行动计划里写出来。其他的里程碑式的行动方案,比如公司明年要上一个全新系列的产品,明年的销售队伍计划要扩大覆盖到全国,家具公司从一直在居然之家销售到明年要进入红星美凯龙销售,以上这些都是里程碑式的行动方案。这些方案明年是否能做出来,决定了公司收入目标是否能完成。

总而言之,预算的行动方案就是要通过思考回答一些关键问题:为实现预算目标要采取哪些具体行动?明年完成哪几件大事?做哪几项活动?明年搞什么样的市场活动?要投资开新店吗?要切换渠道吗?要增加新的大客户吗?明年的价格有重大调整吗?这些行动方案、策略反映不到预算表格中,需要以 PPT 的方式做出来,作为与预算配套的行动方案共同上报审核批准。

在后续销售部门负责人向公司管理层所做的预算汇报和质询会上,要展示配套的 PPT,连同市场分析以及销售收入、销售市场费用、人员、投资等主要数据的历史数据、本年数据和预算数据的综合性分析和汇报,合在一起才是一个完整的销售的预算方案。

第二节 预算质询与验证

各部门将预算报上来,财务在平衡汇总并审核之后没有发现大的问题,则在预算获得最终批准之前需要经过一个很重要的程序:预算质询会议。

预算质询主要是以问题和答辩的方式在各业务负责人和企业领导间展开。在一个典型的预算质询会上,企业领导会问:各个部门的预算出发点和考虑因素是什么?销售收入为什么只比上年增加 3%?为什么费用增长超过了 10%?为什么要做这笔技术改造的投资?为什么要在研发部新招 5 个测试工程师?负责答辩的每一个人对每个问题都要有一个解释,这个解释要合情合理,要有逻辑、有依据,不能是凭空编造。在答辩结束时,要达到这样一种状态:第一,说明部门做的预算是有道理、有逻辑、有依据;第二,预算做成这样,领导是能接受的;第三,在这个过程中,如果答辩所说的各种辩词背后的逻辑关系和假设被领导认为是不现实和不可行的,那么还得将预算推翻,重新修正预算。

对于预算质询的过程,企业可以简单理解为预算负责人对领导进行答辩的过程。预算负责人是各个部门的经理,听答辩的是领导、财务总监和相关各部门的领导以及主管部门的专业人员。例如,在谈到投资预算时,与投资相关的部门都会参加。

一、预算质询会组织程序

预算质询是一个程序性的工作。在很多企业,一般都是由财务部门牵头组织,除非公司规定预算是由企业管理部组织或企划部组织。在预算质询会前,财务部门要下发通知,明确质询会的具体时间、地点、参加人、汇报人和汇报内容,还要协调确保质询会的主要参加人包括部门经理和公司领导有时间参会。

下面以某手机制造企业为例,说明预算质询会的具体组织程序:

(1)会议的目的:对各部门和业务单元的年度经营计划进行质询,提出修改意见,确保预算指标的完成和合理性。

(2)参加人员:总裁、副总裁、各个部门经理、各个主管部门。时间:10月底,1~2天。

(3)会议议程和规则:总裁介绍集团目标和期望,财务总监介绍集团总体的发展计划和分解目标。同时,由财务总监宣布会议规则,即谁发言、谁补充、谁提问、谁记录、预算要不要改如何决定、现场要不要拍板。其他规则包括:第一,各个单位汇报形式要采用标准格式;第二,汇报的秩序与提问秩序及应答秩序,以事实和数据为基础;第三,质询是对事不对人,与会人员对各个单位的计划都有质询权,总裁对最终要不要修正预算有决定权。接下来各部门开始分头汇报和接受质询,最后由总裁总结发言。

(4)会议前需要准备的资料。财务部要发出通知,对质询会上汇报的指标和重点提出要求,会后要督促各个部门根据质询会的结果反馈进行修改。

图8.2所示是一家公司的预算质询会说明。

会议目的	会议规则
对各单位的年度经营计划和财务预算进行质询,提出修改意见,以确保各单位经营目标的切实可行和尽量保证集团整体目标的实现	•各单位的呈报图表采用标准格式 •质询及对质询的应答以事实及数据为基础 •质询对事,不针对人 •与会人员对各单位计划有质询权,总裁对修正要求有终决权
参加人员	需提前准备的材料
总裁、副总裁、各部门主管、各项目负责人	•财务总监提前3周下达会议议程及规则和材料要求 •财务总监提前4~5周下达公司总体财务目标期望值 •各单位提前1周准备好经营/预算计划
时间	
10月底,1~2天	
会议议程	会后续活动
•总裁介绍集团总体财务目标期望 •财务总监介绍集团总体财务目标并向各单位初步分解 •财务总监宣布会议规则 •各单位汇报各自计划,接受与会人员质询,明确修改方向 •财务总监总结发言,明确各单位计划修改完成时间表 •总裁宣布闭会	•财务总监总结、分发会议关于各单位计划修改的要求和时间表 •计划处跟踪计划的修改,重新汇总,直至与集团要求达成一致

图8.2 预算质询会组织说明示例

二、预算质询会如何进行

业务部门和职能部门的经理是预算质询会进行陈述的主体,为做好预算陈述,财务部要事先拟定预算陈述的标准内容模板。下面仍以某手机制造公司为例,说明预算陈述的内容和顺序。

首先是部门目标陈述,这里要回答如下问题:公司的战略是什么?战略目标在哪里?企业部门为什么要做这件事?为什么会有这个计划?强调其与公司战略目标的相关性。接下来要陈述部门的职能和明年的计划以及根据职能和计划需要的资源,包括人员和投资的必要性,增加投资后可能做成的结果,即各类财务指标和非财务指标。最后要对所有重要的假设和分析进行解释,要将以前年度的情况列示进行对比,以说明明年预算做成这样是合理的。

在预算质询中有一个注意事项,即预算答辩人对明年各种主要市场变化的一些看法、想法、认知,可以先充分地谈,如果等着其他参会人提问后再回答,就会显得被动。答辩人如果事前准备充分,在陈述阶段说得很清楚,要将企业领导和其他参会人可能会问什么想清楚并准备好,在陈述阶段就可以直接向他们解释了,参会人听后会感觉答辩人将自己的业务已经考虑得很深入、清楚了,会增加信任,从而增加预算通过质询的可能性。

在答辩人陈述的过程中,还要包括与预算配套的特别的要求和说明,主要是对公司其他部门的配合、配套提出事前声明。例如,要完成明年的预算目标,市场营销部门提出需要公司必须确保服务能力的增加和生产线产能的配套,否则会影响既定的销售收入预算目标和计划。

接下来要陈述与预算目标相配套的行动计划、时间表和里程碑。例如,生产制造部为达到明年的产能保障目标,明年上半年要完成升级 ERP 系统、完成生产线改造、房屋重新装修三件大事,这里重点是要将里程碑式的事件汇报一下。

在部门经理陈述之后,参会人就可以开始有针对性地进行提问了。问题可能是针对预算表中的重要数据,如费用、人员、投资等。如果是销售部门或者生产部门,问题也可能是关于新产品的计划、采取什么措施降低项目成本等。对于每个问题,答辩人都要尽量给出充分、合理的解释或说明。对于不能合理解释的问题,需要尽快核查并当场回复,这是预算质询与验证获得预算批准的关键步骤。

三、如何使预算质询会更有成效?

预算质询是企业高层对预算进行把关控制,在预算获得批准前做的最关键的控制程序。为了让预算质询富有成效,财务部门在质询会之前必须做好会前准备。例如,在销售预算质询会前,必须要将与销售相关的预算表和汇报材料提供给所有参会者,尤其是要提前向有决定权的领导如总经理汇报销售部门上年的情况、今年的实际、明年的预算、预算需要关注的重点在哪里以及财务怀疑哪里有问题,让领导有事实和心理上的准备。对于进行汇报并答辩的部门以及财务部也必须提前向其提出明确要求,即汇报时必须带着计算和分析的原始底单、基础数据,如果汇报人说不清楚,可以带着主管下属来参会,必须将整个汇报答辩内容做成 PPT,让听取汇报的人在脑子里有一个整体上的内容框架,有汇报内容的辅助视觉线索,清楚汇报人在说什么。

为了保证质询会议的效果,可以要求接受质询的经理提前准备好相关素材,并按照一定的模板进行汇报,这样可以避免重要事情被遗漏。图8.3所示的是一家公司的预算质询会议内容框架模板。

1. 部门的陈述	1.1 公司战略
2. 各类财务和非财务营业数据,KPI	1.2 部门的职能和计划
3. 对所有重要的假设和分析进行解释	1.3 需要的资源,资源必要性和如何利用资源
4. 以前年度的情况	1.4 人力
5. 对争议、问题、挑战和机遇的认识与讨论	1.5 新增投资
6. 特别要求和事项的说明	1.6 ……
7. 时间表和里程碑	1.X 可能获得的结果

图8.3 预算质询会议内容框架

在预算质询会上,在每个部门汇报结束后或在汇报过程中,参会人发表意见或提问。如果没有意见或者答辩后大家都支持,则预算通过,经过这样严格质询和答辩的预算,执行起来才富有成效。

为了让预算质询会更有成效,答辩人对质询问题需要现场答复解决。对于不清楚的事项,现场就要了解清楚,由掌握情况的相关责任人说明解释。例如,有人对明年的市场费用预算有疑问,如果市场活动计划和预算是由市场部经理做的,则市场部当时就要提供相关的支持文件,解释预算相关的假设和关键点。比如解释为什么要换品牌代言人,这样才能进行好的预算执行。

关于对答辩人提出的问题,各个公司可以根据自身情况由参会人有针对性地提出。对于缺少预算质询会经验的公司,可以参照下面预算质询的具有普适性一些基本的问题进行提问:你的业务要达到什么结果?你明年的目标是什么?企业从你的业务中能获得什么好处?你准备为此花多少钱?你想花这么多钱干这件事,是否有其他方案?如果答辩人说经过分析测算别的方案比这个差,说明该方案是经过精心考虑的方案,而如果答辩人没考虑替代方案,就得提示他想一下,而且如果他建议的方案不如质询人想得好,只要将更好的方法提出来,让他修改就可以了,因为同一个公司里的人的水平是参差不齐的。

四、预算质询过程中的博弈

预算质询的过程同时也是讨价还价和博弈的过程。通过陈述、答辩让业务部门和企业各部门都对预算有更清楚的理解,而不是简简单单地填数和过数。博弈有多种情况和层面,最高层面存在于公司总裁与董事会之间。

公司的总裁需要有一种能力,即要能很好地估计出什么样的预算数字交给董事会能获得批准,他对此应有很好的判断力。这是一种非常重要的能力,因为总裁与董事会之间的沟通与博弈是在公司治理层面的事,缺乏变通和灵活性。不像在公司内部,各部门经理有不清楚的地方可以直接问领导,如果预算指标不合适还有调整的灵活性和空间,但总裁和董事会之间没有这个游戏规则。如果公司报上去的预算不能通过,就要被打回来重做;如果公司报的目标太高,过于严格要求自己,最后完不成目标,到时候同一集团内别的兄弟公司都拿奖金,只有企业没拿到,这就算是吃暗亏。因此,总裁要掌握一种博弈能力,即报一个预算,既要让董事会满意,又不给自己太大的压力。基于此,公司总裁需要有一个认知和感觉,就是这个公司明年将会实现什么样的目标,而这个认知来源于公司总裁的判断。

有时候,如果领导担心自己的判断不准,就会征询下属的意见如销售经理,这时就进入第二层次的博弈。一般销售经理想先摸摸企业领导的底,就让企业领导先报数。这时,领导会提一个他感觉董事会可能会接受又不至于太高的数。如果销售经理对这个数字很为难地说不行,领导会很失望,因为如果这个数完不成,董事会就得让企业领导走人,但是企业领导不能这么说,他只能说,这个数你再看看,再想想办法。就这样往下将压力传递下来,从总裁到部门经理,一层对一层负责,每层都是夹心饼干。

但是,部门经理绝对不能因为体谅领导的难处就一口答应,因为做事是有规律的,不是靠一个人做出来的。因此,在每一层博弈的过程中,双方都对一件事认真考虑、较真求实,这是件好事,在这个过程中企业也就更接近一个理想的预算目标。但如果明明知道做不到还不负责任地承诺,这样做出来的预算目标会带来巨大的负面员工激励和资源配置浪费。因此,从一定的角度看,博弈也是有益的,一定要博出一个可靠的数字来。

总之,对于博弈的过程:第一,企业要接受博弈这件事,因为如果没有博弈过程,企业反而听不到不同的声音,没有博弈的目标反而让人害怕。第二,如果双方对博弈的过程是很职业的,是为了将公司业务做好,这样的博弈虽然有个人的利益在里面,但也是正确的。这是因为每个人都编织在网状的结构中,受到很多的牵绊。一件事不是由某一个人决定了就能做到的,每个人都是受条件束缚的。第三,博弈也是校准目标的过程,通过博弈能将一件事校准了,双方各摆出若干个理由,争论到后来发现真相是这样,就按照这个来决定。如果没有这个过程则很难清楚真相是什么,也很难清楚什么才是可行的结果。因此,在某种程度上,企业希望要进行博弈这个动作,不进行是不行的。

但是,现在企业要避免恶性的博弈,即避免没有规则地砍价,或者不负责地完全往相反的方向乱承诺,这些都不职业,不是为了公司的利益。例如,有一种让人比较反感的逆向选择现象,有的经理盘算反正最多在这个职位再做一年,估计今后的奖金也拿不到了,索性多报销售预算,多配套一些费用,能让下属们通过费用支出多得好处,这种逆向的博弈是不会出现好的结果的。在现实中,需要财务部门多了解公司内部的人和事的情况,这有助于企业把握一个方向和区间,事情一旦超出了常理,企业能感觉到一定是不对的。对于这种错误的逆向博弈,企业要有能力去感觉和判断。

因此,在质询和博弈的过程中,财务经理和财务总监要替企业领导把一道关。这就要求企业自己要有能力对一些事情的合理性范围有一个大体的框定,能对这件事背后有哪些动机有一定的猜测和事实上的验证与证明。在这种情况下,提醒领导注意风险,如公司不能将这件重要的事交给这个业务经理来做,这个目标不能再继续往下压了,再压可能会出现反向选择了。

五、年度预算批准

预算经汇总平衡和质询后,形成正式可执行的预算前的最后一步是预算批准。大部分企业预算的批准机构是公司董事会,由于预算是关于目标和资源配置的约束性文件,高层管理者和董事会间可能需要反复权衡和多轮反复沟通质询,对一些投资支出项目也需要在资源受限的情况下权衡优先次序,这样,预算批准需要的时间可能会很长。

其实,最早的预算批准准备工作始于预算的汇总与平衡阶段。预算经各部门编制后由财务部统一汇总,这时财务部其实对预算能否被批准首先是有一个评估的,因为它们很清楚公司自上而下的预算目标和指导原则,如果这些目标和原则未被遵守,比如在公司要求平均减少10%的部门费用的情况下某部门预算增加20%部门费用,这种预算很可能就会被退回重做。另外,财务部还要从与上年及本年最新预测对比分析结果来看预算建议的合理性,对于重大的差异,还要进行特别沟通和澄清原因,以确保各项预算的合理性。在平衡分析过程中,财务部要找出一些可供高层管理者砍下费用预算时挥刀的地方或增加收入目标时要树的靶子。

经过财务部汇总平衡的预算随后会由财务部上交到公司的高层领导来审核,审核的重点是整体收入和利润的目标与公司预期相符。如果低于预期,他们可能会提出增加收入或缩减开支的要求。这时,财务部事前准备的对预算的分析结果就可供其参考。例如,针对一些问题,要让业务单元或利润中心经理做出解释或干脆直接修正预算。如果直接修改利润中心预算或直接砍掉很大一块投资或费用,需要由高层领导出面向利润中心经理做出耐心和合理的解释。

在预算被董事会最终批准的时候,理想的状态是各层级的经理都感觉到他们在预算质询、沟通、修改和决定过程中得到了公正的对待,因为只有这样状态下的预算才是他们能全力承诺并全力以赴去努力实现的预算。

▲ 企业预算编制指引

在企业内部编制预算的过程中,财务要做好相应的准备和服务工作,尤其是最后的汇总和质询过程,公司高层管理者需要被有效组织起来,才能完成对预算的审核。在这个过程中,财务部门需要注意以下几点:

● 汇总的过程要尽量快速完成,不要出现差错。如果公司业务单元和职能部门较多,建议用Excel模板,格式固定或者锁定,这样在汇总的时候尽量避免出错;如果有条件可以装一个预算系统软件,这样汇总过程就由计算机来自动完成。

● 预算质询会议开得好坏是关键,而预算质询会议开得好坏主要受到财务组织和准备的影响。财务部门在此之前要做好预算数据和信息的准备,与各个部门沟通,做好编制底单的准备,要求参与人员准时参与,让相关领导对信息提前掌握,等等。

● 预算的质询过程中涉及对某些预算指标的修改,以便达到董事会的期望和更合理的安排,在这个过程中,财务要主动跟进这些指标修订的落实过程,以加快速度,协助解决相关问题,避免预算修订的拖沓和不严肃。

● 在最后汇总给公司董事会或者上级机构的预算资料中,要注意做好相应的格式呈现设计和解释材料的逻辑顺序排版,避免造成上级机构或者董事会因为资料不清晰而产生意见不一致的现象。

第九章

预算的执行与调整

【本章内容简介】

预算是一个过程管理工具,编制预算只是预算管理过程的开端而不是全部,月复一月地执行预算,并在执行预算的过程中不断分析问题、解决问题、改善经营管理,才能真正发挥预算的作用。

本章节主要讲述在预算执行过程中如何进行预算任务的分解动作以及每月的预算结果的反馈、分析、质询和改进,并介绍大多数企业所广泛采用的滚动预算。同时,作为预算实务最后的章节建议企业超越预算,不要让预算编制形式化,让预算成为企业经营管理的内涵,成为企业过程管理的基因。

【学习目标】

通过本章节的学习,学员应该清楚如何进行预算任务分解,掌握预算执行过程中应该做些什么,尤其是月度的预算分析和反馈应该如何做;同时,要了解如何做滚动预算,理解滚动预算的补充作用。

【要点提示】

- 如何做好预算分解工作?要注意哪些事项?
- 如何做每个月的预算分析报告?包括哪些内容?
- 年度的预算调整有什么注意事项?
- 什么是滚动预算?与预算有何区别?
- 滚动预算如何做?如何应用?
- 超越预算揭示了什么样的预算理念?

第一节 预算的考核与控制

很多企业的预算指标来自于战略目标增长,或者说目标就是领导指定的,所以预算执行的第一步是预算任务的分解,即将由利润中心、业务单元或部门经理负责的预算目标分解为可落实、可跟踪、可执行的有具体责任人的任务;第二步是预算的考核;第三步是预算的控制。

一、预算的多层级分解

预算从集团分解到子公司和事业部、产品线,再由子公司或者事业部、产品线分解到业务部门、作业单元、职能部门、后勤部门、具体项目,各个部门和单元再进一步将预算分解给各个任务小组和个人,这个过程就是预算分解过程。预算分解是多层的,从集团到公司,从公司到部门,从部门到个人。

以销售预算为例,某手机厂商制定的销售目标是明年销售要完成 30 万台、7 个产品,通过计算一个产品要卖四五万台,而对这个台数目标就要按产品进行分解。实际上,做预算的过程也是各业务负责人认领指标的过程。指标认领之后,部门经理还面临着一个问题:为实现这个大的目标,如何分解落实为各个最小作业单元可控和可执行的目标?

仍以销售预算为例,销售总监在做预算的时候,他对下属团队还有一个预算分解和二次博弈的过程。例如,销售总监将销售目标按销售区域分解,各个销售大区分配的指标总和等于或略高于其销售总目标,接下来各大区将区域目标再进一步分解,如在华东区,区域经理将浙江、上海、江苏的省级经理召集来,再一次将区域目标分解到省,这是一个任务再分解和再次博弈的过程。预算目标就这样一层层地分解下去,下级对上级负责,上级给下级压任务、压指标,每一层都有博弈,每一个人都是夹心层。对于预算指标的分解和下达,并不是下级同意就可以了,他再往下面是否还能分解出去、落实下去是一个关键问题。

举一个极端的例子,假如公司总裁手下有一个能力很差的销售总监,对总裁的话言必称是,这时候总裁给他下一个不现实的销售目标,企业能相信他的应承吗?因此,企业要保证预算博弈和指标分解每一层都是科学、合理的。

(一)影响预算任务分解的因素

在预算目标制定和分解过程中,企业战略增长目标可以接受,但是企业还要确认在战略目标层层分解的时候,各级经理和主管是否心甘情愿地接受。

在这个目标分解的过程中,实际上是对各级经理人的挑战过程,因为逐级分解到基层的时候,出现普遍的管理能力不足,而具体工作都是由员工承担。因此,如果不能让经理和主管人员在基层与普通员工达成一致,会导致预算落实出现困难和被动。

影响预算分解的因素主要有以下几个方面:

(1)企业的预算制度和预算程序是否被有效地执行。如果企业已经在全面预算管理方面成熟了,那么预算任务分解就将很顺利地进行。

(2)企业的中层经理人的专业能力和职业素养,决定在预算分解过程中的沟通是否能顺利进行。分解预算相当于绩效管理中的设计指标,也相当于团队建设中的职业辅导,但很多经理人没有能力为下属制定合理的指标,也没有能力进行辅导和沟通,这样的预算分解就会很形式化,对预算的执行毫无帮助。

(3)企业的预算是否与战略联动,预算是否与绩效联动,预算分解的指标是否遵循价值导向和目标导向。预算是过程管理工具,从目标分解下来的作业过程必须是瞄准目标的,否则就会出现员工都完成任务而部门完不成任务以及部门都完成任务但公司没有实现绩效的尴尬局面。

(4)企业的文化和基础管理是否支持员工正确理解预算分解指标,并愿意遵守这些承诺。如果一个公司的预算向来是领导层拍脑袋做决定,在兑现奖惩上也不严肃,那么分解指标就是走形式了。

(二)对同一任务的多维度分解

很多公司实施矩阵式的组织结构,对于同一业务,会有不同的部门从不同的角度负责。

仍以营销部门为例,明年公司总体销售目标是1个亿,市场营销总监下设产品销售部负责产品规划与产品销售支持,区域销售部负责区域市场销售,渠道销售部负责经销商开发与管理,行业销售部负责典型行业客户的销售与支持,大客户销售部负责成熟的大客户销售与服务支持,项目销售部负责大项目的销售,出口销售部负责海外市场的开发。在这种情况下,产品销售经理的目标是1个亿并进一步细分到各个不同产品;区域销售经理的目标是9 000万元(国内市场),渠道销售经理的目标是6 000万元(60%的销售通过分销渠道),行业销售经理目标是4 000万元(负责钢铁、水泥、矿山、港口几个重工行业),大客户经理的目标是3 500万元(9个战略大客户),项目销售部的目标是2 000万元(根据往年经验和项目部资源确定),出口部的目标是1 000万元(海外市场)。

可见,对于同一任务,由于分工角度不同,需要按其职责和资源从不同维度对任务进行分解。销售总体目标的完成则是依靠各部门在配合协作的基础上对各自目标的落实完成。

二、预算的考核

提起预算的考核,大多数情况下是指对预算指标的执行情况的考核,而不是指对预算编制本身的考核。预算与考核是既有衔接,又有区别的工作。基于预算的业绩管理主要是指针对每个月的预算执行情况进行分析和纠偏改正的过程,最终的目标是促成全年业绩的实现。考核则通常是对完成关键指标的奖惩兑现过程,所以与预算考核不完全一致。预算工作与考核工作的衔接点主要包括以下几个方面:

(一)预算是各级指标中财务及相关指标确定的重要手段

预算本身侧重于对未来的测算,在对未来的测算中,公司级和部门级甚至关键岗位级的KPI的寻找和目标值的设定与论证,还有关键行动及其代价的测算,这些都是在预算过程中推进的。这些指标都与公司利润及资产负债情况紧密相连,也只有通过预算的手法,才能建立起这种因果关系。

例如,在销售预算部分,在设定销售额、关联销售目标与具体行动的同时,大凡需要重点管控的目标,对企业最终业绩有重大影响的目标,几乎都可以转化成KPI进行描述。例如,针对普通消费品生产销售的企业,销售方面关键的财务相关指标可以考虑以下几种:

(1)销售额或销售增长率。
(2)平均毛利率。
(3)回款比率或应收款周转速度。
(4)重点产品销售占比。
(5)重点地区销售占比。

(6)重点类别客户销售占比。
(7)市场销售费用占销售额的比重。
(8)成品库存占销售额比重。

基于预算的指标可以考虑得更加全面周到,因为每一项都会对公司的最终经营成果产生影响,都需要在预算中做出思考。

但是,这并不代表每一项 KPI 都要作为绩效的关联指标纳入绩效考核,那样指标就太多了。管理指标达成的方法并非仅仅关联绩效和奖金这一种,日常的过程管理、员工能力的提升以及战略的设定都会影响销售指标的实现。

(二)预算对于指标达成的促进还在于过程上的促进

预算对 KPI 指标的促进主要是通过两个过程来实现。第一个是预算编制的过程;第二个是预算执行的控制过程。

在预算编制这个过程中,正因为预算拉动了包括战略、长期计划与策略、短期计划与策略、各种管理关键点的 KPI 化、关键行动的讨论以及对公司业绩不断测算与验证,才使得公司各级 KPI 目标值的确定更加科学,漏洞更少,业绩结果更有保证。

当然,这也使得预算的过程延长,各级管理者为预算所付出的管理精力更多。在实务中,甚至出现经营者集体抱怨和反对的现象。"胜而后战",未来的商业战争效果如何,其实在未开战的时候,就已经决定相当一部分结果了。

在预算的执行过程中,通过基于预算达成情况的细节的分析、开会、控制、重新规划和测算,也从侧面保障了 KPI 达成结果。

(三)预算执行偏差与预算调整

在实务中,随着时间的推移,有相当的企业预算与实际偏离比较大,而各业务领域的 KPI 还有相当部分与预算没有直接关系,导致企业在执行中逐渐放弃了预算。

这主要是由于以下几个原因:

首先,在做预算的时候,就没有与 KPI 联动。对应的改善措施就是,在做预算的时候,多花些时间和精力,同时推出 KPI,并将 KPI 变动纳入预算结果。

其次,有些业务本身就可能发生重大变化,如在销售预算部分提到的创新业务的销售额和相关开支。对应的改善措施是,可以在做预算的时候定出目标,也可以将目标关联绩效。但是,对于后期的具体结果如何,由于不确定性太大,通常会有经营层或高层一方受益的"不公平"现象。例如,目标定得低,经营层受益;目标定得太高,以至于经营层无论多么努力,都达不成目标,从而不能获得较高的奖励。这也是商业环境中常见的现象,不必非要追求完美的"公平"。

最后,还有可能是在预算执行过程中,外部经营环境发生了重大改变,导致预算出现重大偏差,这时要看企业决策层的态度和风格,是否调整预算目标以及与绩效奖金的对应关系。

(四)考核的紧密度与预算的质量

预算的作用之一就是能够支持绩效考核。但是反过来看,当预算中相当部分的关键指标被纳入绩效考核体系之后,由于与个人收入密切相关,就会导致预算过程的博弈变得异常激烈。这种博弈会因为高层、中层、财务的信息不对称而导致预算成为博弈的工具,进而使对经营的正面作用下降,这也正是预算被杰克·韦尔奇先生诟病的原因之一。

改善预算博弈情况的总体思路就是,减少预算指标与绩效奖金的关联度,加强日常的过程管理。

三、预算的控制

预算是对未来的预测,同时预算从开始的一天起,更是对整个过程的控制。大凡控制活动,参与者都没有发自内心的意愿,预算就是这样一个管理活动。可以说,绝大多数企业的管理者都或多或少对预算有抵触,因为预算从一开始让他们定大目标、定KPI、定方案,到执行阶段反过来拿着这些去要求和约束他们,而这都是控制效应的体现。

预算的控制作用主要体现在以下三个过程中:

(一)在预算编制的过程中

在预算编制的过程中,如果能够做到战略、计划、KPI、行动、财务数据等一系列关键步骤的推进,相当于事前就对业务过程进行了一次几乎完整的演习,而且是以随时测算公司财务成果,也就是利润和现金流为判断的,各种模糊和不合适的做法都会暴露,进而在预算质询前或质询中被迫调整,这就起到了事前的控制作用。

(二)事中的控制

也就是说,在业务发生的过程中,可以以预算作为一个基本的判断基础进行业务控制。例如,有些与开支有关的合同是否能签署、减价促销可否进行等。在业务实际发生的最后关口,可以根据预算进行控制。

但在实务中往往是这个环节企业也做得不好。因为相当数量的企业在使用Excel手工预算,不够细致、深入,而且不到月末财务不结账,也不清楚哪些费用是否超支,所以事中控制作用发挥得并不好。只是对于高层特别关注的费用,或依据费用开支标准等做工作,起到一部分作用。对于收入部分,财务数据的控制作用就更小了,更是无法提供销售方面的KPI完成的情况。

企业可以在这个阶段建立实时的信息系统,这个系统可以实时跟踪业务的实际情况和预算情况,而且根据系统设计,还可以提供实时的KPI完成情况,也能反馈管理需要的深层次信息。以手机销售为例,实现销售收入意味着工厂把手机产品向手机代理商批发出去,则工厂就实现销售了,但是从一个公司销售和生产行为上来讲,企业更关心代理商是否能将货卖出去,关心零售的指标。可是在公司的账面上找不到零售类的指标,因为公司只记录批发时开发票的环节,零售的数据并不清楚。但是因为零售很重要,这个指标决定了产品后续的销售预测,在经营上,零售数据是一个很重要的数字,但是在账面上偏偏没有反映,需要通过其他的办法了解,需要有相应的信息反馈机制补充账面数据的不足。

通过销售预算的执行这个反馈系统和机制,掌握批发多少、零售多少,每个月汇报一次,就清楚地知道预算本来的目标是多少、实行执行结果是多少以及执行到什么程度了,每一个重要数据过一遍。使用这种方法,可以帮助一个销售总监思考他的业绩提升。

(三)事后的控制

事后的控制主要是定期的预算分析,也就是月度预算执行情况分析,对当月做出评价,部分KPI还会关联到绩效奖金而使得控制作用进一步强化。

第二节 月度预算分析与报告

预算的分析与报告是预算管理中的重要内容,是预算事后控制与评价的核心内容。

一、预算执行情况的报告

预算中执行情况的报告,主要就是将各种预算数据以及 KPI 执行情况报告出来,以便在相关的管理会议上作为进一步讨论和决策的基础。

预算执行情况报告,不完全是指将财务报表和明细表项目的实际与预算对比。

首先,预算执行情况报告要让使用者看到比较多的相关信息,或者说尽可能多的相关信息,但是不能让人眼花缭乱、分辨不清。例如,预算报告中会对比预算数据、实际数据、上年同期数,甚至滚动预算数据、历史最好情况等,而且预算报告中还应包括 KPI 的执行情况,此时,数据量已经非常大,所以预算执行情况报告的展示方式就成为重要的问题。报告展示应该尽可能层次清晰,尽可能做到图形化,从而便于管理者快速抓住要点。

其次,对于管理者训练有素的公司,预算执行情况报告可以由财务和各部门分别做自己的部分。例如,由财务报告财务报表数据部分,业务报告其他执行情况部分。对于预算管理刚推进不久的企业,也可以由财务完成全部内容的报告,其他业务部门只是就财务所展示的报告和发现的问题进行讨论。

【案例】某公司对预算会议的要求:

第一,基本标准和要求:

频度:每月一次,月初的第二个星期二;时长:一天(或者半天)

参会人员:总裁、财务总监、财务经理、总裁助理、人事经理、制造部经理/副经理、营销中心经理/副经理

第二,会议主持:总裁;会议纪要:总裁助理

第三,会议议程:

- 财务负责人汇报公司的整体情况
- 各领域负责人,汇报自己领域的情况
- 参会者对汇报人的工作进行点评,供汇报人参考,并将汇报人提到的与自己工作有关的内容记录下来,以便计划到未来工作中
- 总裁对每个部门及业务单元的绩效点评并提出意见和建议
- 总裁助理整理会议纪要,会后发给每个参会人员

第四,会议形式:每个部门经理要求使用 PPT 形式进行汇报

第五,汇报内容:

- 实际情况与预算或者计划对比,展示任务完成情况(进度、差距)
- 实际情况与历史对比(或者与历史最好比),展示变化(提升或者下降)
- 详细汇报绩效考核 KPI 每一项完成情况(如果财务指标在预算里面展示了,这里就省略)

● 总结过去一个月的经营管理工作重点内容,发现亮点及其存在的问题,总结经验和教训
● 提出为了完成任务目标/达成业绩,将要采取的措施和整改方案
● 计划未来一个月或者一个季度的情况
● 提出建议或者要求(需要公司提供的协助和资源)

在实际执行预算的时候,企业将实际数字按月罗列。比如,现在是 8 月份,则先细分罗列 7 月份的实际收入、成本、费用、利润,后面是最新的全年预测,这些工作本身是汇总信息,没有分析的成分。接下来企业如何分析呢?企业应将前面的信息汇总起来,1~6 月执行的实际情况已经在 7 月开会时看过了,现在将它汇总在一起。如果 7 月份实际费用是 1 700 万元,原来预计 7 月份费用 3 400 万元,差异是 1 700 万元,则是什么原因需要解释一下。比如,成本差异这么大是什么原因?下个月准备如何避免这么大的预计误差?下个月是否能将差异的这 1 700 万元追回来?为什么与预计比有偏差?所有这些需要在公司的经营分析会上向管理团队解释得一清二楚才行,这称为当期的比较。

接下来再比较 1~12 月份的最新预测和预算,即前 7 个月的实际加后几个月的预算,再与原来的预算比较。如果现在差 880 万元,到年底之前是否还有追回来的可能?需不需要补救?要不要修正?这 4 600 万元的成本差异与它不是同步的。到现在为止,总体多花了 800 万元的费用,最后是要补救回来的,如何去做?这就是累计效应的比较。关键是为了做好下一年,准备做五项措施,通过分析来思考和决定行动与补救措施,那么这个预算会议的目的就达到了。

图 9.1 所示是一个公司的月度分析损益表。

20××年	实际 P.1~6	实际 P.7	预计 P.7	差异	预计 P.1~12	预算 P.1~12	差异
收入	140	17	34	-17	278	366	-88
成本	100	10	18	-8	196	242	-46
费用	9	2	5	-3	40	32	8
利润	31	5	11	-6	42	77	-35

图 9.1 损益分析示例

在做月度分析的时候,可用滚动预算与实际对比。如果没有滚动预算,那么与预算对比就可以。这种预算汇报,不仅仅是业务部门,职能部门也是要汇报的。例如,人事部门要汇报部门费用的一、二、三、四部分预算是多少?这个月实际发生了多少?采取了什么措施?再如,生产部门的汇报也得进行对比,原来计划产量多少?实际发货量多少?为什么没有满足发货量?部门及时发货率提升了多少?每一个部门都得发言,每一个部门都要有改进措施。企业领导一年督促 12 次,这个企业转一圈,则预算水平就提高了,下一次就越来越好。

当然,如果是第一次做预算,可能不是很准确,就用经营分析会的形式慢慢地让大家参

与进来,让员工先习惯企业要认真地拿预算数据说事了,两年之后要提高预测的准确性。在这个循环过程中,预算开始发挥作用,这就是预算、执行与对比分析的过程。但是,它的本质就是将实际与预算对比、实际与预测对比、当月对比、累计对比,然后与计划对比,结果做成什么样了?差异的原因是什么?准备如何改进?这些问题每一次开会都得重新问答一遍。当然,每一次都有不同的地方,经理人也不能总是用同样的一套说辞对付不同的情况和问题,因为这样的汇报在负责任的企业领导那里是无法顺利通过的。

二、预算差异分析

在预算管理中,每月将实际数据和预算数据进行对比,用差异衡量管理绩效是预算管理的必经之路。预算与实际的差异并不都会反映实际问题,问题的严重情况也不一样。

有不少企业家对林林总总的预算差异,尤其是反映在各部门、各月的细小差异感到头疼,因为部门经理有时候"不认账",他们认为这些差异并不是问题。

在实务中,预算的差异成因各不相同,我们将不同的预算差异做了以下分类:

(一)跨时间差

例如,原来按照预算在 5 月份开展会,预算费用 10 万元,包括展位租赁费 3 万元,展会布置费 5 万元,差旅及应酬费 2 万元;实际的开支是,4 月份先支付展会费,并收到发票,差旅及应酬费 2 万元在 5 月份报销,布展费在 6 月份支付并拿到发票。这是很正常的,但会导致 4 月、5 月、6 月连续 3 个月的预算差。

同时,各部门实际推进工作的早晚也会导致预算差。

这类预算的差异不是真正的差异,甚至都算不上是问题,但是在实际工作中,这样的差异却不少,需要在分析的时候尽可能筛选出来。

(二)跨项目差

在一个部门中,经常会出现一个项目节约而另一个项目超支的现象,如果总体不超过部门的费用总额,这种差异对公司的整体绩效影响不大,对其他部门也无大的影响,差异造成的严重程度不高。

(三)跨部门差

在一个公司中,如果一个部门有超支而其他部门有节约,能够相互平衡,对公司整体利润没有影响,这属于比较严重的差异。

(四)利润差

如果某部门或某事项出现预算超支,本部门或其他部门无法消化,从而真正影响企业的利润,这是最需要重视的差异。

对于不同差异,公司可以设定不同的管理机制。例如,是否允许跨月开支以及是否允许跨项目开支没有放诸四海皆准的做法,各公司可以根据自己的情况做出判断并进而制订出属于自己的规则。在此基础上,减少不是问题的差异,从而筛选出真正的问题。

以上关于差异的界定和筛选能否在分析中做到在很大程度上取决于做预算的质量,如果在预算编制过程中做得比较细致,后期的分析也会有更多的鉴别资料。

究竟什么样的事情会导致预算有差异呢?很多时候就是预测能力不足导致的。预测能力有时会导致预算差异,即尽管能预测得更准确一些,但是因为预算过程不严肃、不尽责而导致差异。如果将这些事情做得细致一点,基于对市场和对公司的了解,然后将未来的预测尽可能做得符合现在对未来的认知和看法,这是能做到的。也就是说,有些公司的预算差异比较大,是因为预测没好好做,或者是由于经理是新来的、业务人员是刚招过来的、人员变动比较大等,则预测不准是有可能的。预测不准就会导致领导瞎拍脑袋,从而导致现实与未来的预算有相当的差异。除了预测不尽心尽责外,就是经理人的执行能力弱所导致的。如果经理人的管控能力弱,尽管对市场和业务判断准确、认真执行,但对团队的推动力不足,也会导致预算完不成的情况。

第三节　年度预算调整

我们在本书前面讲到预算性质时提到,预算本身具有严肃性,预算一经董事会批准,即形成公司的正式文件,除非有特殊的情况,否则预算不能调整。但预算本身的预测性又决定了预算不可能很准确,有时还可能与现实情况相差很大,但随着预算的执行,在实际中某些不确定因素的发展与做预算时的假设条件相比变化很大,尤其是由此带来的用于绩效考核的预算目标由于客观原因而变得不再适用时,年度预算调整工作就要被提上正式的议事日程。

一、关于预算调整的概念澄清

关于预算调整,有很多种提法和做法,在此我们有必要澄清一下在不同场景下预算调整的含义和做法,以便企业在准确理解的基础上更好地执行预算工作。

(一)年度预算调整

当公司执行预算到一定阶段的时候,比如到了5、6月份,发现预算做得不准,如果继续用这套预算来考核和指导企业的行为以及预测投资、生产、费用支出显然不合理,这时候就必须对公司层面的预算在总体上进行重新修订调整。

(二)预算执行调整,又称预算内调整

即对不影响预算目标的业务预算、费用预算、投资预算等内部各项目间的调整。例如,研发部门根据市场最新调研,决定放弃对两款中低端产品的开发,转而将人力和预算资金投入到一款高端产品开发上;又如,市场部根据最新调研结果,决定压缩传统媒体广告投放,将节余的预算资金投入到微信平台的建设维护上。

(三)预算外调整

预算外调整主要是因为由于出现了新情况,原有的预算额度不够,或未做相关预算,但由于经营需要又必须要做的事项,涉及新增或追加费用、人员、投资等。在实际业务执行中,由业务部门提出预算外调整特殊申请,开启特殊的预算外调整审批程序,经批准后实施。

(四)滚动预算

在实际工作中,预算调整和滚动预算是一对经常被搞混的概念,经常有人会将预算调整作为滚动预算。滚动预算不是预算调整,滚动预算是预算执行与监控的具体方法,是经营管理工具,并不是用于绩效考核的严肃文件。

年度预算调整对公司的经营和考核都会产生全局性的重大影响,本节的内容将聚焦于年度预算调整的条件和方法。

二、年度预算调整的原因

引起预算调整的是某些不确定因素,具体包括:

1. 市场环境变化,如经济发展严重脱离当时的预期,产业形势发生重大变化

例如,当时预计本行业经济增长10%,但实际结果是在国家调结构去产能政策的影响下,全行业的实际增长仅为1%,预算目标是基于市场增长10%的假设做出的,在这个假设不成立且与实际相差很大的情况下,年度预算调整就非常必要。

2. 由于人为失误,预算编制及预测出现错误等原因引起预算目标过高、预算项目不全、预算额度不够等情况

例如,一个不合格的总经理为了自身的短期利益,向总部提出销售收入增长60%、利润增长80%且同时投资8 000万元建设新工厂的不合理的预算目标,总部在信息不对称的情况下批准了这种预算,但实际情况是该公司的产品竞争激烈、市场已经饱和、新工厂生产出来的产品没有销路。当总部意识到决策失误并撤换掉不合格的总经理时,面临的一项重要工作是对不合理的预算目标进行调整,重新思考并确定有挑战但可实现的目标,据此重新规划资源配置。

3. 国家政策发生重大变化

例如,在去产能政策的影响下,煤矿和钢铁企业的开工率严重下降,由预算时的80%下降为50%,受到相关影响的企业一定要及时调整整体预算。又如,在营改增政策全面推行后,受影响较大的物流行业和建筑业要根据新税制对企业成本结构的影响重新规划并计算其成本和利润目标。

4. 发生各种突发事件,如自然灾害或其他不可抗力事件

例如,在2011年日本福岛发生地震和海啸后,福岛周边的电子元件工厂生产线严重受损,进而导致国内很多下游厂家原料供应中断,停工待料长达3个月时间,这种情况势必对公司的年度业绩目标产生重大影响,必须进行预算调整。

5. 公司调整发展战略,业务方向和范围发生重大变化,需要重新制订经营计划

例如,由于竞争激烈,公司决定退出消费电子领域,全面转向医用电子设备市场。又如,公司出于整体战略布局考虑,拆分或合并业务部门,并对其业务范围进行调整。

6. 公司的内部条件发生重大变化

例如,管理层发生重大人事变动,高管团队离职;公司未能按期上市,不能及时融资支持业务发展计划。

总之,企业要想清楚为什么调整预算以及为什么不能轻易地调整预算。

第一,旧的预算不能用了,可能是上年没估计清楚,今年的变化太大,预算要改了之后才能用,否则预算过时就要束之高阁,公司上下不再遵守预算,预算控制也就成了一纸空文。因此,公司得对预算进行调整,调整后再使用。

第二,调整预算是一件很严肃的事情,因为调整预算就意味着调整考核指标,绩效指标和考核也要随之改变。年度预算目标是不能轻易调整的,尤其是在影响预算的因素变化不大时。例如,在经济形势向好的情况下,公司决定提高预算目标,这时就会有人发表意见:业

务发展得好就调高目标不公平,为什么业务不好的时候目标不往下调呢?预算是考核管理层业绩的,是严肃的事情,所以不能轻易调整。

三、年度预算调整的时机

年度预算目标调整与预算本身一样,是一件非常严肃的事情,在一般情况下是不能轻易调整的。例如,在2月份,企业看到实际业绩结果与上年的预测不一样,这时还不能调整,因为今年才过去2个月,后面还有10个月,还不能十分确定全年能不能完成目标,这时想调整预算,董事会、股东会、上级单位是不会批准的。

然而,如果已经到了9月份,这时发现市场发展距上年的预算假设还是太远,实际结果与预算目标相比还是差很多,这时候如果不及时调整预算目标,意味着接下来的4个月员工可能因失去希望而没有干劲,因为预算离实际太远了,按照预算来考核,根本拿不到奖金,这时员工出现观望和懈怠情绪,甚至出现突击使用费用预算。因此,这时候管理层就要对预算调整进行立项了,就要与股东、董事会或者上级单位协调沟通。这时调整预算目标表明上级对底层的合理诉求是有反馈和支持的,通过预算目标调整让员工拿到一些奖金也是继续保持员工积极性的一种手段。

因此,年初调整预算的企业极少,一般预算调整是一个严肃的话题,即使非常必要也要等到下半年,判断与实际差很多,完不成目标,之后再提上日程,但这种调整也不能一直等到年底再做,因为也要考虑员工下半年的激励不能缺失。

四、年度预算调整的方法和内容

首先,对于当年已经发生月份的实际是不能调整的,所以预算调整的起点是前面发生月份的事实。例如,现在是9月份,就意味着前8个月是既成事实了,预算调整就是将9、10、11、12这4个月的主要预算重新做,前面8个月的实际加上后面4个月预计就变成了全年的第二版预算,意味着后面4个月如果按照新预算目标追赶回来,公司就会给员工补一个挣奖金的机会,这就是预算的调整。

原则上预算调整应该与编制的方法是一样的,但是一般来说预算调整只调重要的、有关联的、影响大的因素,没有影响的不调整。例如,预算调整是因为收入对成本、对资金、对费用有影响,如果对投资根本产生不了影响,则投资的预算就无需重做了,所以预算调整无需做全,只做有影响的那些指标。例如,销售收入目标变了,成本、费用、利润和现金流就会变,除收入预算外,企业只要着重将费用、人员等与收入密切相关的预算重新考虑就可以了。

年度预算调整的严肃性也决定了在调整频度上不能频繁,一般一年最多一次,对调整预算的审批同样遵循公司预算审批程序,一般由公司总经理交由董事会批准。

【案例】ABC公司的预算执行与调整

ABC公司是一家总部在欧洲且在美国上市的跨国公司,其在中国的子公司在2012年经历了一次预算调整。2011年,在全球范围发生了金融危机,ABC公司的全球收入急速下降,在这种情况下,2011年10月份做第二年预算的时候,通过市场分析认为,欧洲基础建设投资基本停止,美国国内经济停滞,其他各国也大都不景气,只有中国在金融危机的情况下政府仍在大力投资,因而假定中国区应该有大幅增长的可能,全球业务复苏都指望中国。

在这种情况下,其他各国都制定了一个比较实际的预算,比如比上年下降20%,唯有中国制定了一个比上年上升20%的预算。因为考虑到虽然有金融危机,中国受影响不大,中国政府为了应对金融危机还有经济刺激计划,而这种情况肯定会对增长有拉动作用,所以做了这么一个上升的趋势预测和预算。

结果到第二年发现事情没有想象得那么简单,金融危机还是在很大程度上影响到了中国,中国的很多投资项目放缓了,经济增长没有原来预期得那么快,市场资金减少,中国政府也没有那么多投资,上一轮投资的效应也已经过去。因此,在这种情况下,宏观经济形势已经趋缓,客观上已经不支持业务完成增长20%的任务,预算的基本假设做错,最重要的是管理层和员工的奖金拿不到,所以到3月份的时候大家都很清楚,今年能完成上年的目标就不错,上涨20%则是一点可能都没有。但是如果企业能做到与上年持平,企业也是全球表现最好的,所以在这种情况下,按理说如果公司兢兢业业地保证上年的收入,也应该给员工奖金。因为预算指标是上涨20%这一客观原因而导致员工面临着拿不到奖金的可能,这时预算的指导性和目标性就失效了,而且预算相应的费用投资、指标参考性都过时了,这种情况下中国区业绩与上年持平就已经是做得很好了,不好的结果是客观原因导致的。

在这种情况下,在3月份预测到这种结果的时候,财务总监就要开始做预算调整的准备工作。具体来讲,就是客观地分析市场变化的情况,请市场经理或者销售经理搜集市场情况的数据,要据理力争反映的情况是客观和真实的。然后就是再等等看,再延长一个季度,如果前6个月的事实证明宏观环境和市场就是这样,那么这些情况就属实。之后通过财务上的数据进行客观分析,告诉总部到年底销售收入可能会达到多少、增长情况会怎么样以及利润会怎么样,要做一个未来的展望和预计。之后要写一套解释性的说明,在这种情况下企业的管理层会如何应对。最后,要建议出一个新的考核指标,而这个考核所涉及奖金的额度大概会影响到每一个员工,所以要进行测算。当将这些指标和测算准备动作都做好之后,大体上6月份已结束了,结果与预测一样,接下来就开始与总部合作,内部宣传中国业务的增长缓慢,与预期差很多,现在做的没有原来预期得那么好,各个部门要有一个心理准备。通过这些铺垫和放风,为以后的调整做准备,在这个过程中就到第三季度。

到第三季度末的时候,基本上三季度的实际数据已经出来了,最后还剩一个季度的数据。第三季度末的时候需要找到一个正确的方法,提出调整预算,即给董事会和公司总部打报告,请求调整预算目标。这时,首先总部和董事会已经有了心理准备,其次有相关的情况已经分析,最后也已经将办法提了出来,所有的事情都到位。这时总部的CFO要做一件事,就是给股市和华尔街的股票基金经理放风,告诉他们原来预计企业今年到年底的时候每股收益是0.43欧元,现在根据最新预计达不到,每股收益可能是0.37欧元,这种情况必须提前放风,让股市有一个缓冲期间,有一个心理准备。如果不这么做,到年底,一旦公司没完成年初的预期,公司说到没做到,言而无信,会造成股市波动,股东遭受损失,CEO和CFO的职位可能就不保了。由于10月初还没到年度结束,股东还有一种莫名其妙的期待以及看不清真实情况,通过提前预警告诉市场企业已经达不到预算目标,这种与投资人、股东、股市沟通的稿子必须得写好,这里面要预计新的每股收益,如果公司这次预计每股收益0.37欧元,结果再发生波动,这就是水平有问题了。

想一下，如果不是在10月份，而是在第一个季度就说全年目标完不成，是没人相信的；如果在10月份说干不成，大家基本上就相信了；如果现在给股市的最新预计数被认可了，大家会有一个新的期待，所以对外公布的数据一般来说要相对保守一些，给股市一个缓冲。再者，总部还要给中国分公司批示，究竟是否批准它们的预算调整以及考核目标变不变还未确定。一般来讲，发生这种情况总部公司都会以激励为主，因为基层公司真正确定打报告的时候，都会非常慎重的，所以总部最后同意预算调整，预算调整后员工士气也相应大涨。

延用以上案例，正常来讲，这种公司不会直接以调整预算的方式做目标调整，在他们看来调整预算还是很严肃的，市场预测经验不足，这么大的公司没看清市场，说出去太丢人了，所以它们会策划一个项目，即一个Program。举个简单的例子，曾经的诺基亚公司因为市场不好要裁员，裁员之前先放风，然后正式裁员的时候确定各个部门、各个地区大概要裁多少人。当进行裁员的时候，如果是有计划地减员，公司推出了一个提前退休计划或者说优惠转业计划，计划里有很多政策，包括如果员工提前离开公司会给多少补偿，公司可以给主动离职的员工评优秀员工；离职的员工什么时间可以走以及工作到几月份就可以了。这就意味着所有的人都知道过两天要裁员了，现在自己要思量一下裁员会不会轮到自己。如果有可能会轮到自己，则还不如现在选择提前退休计划，因为第一是自己主动要离开的，第二能拿很高的补偿，再被评为优秀员工，接下去找工作也很容易。因此，公司抛出了一个提前离职计划，显得很人性化，但无论名称怎么冠冕堂皇，其实就是裁员，但是公司不会按直接裁员操作。当这个提前退休计划或优惠置业计划发出去后，全国各地经过一番动员和思想辅导沟通，就有一群人被计划内容吸引而主动辞职，公司看到超额完成裁员任务，就无需再进行正式的裁员了。

案例中ABC公司的预算调整也是一样的，公司做出一个年底突击项目，比如说中国分公司做一个叫"龙年风暴"的项目，这是企业在最后的4个月定的一个突击指标，而这个指标就是调整后的预算，因为之前已经做完结束了。这个指标是今年最后4个月要突击完成的，突击的指标与正式的就不一样了，对员工来说是有希望的。如果完成"龙年风暴"项目的突击指标，那每个人会得到相应的奖金，实际上这就等于变相地做预算调整。这是一个上市公司比较规范的预算调整的过程，因为要照顾到方方面面，平衡各种利益，还得让这次调整获得董事会和总部的认可与批准，它们也相信这是真实的、客观的，还会弥补受影响的奖金。这是做出一系列调研、准备、沟通和调整的过程，这种过程一年最多也就是一次或两次，不能再多了，来回调整的话就确实是失职了，所以要慎重地对待预算调整。

第四节 滚动预算

企业都清楚再好的预算也会在执行中遇到各种变化，有的时候变化还会来得相当快、相当突然，这是每个公司在制订和执行预算时都会遇到的问题。

例如，在2011年，全球因为受经济不景气、欧洲金融危机的影响，大部分国家的公司业务下降20%～30%，但是中国并没有表现得那么严重，所以在当时有一种看法，2012年的全球经济希望在中国，全球复苏就指望中国了。在这种情况下，2011年10月某外资企业在中国的工厂对 2012 年的业务做了 20% 的增长预算,而实际情况是到 2012 年中国的业务下降了 20%,预算目标与实际结果之间差了 40%,结果公司在给这个工厂的资源、配置、人员和投资各方面全都出现了问题,包括生产和产能安排以及产品生产出来后卖不出去,因为预算做得太乐观、冒进了。在这种情况下,企业一定是会产生损失的,因为预算就是那么做的。

实际上,这种损失是可以预警和避免的,原因就在于在第二年做滚动预算和预算调整的过程中,还有机会翻盘。有了滚动预算,公司不会一味地在执行中紧盯预算。预算目标是死的,人的执行是活的,公司是要讲究实际的,考核也是人为的,必要的话目标是可以调整的。在这种情况下,意味着在第二年企业有机会通过滚动预算在执行层面进行预算调整。

预算在执行过程中也是要经过不断的总结、改进、付诸行动,然后再观察结果的一个过程,这个流程每个月重复一次,并滚动预测未来 12 个月的经营情况,也可以称为滚动预算循环,如图 9.2 所示。

图 9.2　滚动预测的循环

一、滚动预算的概念

首先要澄清一个概念,滚动预算与预算是有区别的,虽然它们都被称为预算。预算是严肃的、官方的,是经过董事会和股东大会讨论与批准的,是管理层要承诺的,要对比绩效来完成,并且要进行考核。按正规的预算流程和制度要求,规范地将整个全面预算过程做一遍,这是预算。

预算是一个公司的标准文档和正式的规范文件,需要存档,不仅是公司管理上的工具,还是公司股东对公司治理结构和治理方法上的一种要求。比如公司要规范化运营,规范化就要有制度流程,有一套管理手段和方法,就像开会之后要有会议纪要,预算就是公司治理的手段之一,所以预算在企业里是非常严肃的过程。

相比而言,滚动预算不像预算那么严肃,它是管理层自己使用的管理工具,与外部治理无关,与考核无关,滚动预算存不存档也没有关系,它不构成董事会对管理层的期望,它的编制和使用相对随意,是对预算有效执行的一种补充。在很多公司中滚动预算被称为滚动预测、最新预测。在外资企业会感觉比较明显,预算的英文为 budget,但是对于滚动预算,没人使用 budget 这个词,而是用 rolling forecast 或 latest estimate,意味着滚动预算与预算完全不是一回事。

滚动预算与预测在本质上没有区别,就是体现在名称上滚动预算是官方的而预测是非官方的,二者在背后的预测逻辑和方式是完全一样的。滚动预算向前滚动可以是四个季度的预算,也可以是两个季度的预算,根据需要可以很灵活地进行。滚动预算是企业用于每天改进并提高经营管理的一种优秀的方法和工具。

二、为什么做滚动预算?

滚动预算的主要作用是预测未来,而不是考核。最近几个月的滚动预算因为时间非常临近了而不容易被操控用于博弈,从这个角度来看,滚动预算比预算容易。另外,滚动预算主要应用于过程管理。

(一)滚动预算使企业对全年的情况掌握更加接近现实

一般来说,企业做向前 12 个月的滚动预算,如果现在是 6 月,做滚动预算是从现在的 6 月滚动到明年 5 月,即未来 12 个月的预测。以前 5 个月的实际为基础,加上本年 6~12 月的滚动预算,这个合计就是今年最可能的结果;到 7 月,做今年 7 月到明年 6 月的滚动预算,6 月就变成实际数字;到 8 月,做今年 8 月到明年 7 月的滚动预算,7 月就变成实际数了。这时,全年最可能的结果是 1~7 月实际数加 8~12 月的最新预测。这样,随着时间的推移,企业对全年的最可能结果的预测会越来越准确,一直到 12 月最后一次预测,误差基本上就是 0 了。因此,企业在年底没有结账的时候其实已经清楚损益表和资产负债表大概是什么样了,对于这个结果董事会是否能满意、全公司的奖金是不是在满意的水平以及是否需要在 11 月和 12 月再动员突击将目标完成得更接近一些,这些问题等到 12 月结账的时候再考虑是来不及的。因此,一般都是在 10 月、11 月的时候,企业会判断年底和全年的业绩是什么样的情况,这种判断就源于滚动预算。图 9.3 是滚动预算的示例图。

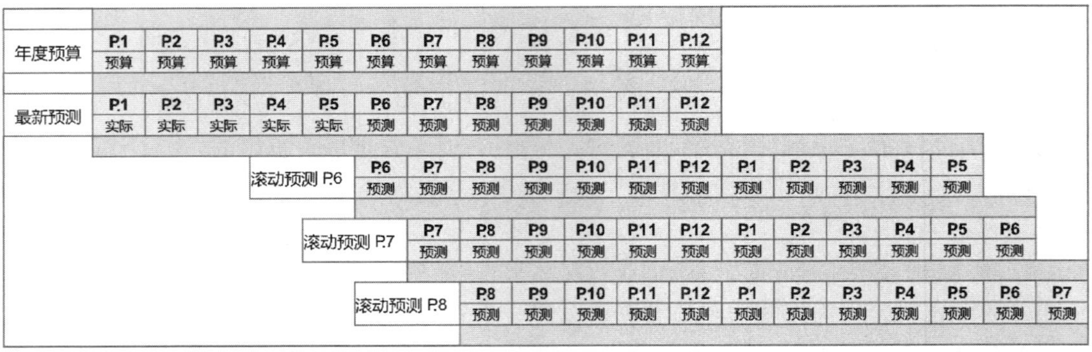

图 9.3 滚动预算示例

做滚动预算给公司管理带来的第一个益处是让企业随时了解今年最可能达到的结果,而这个结果可能与原来的预算目标相差甚远。例如,根据滚动预算,企业清楚今年最可能的结果是做到10个亿的销售收入,而今年全年的预算是13个亿,有了滚动预算,企业对全年的掌控不再依赖于固定的预算目标。

(二)滚动预算让企业更有利于分析问题和提出改进行动

滚动预算更有利于差异分析和行动方案改进。一般企业在做每个月分析的时候,比如要分析一下7月的实际与7月的预计之间差异是多少,企业将1~6个月的实际数汇总安排在前面做一个参考,包括收入、成本、费用、利润,这种分析方法叫做比较损益表。一般来讲,比较损益表可以与两个标准来比:一是本月实际情况与上年同期比,看进步了没有? 二是再将本月实际情况与预算比,看完成任务没有? 将这两个方面再展开就可以进一步比较,比如1~7月的累计数与上年同期比,看进步了没有? 累计数与预算比,看完成任务没有?

如果没有滚动预算,比较损益表中的数字就是预算数字,这样到7月之后,对于实际与预算之间的差异,可能就已经找不出原因了,因为预算已经离现在太久远,在这种情况下,预算报告和差异分析可能就对工作的改进没有指导意义。

现在企业有了滚动预算(预计),就可以将预算换成预计。实际与预计相比差异在哪儿? 立即就可以查找原因,为什么出现差异和问题? 则有主观原因和客观原因。如果是客观原因,以后就要注意在下次预计的时候多考虑客观原因;如果是主观原因,就要采取正确的行动,通过分析形成一套用于指导下一阶段工作的行动方案。

因为滚动预算要求定期地、不断地重新思考和筹划未来的业务与数字,所以在比较损益表中引用滚动预算作为差异分析的基准,更有利于分析原因,形成改进方案。例如,由于经济形势变差、市场需求疲软,企业也要及时调整原来的预算投资和费用支出:原来计划要上的生产线测试设备,现在决定不上了,那么在滚动预算里就要改一下,而原来计划招的人不招了,就得在滚动预算里将数字减下来,所以随着时间的推进,滚动预算的数值相对于当年预算的数值更为准确。图9.4是滚动预算分析报表示例。

20XX年	P.1实际	P.2实际	P.3实际	P.4实际	P.5实际	P.6实际	P.7实际	P.8预测	P.9预测	P.10预测	P.11预测	P.12预测	全年预测
收入	20	28	34	25	25	28	17	19	23	23	30	27	299
成本	15	21	18	20	20	21	10	6	17	17	13	18	196
费用	3	1	5	1	1	2	1	2	3	2	7	2	29
利润	2	6	11	4	4	6	5	2	3	4	10	2	59

图9.4 滚动预算分析报表示例

(三)滚动预算有利于年度预算

滚动预算工作对年度预算也是有很大的帮助和促进作用的。首先,做滚动预算的企业对计划和预测等一系列预算方法轻车熟路,有利于预算工作开展;其次,做滚动预算的企业在10月做第二年预算的时候,其实已经有了今年10月到明年9月的滚动预测了,只要再向后推3个月,预算基本就做出来了。没做滚动预算的企业在做预算时必须从1月到12月全部做一遍,这就是滚动预算对年度预算的促进作用。

三、滚动预算的频度和范围

很多企业不做滚动预算,最大的原因是怕麻烦,其实这是一种认识上的误区,下面通过滚动预算的频度和范围来说明这个问题。

(一)滚动预算的频度

滚动预算是服务于企业内部管理的工具,它的频度可以按照管理的需要定制。在频度上,滚动预算可以按月、双月或季度做,一般情况下都是按月做,并按月执行和管理。滚动预算与考核是有一定关系的,如果企业将滚动预算当作对预算的一种修订,同时考核指标也变了,它会与现实更接近,但是考核也就变成了一种不可预期的过程,因为下个月的滚动预算指标会变成什么样是不确定的。

不同的企业在使用滚动预算时的做法会不一样,用变化的数据来进行考核的企业还较少。那些使用滚动预算来考核的企业的逻辑出发点是:如果预算目标不现实,无法正常发挥考核激励的作用,企业就需要一个替代方案;如果按滚动预算考核员工,能调动员工的积极性,管理层也可以接受,采用它也是个不错的选择。这与企业的管理文化和管理手段有关系。

(二)滚动预算的范围

实际上,滚动预算无须全做,大部分企业只做收入、人员、投资、费用四项,因为公司最关心的就是这些部分——确保收入完成,费用控制住则企业发展的基本方向就确定了。一般其他方面都有按部就班的管理手段,只有这四项,如果不做滚动预算,就没有更好的管理手段了,所以滚动预算要挑重点做。

其实滚动预算并不麻烦,各个部门分头进行,财务部门最后汇总。汇总工作是否麻烦不是企业考虑的因素,部门经理的感觉才是企业考虑的因素,如果他们觉得滚动预算是可行的,一个月一次,工作就是填一次表格,对一个部门经理来讲工作量其实并不大。每一个部门涉及的滚动预算内容,除了销售部有一项收入以外,其他的部门只有费用、投资、人员,别的可以不做。

四、滚动预算的作用

对业务变化的及时反映是滚动预算的核心,而对变化的及时反映和思考有利于企业及时采取行动以应对变化。

在企业发展过程中,企业会提前预料到很多规律性的事情,或者提前做计划和准备,企业需要不断思考如下问题:例如,随着市场的增长销售是在增加吗?价格的趋势是在不断下降吗?企业在不断地增加营销费用投入吗?这些都必须在滚动预算中反映出来,这个反映的过程就是于各部门在完成滚动预算表格之后的审视。例如,现在的市场价格越来越低,按现在的价格趋势企业明年估计销售额达不到那么多,需要增加销售量,而销售量增加产量就得增加,就得靠新产品,问题是:企业现在有新产品的规划吗?新产品的规划体现在最新的滚动预算中了吗?

另外,滚动预算有利于培养经理人的经营能力。滚动预算会越做越熟悉,当一个部门经理做两年滚动预算之后,企业拿一个空白的滚动预算表他也能立即填上。如果经理人说不熟悉和不习惯,那就是因为缺乏这种训练。做得时间长了,脑子里都会有这张表。当一个经理脑子里有这张表的时候,预算最重要的目的就达到了。因为预算最重要的目的就是让业务经理心里对自己花的钱、自己挣的钱、收入来源于哪几个客户和哪几个单子心里有数。只有在这种情况下,他才是干了他该干的事,企业作为管理者才相信他是合格的。如果他做不出来预算,数字填不上,心里就是没有数,企业凭什么让这样的人再担任销售经理、生产经理、制造经理这样重要的职位?

五、滚动预算与预算的关系

滚动预算与预算既有区别也有联系,理解二者的关系有助于企业充分发挥预算和滚动预算的作用。

(一)滚动预算与预算是相同的预测逻辑

滚动预算对业务的预测也是有一个逻辑的,即对于业务量,明年什么时间高、什么时间低以及费用大概是多少、数字是根据什么逻辑算出来的,这些问题背后的逻辑与预算是相同的,预算是如何做出来的,滚动预算也是同样做出来的。企业在10月份完成预算后,11月份其实就开始下次的滚动预算了,12月份接着做,1月份再接着做,全是连续、没有中间停顿的。因此,滚动预算的起点就是预算,第一次滚动预算就是在预算的基础上做的。例如,对于预算年度的1月份数字先不动,从2月份开始预测今年2月份到明年1月份,从3月份开始连续滚动。滚动预算对整个公司业务是有指导意义的,就是企业随时能知道未来12个月大概是什么样的,这种预测和认识不会有大的偏差,因为它的方法与做预算是一样的。

(二)滚动预算有助于预算的推动落实

当企业推行滚动预算,让业务经理们通过滚动预算对收入、人员、投资、费用进行详细盘算的时候,就是在用规范的职业经理人的方法为企业创造价值,所以在预算作为工具推行的时候,数字是次要的,重要的是使用预算的业务经理们每个人都是管理高手,他们管理业务与竞争对手正面交锋会取得胜利,因为他们在脑子里通过滚动预算就已经有了沙盘模拟,这样,企业就会进步了。这时,预算的关键不是做得准不准,而是业务经理们是否按照职业化的方法在经营。在滚动预算工具的驱使下,职业经理人早晚会形成这种做法,否则就会被社会淘汰。

从驱动企业往前一直发展的角度讲,滚动预算可能比预算更为重要,而且如果只做预算会养成一种恶习,一年的事一年才考虑一次,没有不断推进的时间轴的概念,所以我们说需要做滚动预算。

(三)滚动预算使预算工作更容易

有了滚动预算,预算也会变得非常容易,因为在10月份做第二年预算的时候,企业发现一直到明年9月份的数字已经有了,只需再向后延3个月,第二年的预算就出来了。这时,预算相当于是滚动预算的另一个投影,只是向后延长3个月。如果在12月份做滚动预算,与做全年预算是一样的。

滚动预算不是额外的负担,它是保证企业在前进的时候对未来的持续的预见性必然要做的一项工作,但是滚动预算相对比较简单,只做收入、人员、费用和投资部分,这些也是公司管理最重要的部分。

六、滚动预算的特点

(一)滚动预算的持续滚动性

滚动预算不是给董事会的正式文件,它只是一种管理手段。滚动预算可以预计到年底的最新结果,但是要推演到未来的 12 个月。有很多公司在 7 月份做 7~12 月的向前的预测,到 8 月份了做 8~12 月的预测,这种情况不是滚动预算,因为在这里时间是有尽头的,但现实中,时间是没有尽头的。采用上面做法的公司会出现一个非常严重的问题,就是第二年 1 月份没有计划,因为所有的计划和想法在上年 12 月 31 日就结束了,但是实际上很多今年 1 月份要做的事可能在上年 8、9、10 月份就应该筹划得比较明确了,比如什么产品该上市了、该签什么合同、该发什么货、项目是否能收尾等,这些都是在上年 8、9 月份预计的。时间是直线向前、持续不断的,所以滚动预算永远是向后推一段时间,而不是截至 12 月 31 日,越做越短,这与会计的持续经营假设原则的思想是一致的。

在这种情况下,企业与产品、生产、规划、投资相关的所有情况在时间推进的过程中都在发生变化,需要不断更新预计。如果公司没有这种预计,企业就要通过滚动预算的方式来推动。例如,为什么产品规划只有在每年 10 月份年度预算期间才做呢?为什么在 6 月份不做规划呢?为了回答这个问题,企业就要通过滚动预算的方式强制业务部门去做,做得比较专业的企业都是滚动向前做计划,但是不够专业的企业一年只做一次,平时不再考虑这些事了,因为业务经理们自己没有主动管理的能力,没有需要的职业素养。因此,企业通过预算和滚动预算的形式变相地推进业务部门做本该做的事。

(二)滚动预算会越做越准

滚动预算究竟是两个月做一次,还是一个月做一次,还是一个季度做一次?这取决于业务的特点和实际的需要。我们建议按月度预计,因为这与企业会计结账周期相等,比较容易通过分析和行动不断提升质量,而一个月提升一次和一个季度提升一次是不一样的。滚动预算的主要作用是预测未来和日常管理。因为滚动预算与现实离得比较近,所以一般滚动预算没有博弈现象。在正常情况下,业务部门会越预测越准确。滚动预算越准确,将其用于管理、考核就会更准确,这个更准确的东西会有利于企业对未来的展望和决策,而且时间长了会慢慢养成习惯,将它作为过程管理的重要手段。

(三)用滚动预算评估人的能力

在传统上,企业对考核的理解是比较狭义的,是与人员评估打分、奖惩、奖金相关的。在谈到预算和滚动预算对经理人的考核时,企业将相关考核称为业绩评价或业绩管理。这种评价不是完全与奖金有关,而是包含了对经理人个人水平高低以及胜任能力的评估和评价,如评估他们能否胜任主管的位置,或者晋升事业部经理。

这意味着评价和考核虽然都是在对个人进行评估,实际上这两个环节已经分离了,因为评价和考核的关注点不一样。考核关注的是当期的业绩完成,与奖金挂钩,而评价关注的是长期的业绩以及明年是否还能做好,表明管理者对员工的期待和信任度,是对员工个人的综合素质、能力的评价。一个能力强、素质高的人,公司会认为明年他能做得很好,如果他今年的业绩不好,则在很大程度上是今年的市场形势不好。如果一个人将业绩完成得很好,但是他在水平、德行各方面都不行,公司就不能相信他明年依然能做好。

因此，从公司长期的发展看，企业要的不仅仅是业绩，而是希望有一个能不断创造业绩的人，因为有人才的企业会越来越好，但如果实际业绩没做好，则可能有多种原因，比如很有可能是前任打下的基础就不好。因此，滚动预算虽然不用于考核和奖金，但是滚动预算能够用来做评价，评价经理人对未来的预测有多准，看预测的数字最后是否做了，如果是上年的预算目标今年没做到是可以接受的，因为时间离得太远，但如果是上个月的预测这个月没有完成，而且还差得很多，只能说明做预测的人水平不够、能力不足，作为一个职业经理人在技能、经验、专业性等各方面都是不合格的，这样的经理人在企业基本上是没有发展前途的。在公司的月度经营分析会报告现场，有一个舞台来展示业务部门经理的业绩和能力，这是鞭策人的一个舞台。因此，关于考核，我们要全面理解，让滚动预算在评价方面发挥作用，也会提升企业的业绩。

七、超越预算

近20年来，很多企业，尤其是在西方国家，人们对传统预算编制产生了越来越多的不满，包括预算编制过程时间过长、预算成本过高、预算沦为博弈工具以及预算已越来越不能适应当前的竞争环境。1998年，超越预算圆桌会议（BBRT, Beyond Budget Round Table）应运而生。最近的一项研究表明，80%～90%的公司均对其规划和预算编制过程不满意，整个过程平均需要4～5个月才能完成，涉及大量人员投入并占用高管人员和财务经理20%～30%的时间。

虽然许多企业已经意识到这些问题并试图改进预算编制过程，但一直以来收效甚微。本部分将对已放弃现有预算编制过程的企业的一些做法进行概括性描述，分析它们是如何通过新的管理思路和工具来超越预算陷阱，实现更快、更灵活、更有效的计划、控制和激励。

（一）预算松弛和绩效陷阱

如本书第二章所述，由于预算博弈造成的预算松弛是预算的主要缺点和负面作用之一。在大多数企业里，年度预算的结果会形成上级和下属之间的绩效协议，协议以固定的业务目标为表现形式，为这些目标设置激励措施，制订详细的强制性计划和预算，说明可用于预算的资源。相当长一段时期以来，人们认为这是提升公司业绩的最佳途径。但问题是，如果业务部门的经理们采取所有可能的措施甚至是对公司长期发展不利的措施来达到预算绩效指标，那么对公司长期的负面影响可能会多于短期的积极影响，这就是导致年度绩效陷阱的根源。为了实现预算目标并获得相应的奖金，业务部门可能会采取一系列使企业利益受损的做法，例如，过度损耗设备而不进行必要的维修保养，控制市场广告费用支出以达到短期费用控制目的，向分销商压货而不考虑其库存风险，等等。这一系列旨在促进和提升公司短期业绩的方法，在使用不当的情况下将摧毁公司长期的价值。

（二）超越预算，掌控未来

为解决这一问题，越来越多的公司正试图采用平衡计分卡等战略管理模型，从而将公司的管理重心从预算转移到战略上，尤其是在现今商业环境不稳定、市场竞争和增长难以预知的时期，针对预算和预测的很多假设可能很快就失效，预算很有可能一经批准就已经与公司的内外部情况相悖了。很多公司开始将注意力转移到以战略计划为主的中期目标（如3～5年内降低30%的固定成本）的战略主题上。同时，目标的制定更多参考行业基准，在公司内部使用滚动预测作为业务和业绩管理工具，通过关键绩效指标（KPI）和相关的经营分析管理业绩,定期公布平衡计分卡的结果和战略计划阶段总结,这样的做法可以节省超过70%的预算和预测时间。

▲ 企业预算编制指引

本章所述的四个关键事项:预算任务分解、预算执行与报告、预算调整和滚动预算,除了有的企业因为基础条件有限而不做滚动预算之外,其他三项都是企业实施预算过程中最重要的内容,是在预算执行过程中必然要发生的行为。那么,在企业实施预算过程中,需要注意以下事项:

● 企业任务分解必须是由预算负责人(部门经理或者业务单元经理)亲自进行。如果公司结构庞大和复杂,那么要一级一级地逐级分解,从董事会批准到总经理布置给业务单元和职能部门经理,再到业务单元或者职能部门经理布置给主管或者基层员工,甚至有的企业要从集团分解到子公司、事业部、产品线或者虚拟组织等,按照组织架构和管理模式,在每一个组织,从顶端往底端进行分解预算任务的动作。

● 要给予适当的时间窗口。为了完成这个任务且不打折扣,刚开始做预算的公司还要有一定的辅导和检查,甚至配合一定的中高层经理培训。

● 预算执行与报告是每个月一次的循环行为,通常通过召开经营分析会(总裁办公会、管理会等,叫法不一)的形式来实施,做成一种仪式感。在每次会议上,都要对预算执行情况进行分析。在会议之前,财务部门最好将预算执行情况先与各部门通气,以便于各部门在会议上汇报的时候提供预算执行情况偏差的分析和纠正预算偏差的措施。

● 预算的调整是一个很少发生的行为,在一般情况下,如果发生,往往是要财务部门牵头来组织预算的修订,并提供详细说明给董事会批准,并同时对利益相关方披露相关信息。

● 滚动预算一定要在基础较好(中高层的专业能力较强,公司职业化环境较好)的公司实施,否则会导致增加不必要的额外管理成本,耗费精力,同时得不到任何好处,预算就成了众矢之的,适得其反。

微信扫码获取
名师精讲

微信扫码获取
案例分享

附录

案例：诺基亚公司的预算最佳实践

不同的公司对预算的作用会有不同的理解，赋予不同的功能，选择不同的形式，达到不同的目的，获得可能完全不同的结果。从企业管理的角度看，预算只是一种管理工具，必须融入系统的管理理念中才能发挥作用。其根本是不能脱离企业经营管理的实际，不能脱离对商业环境的理解。

一、商业计划循环

围绕着预算与计划的制订、执行和检查过程，诺基亚有三个循环程序，其中，商业循环就是根据外部环境就年度计划在战略和执行层面的循环分解过程，如图1所示。

定义远景目标
- 鉴别和分析商业环境发展趋势和变数
- 确定机会和风险

制订个人计划
- 设立个人目标和激励机制
- 确定行动计划和个人所需能力

确定战略意向
- 定义公司战略
  即：我们公司将成为……

制定年度预算
- 进行自我评估和客户满意度评估
- 决定下一期间的突破性目标和业务评价标准
- 定义行动计划和程序
- 制订短期计划

建立战略计划
- 分析确定公司的竞争优、劣势
- 确定组织、流程和资源
- 制订公司的长期计划

分享战略计划
- 就公司的关键战略目标、长期计划和财务指标进行广泛的交流和沟通

图1　商业计划循环

(一)战略规划

诺基亚公司每年1月份召开董事会，审议上年的业绩和报表，接下来憧憬未来五年，称

作"滚动的未来的五年"。企业要成为移动通信的领导者、在市场占多少的份额、描绘高科技、移动生活,这是基于企业现在的水平、机会、竞争,憧憬出一个远景出来。有了远景后,就得将它变成可描述、数据化的东西,企业称为"公司未来的五年规划"。

这里说的"五年规划"是动态向前的五年。例如,2003～2007年,期间每年应该做到什么样、收入多少、市场份额多少、利润大概多少、人员规模大概多少、分公司、投资等,这些粗糙的数据要分到各年。但这个数字必须是可靠的,要有它的来源和逻辑基础,集团CFO必须领导这个过程。CFO要组织企业里高管层和子公司的高管层,讨论并评估各国的市场未来,同时找技术部门咨询未来几年技术会变化发展成什么样?将这些综合的因素考虑之后,财务总监办公室的专家们,大概用两三个月的时间完成未来五年规划的搭建。

接下来,CEO会拿这个五年规划到全球各地子公司宣讲,讲未来五年技术发展到什么样、公司发展到什么样,与员工一起憧憬未来。这种宣讲的意义在于:在这么大的公司,生产力来源于一线,活力来源于一线,创新来源于一线,如果一线员工不清楚公司未来的方向,那么他们的目标和行为可能会偏离公司目标。我们可以在脑海里想象一个场景:每一个员工就代表一个小箭头,每个小箭头都朝向各个方向,代表员工有各自的考量,而公司的发展规划就像整幅图片里最大的一个箭头,这个箭头能影响所有小箭头的大致指向,只有将这个最大的箭头方向摆清楚、摆正确,这样所有小箭头无论原来朝向哪个方向,受大箭头(公司发展方向)的影响,其形成的合力是朝着正确的方向,员工才能立足于本职岗位,每个人都能为公司付出力量,而不至于走向相反的方向。

(二)年度预算

在每年的10月份会制定第二年的预算。因为有五年规划,明年预算干成什么样大致已经描述出来了,刚刚由CEO分享过。这个预算会做得相对较细。例如,将2013年分为12个月,收入要分各个地区、不同的产品、不同的业务单元去做。成本和费用预算也是很详细的,后面附加了很多逻辑结构。这套预算大概在11月份做完,经过汇总平衡、推演验证、质询后,这个预算一般到12月份经董事会批准后开始执行。

(三)预算分解

预算开始执行的第一件事是将这份预算分解给各个地区、各个小业务单元、各个小组和各个人,在这个过程中要花一点时间。

这个工作的重点有两个:第一,预算分解,将大的任务拆分成落实的小任务;第二,将分解出来的重点工作按人进行布置。其中的难点在于分解指标,分解指标不是仅仅要员工每天按照工作职责工作,而是为他们设定奋斗目标,指明进步空间。

这个过程是很耗费时间的,在诺基亚,上司与员工就个人上年表现总结和下年年度目标设定所进行的商讨,平均一个人要2小时。上司与员工充分发表看法,比如,对于个人上年目标的完成情况、下年目标的设定,你是怎么看的?我是怎么看的?我对你过去的工作表示满意还是不满意?哪儿好?哪儿不好?员工觉得公司有哪些地方对不起自己?还是应该换岗位了?你过去一年是否有学习和进步?明年你打算从哪些方面学习和提高?还有就是涉及个人的成长空间、职业前程都要谈到。最后,企业期望员工心平气和地接受任务,"好的,这四个重点任务你放心,我给你干好"。这样才行,不然,任务等于没有派下去。

(四)个人绩效

当企业和员工谈话分配任务的时候,集团董事会又开始憧憬未来五年了。因此,这是一个循环。高层在憧憬,底层在分解落实,一圈下来,从战略一直到实施,中间是没有间断的,像链条一样,未来最后一定会实现,原因是由这套方法决定的,企业管这套方法叫"商业计划循环"。从大战略到长期计划,到预算,到个人的绩效指标,最后的奖赏一定落实到人的头上,而不是落实到部门、组织头上。

绩效考核和员工谈话与预算工作相配合。诺基亚的人事制度要求经理与员工每年必须深度谈话一次,目的是:评价以前的工作,展望将来,布置工作。谈话的结果要形成四个报告。第一个就是对上年的业绩、目标达成、表现打分,形成好或坏的评价,这会作为奖惩、晋升的主要依据。第二个报告是关于明年的业绩指标、行为目标和期望。以对主管会计的目标为例,财务总监可能要求主管会计减少平常加班时间,提高记账质量,减少红字凭证,保证通过审计,加强税务管理规范,提升下属员工满意度,这是关于明年的第二个报告。

第三个是关于资源和个人能力发展的。例如,以现在的人员去完成明年的任务,缺人、缺工具、缺能力。员工认为工作费力,领导是否能给我提供培训机会?员工的主管要清楚员工做好一件工作需要具备什么样的能力以及员工目前的能力与要求的能力有多大的差距,然后计划通过什么途径来填补差距——在岗学习、工作辅导、自学、培训?

第四个报告是关于员工的职业发展,员工对现在工作的满意度怎样?对工作有什么看法?对领导有什么意见?

这是四页纸,最后员工和领导签字并交给人事部。

大型的公司,哪怕是全球500强,从顶上到底下,鞭子一甩,到末梢都能动起来,原因在于中间是联动的,有一套工具在有效驱动着。在一些管理很差的企业里,经常是公司领导说的话到下面早就发生了变化,传过去的已经不知道是什么了。在通信术语里,企业经常说信号衰减,信息从管理者那里100%出去,到基层员工就变成10%了。通过战略、长期计划、预算、任务分解、绩效考核这套体制,保证从上到下的一致性,企业就会很有效率,你会发现这么庞大的身躯能舞动起来,就是因为内涵的驱动力在里面。

(五)预算循环总结

上面说的是计划循环,报告循环则是一个月一次,看看主要的数据、指标各方面完成的情况。每个部门每月汇报一次,部门、公司都被驱动起来了。这是大循环套着小循环,公司小循环是预算—执行结果—预算,个人小循环就是计划—考评—计划。对公司是大预算、大计划,对部门和员工是小预算、个人计划。大预算驱动小预算,大计划驱动小计划,这是预算循环过程。这套理念和做法在公司循序渐进地推动起来,是企业财务管理的本质和核心,才能真正为公司创造价值。

二、预算的编制与执行

诺基亚公司的预算编制与执行是与商业环境密切相合的。公司总部每年会在第三季度末给所有子公司和业务单元的财务部门发一本《预算与报告指导手册》,在手册中阐明公司未来的战略、目标和将要采取的主要措施,并详细描述了公司在下一年度将要采用的报告体系和流程,描述了预算编制的框架、工具、时间、批准程序、主要指标、注意事项以及具体的项目和报表的使用说明等,几乎就是厚厚的一本"预算与报告"方面的教科书或训练手册,是每一位经理和财务人员工作时放置在手边参考和学习的指南。

激烈的市场竞争使企业高管总是希望有一种神奇的工具能够在他们决策的时候给他们一个对未来的准确预期,因为商业世界的"丛林法则"就是谁能准确预测未来,谁就能控制局面、掌握先机,在竞争中取胜。诺基亚预算的最大功能性特点是对未来的准确"预测"能力和"不断改进"的做法,这通常是被其他企业所忽视和无法做到的。

三、预测掌握未来

在大多数人追求预算的控制能力和业绩评价作用的时候,在诺基亚公司却被淡化了,而在其他企业里面似乎作用不大的预测未来和掌握防线的功能反而成了诺基亚公司预算管理的核心,这究竟是为什么呢?

首先在技术上,诺基亚公司配合计划和预算的工具就是滚动预测,如图 3 所示,也被称为"最新预测"(LE,latest estimate)。为了避免与预算混淆而称之为"预测",因为预算是企业作为法律实体存在的正式的数据文档之一,需要董事会批准等一系列复杂手续,一旦确定,很少变动。预测则灵活得多,它是企业的日常经营管理活动之一,每个月将预测数字和实际数字进行对比分析并报告总部和管理层。预算的制定和评价要以滚动预测为依据,从这个角度看,预算只是滚动预测的一个特定期间的结果。在诺基亚,滚动预算使用的工具是 Excel+Hyperion 系统。

滚动预测相当于每个月每一个经理都要制作一遍预算,而且永远要往后面增加一个月,因为上个月的数据已经被替换为实际情况了。这使诺基亚总是对公司未来的情况有所掌握,并不断更新这一信息。

诺基亚公司预算的另一个重要技术实现手段就是行动计划和时间表,即那些不能方便使用财务数据表述的重要活动、重要指标、员工满意度等要素以及重要的时间里程碑,如新产品开发、项目进度、系统的实施、改革的行动步骤等。只有这个环节落到实处,预算和预测才是有意义的,才具有可期待性,否则,企业不清楚预算与将要发生的事实有多大程度上的相关性。

除了先进的技术外,诺基亚公司实现准确预期的路径是其真正落地的"人本管理"理念。诺基亚是典型的采用职业经理人制度管理模式的企业。在它的企业文化里,所谓职业经理人,除了专业水准和职业精神、职业道德外,其最大的特点是"自我约束"和"自我激励"的能力。

此外,所有的经理都必须在沟通技能、预算技能和人员管理技能三个方面成为专家,否则将被安排培训或者训练。

其中,预算技能的培训包括以下三个方面:

(1)对本部门的未来进行预测和规划并接受答辩的能力。

(2)从企业战略角度贯彻和执行预算的能力。

(3)预测技术。例如,如何获得和掌握大量的市场和竞争信息;如何判断包括管理模式和商业模式在内未来的变化;如何获得和利用过去的历史数据和业绩指标;如何理解公司业务或者产品增长或下降趋势;如何分析行业的增长和下降趋势;如何预测公司的市场份额;

如何判断生产能力的变化和新增加的投资;如何判断新增加的人员或者组织结构的调整带来的影响以及其他数字预测技术。

正是诺基亚的这种培养和训练人力资源的行为方式和职业经理人制度,造就了高水平的管理人员,也形成了其管理上的独特看点。

诺基亚首先注重的是预算的实用性。由于其处于电子与通信领域,这个行业具有市场竞争激烈、技术创新快、风险大的特点。每一个参与其中的企业必须具有高度的灵活性、创新能力和应对变化的能力,否则将难以生存。在诺基亚公司的具体工作中,有了好的想法就马上实施,而如果发现错了,则马上改。虽然允许犯错误,但容不得半点犹豫。

为应对"计划赶不上变化快"的现实市场环境,诺基亚没有采用年度预算,代之以半年预算来加快战略调整步伐。这给公司留有了更多适应市场竞争、即时调整重要经营方针的余地,使得资源可以在短时间内按照变化的情况再一次重新配置,使其达到最大效益,目标更切合实际并具有可行性。

四、另类预算控制观

对于传统的预算控制职能,诺基亚并没有直接应用,而是通过一套特有"程序"和理念来实现的。

从程序控制看,其三个核心的业务程序分别为:

(1)产品设计程序——建立产品以适应客户需求的程序;

(2)交货程序——生产与交付合格的产品,发展与维护客户关系的程序;

(3)业务支持程序——进行管理和支持上述程序以达到公司的目标。

也可以统称以上这些为 NOKIA SOPs 和 NOKIA Policy。

要真正实现控制功能,更重要的是被企业戏称为"芬兰人的直线思维"的文化氛围,其精髓就是非常简单的想法和非常坚持的个性。企业文化和严格的程序性比预算控制还"固执"、有效。当然这种固执是"基于现实而高于预算的"固执。在诺基亚,不是有了预算就可以开支的,多数情况下并不以预算为基础。在涉及具体问题和行动的时候,必须遵守相关的程序和政策,进行可行性分析,也就是重新判断必要性;也正是因为如此,没有人会在制定预算的时候进行反复的讨价还价。因此,预算的商讨过程都是以客观的实际情况和可行性为依据,进行最大可能结果的判断,这也正是诺基亚公司预算准确性高的一个原因。

再有,如果由于市场情况突然变化,CFO 或财务总监不同意某项开支,那么无论是否有预算,无论这件事情经过谁批准,无论什么人来游说,这件事情都不可能成行。这种情况在商业环境瞬息万变的今天时有发生,而 CFO 或财务总监判断的合理性就完全依赖于其平时对业务的了解和掌握,一般来说,以其参与经营活动的程度之深足以做出一个非常专业的判断。由此可见,这种固执中也蕴含了"具体情况具体分析"的灵活性。正是这个特点,使诺基亚可以无需复杂而严格的控制制度,但却依然能取得很好的控制效果。

五、别样预算与考核

在企业实践中,不同的企业之间存在着两种比较典型的预算管理理念。

第一种就是考核控制型:有明确的承包指标,在预算内的投资和费用使用起来比较容易,而超过预算的开支很难,需要负很大的责任;这种情况下的预算编制一般都不能按期完成,因为预算的数字将是其未来的资源和利益所在,所以要经过反复的讨价还价过程;财务总监将面临十分艰苦的环境。这种预算逻辑的出发点是:要想拿到奖金,就必须完成预算,依靠激励完成任务,领导可以放心授权,很少干涉;只看结果,不看过程。

另一种就是像诺基亚一样的掌控未来型:业绩考核与控制是另外的一套系统,与预算不直接挂钩;预算的准确程度较高,激励作用靠职业经理人制度;预算的结果用于分析和改进工作;达不到目标没有人会受直接损失;注重过程,不看结果。这种预算的特点是:预期比较切合实际,容易做出正确的判断和决策,改进提高很有效率。

这种做法有以下两个明显的好处:

经理们自愿将预算做成"按照正常逻辑,具有最大可能性"的结果。这种从自身能力和资源角度考虑,综合市场竞争分析和预测而得到的结果,与实际情况非常接近,这就为预测准确性提供了先期保证。

当每个月实际的经营结果出来与预测结果对比分析的时候,每个对未来预测准确的经理都会被高度认可,因为这说明他对自己管理范围以内的情况非常了解并具有极强的掌控能力,同时,对其他外部因素也有很好的判断能力。如果预算与实际结果偏差过大,无论是比预期的情况好还是低于预期,都说明该经理对未来的判断有误,对业务的掌控能力有问题,需要继续提高和改进。

在"不严格挂钩"创造的相对宽松的氛围下,员工会比较积极地改进工作,这自然有助于预算的实现。我们可以体会到诺基亚的考核与业绩评价是一个既管过程也管结果的方式。员工只要按照公司和经理的要求认真完成自己的工作,那么就一定能获得好的评价,这是企业伦理。员工的任务就是按照规矩认真做事,公司的高层必须对方向性的问题把握清楚,并负担起责任来。对员工来讲,只管结果而忽视过程略显不公平。需要由企业承担的风险,就要由企业承担,而需要由员工付出的努力,就要由员工付出,这在诺基亚被称为共同努力、尊重个人。

东方公司《预算指导手册》

本手册的目的是为规范东方信息技术有限公司（以下简称东方公司）2008年度预算工作而编制，是预算工作的最重要参考依据。

一、2008年度预算工作概要

东方公司的2008年预算工作属于公司中期经营计划的重要组成部分，2008年度预算的主要作用是：

1. 制定2008年公司经营目标。
2. 明确各部门为完成经营目标可用的资源。
3. 预算是2008年行动计划的主要依据。
4. 财务部门将根据预算做好资金安排。

二、预算启动会议

东方公司定于2007年8月15日由总经理武德先生召开预算启动会议，会议由各一级部门经理及财务部预算协调员参加。会议将明确2007年度预算工作的主要分工和工作进度，并提出主要预算指标目标。会议确定了2008年预算工作委员会成员，委员会由总经理领导，各业务部经理和各支持部门经理为委员和部门协调人，财务部会计主管为预算总协调人和预算进度跟踪人，预算总协调人对总体预算进度和质量负责，并在部门预算提报后组织全公司的预算汇总和审核。

三、公司未来5年发展规划

2007年7月15日前，由公司总经理组织各部门制订更新未来5年发展规划，报董事会通过。规划中的2008年主要数字指标，作为公司2008年年度预算的主要依据。

表 A—1　　　　　　　　东方公司五年计划——销售额（2007～2012 年）

年度 产品	2006 实际	2007 预计	(07)%(06)	2008 预算	(08)%(07)	2009 计划	(09)%(08)	2010 计划	(10)%(09)	2011 计划	(11)%(10)	2012 计划	(12)%(11)
手机电视	0	0	0%	0	0%	10 000	0%	30 000	300%	50 000	167%	65 000	130%
手机多媒体	24 833	29 781	120%	36 229	122%	46 863	129%	51 550	110%	56 704	110%	62 375	110%
多媒体广告	23 577	20 750	88%	20 700	100%	25 850	125%	32 298	125%	45 533	141%	56 197	123%
多媒体电视	48 410	50 532	104%	56 929	113%	82 713	145%	113 848	138%	152 237	134%	183 571	121%
其他产品1	0	0	0%	0	0%	0	0%	0	0%	0	0%	0	0%
其他产品2	0	0	0%	0	0%	0	0%	0	0%	0	0%	0	0%
其他产品3	0	0	0%	0	0%	0	0%	0	0%	0	0%	0	0%
其他产品4	0	0	0%	0	0%	0	0%	8 000	0%	16 000	200%	26 000	163%
其他产品5	0	0	0%	0	0%	0	0%	0	0%	0	0%	0	0%
其他产品6	0	0	0%	0	0%	0	0%	0	0%	0	0%	0	0%
合计	96 820	101 063	104%	113 858	113%	165 426	145%	235 695	142%	320 475	136%	393 143	123%
人员数量	100	110	110%	115	105%	120	104%	125	104%	130	104%	135	104%
人员效率	968	919	95%	990	108%	1 379	139%	1 886	137%	2 465	131%	2 912	118%

四、预算的组织分工

表 A—2　　　　　　　　预算的组织分工

部门	角色与分工
董事会	预算批准
总经理	预算目标确定和预算批准
销售部	销售预测
工厂经理	制造预算
部门经理	部门人员/费用预算和资本支出预算
行政部	设施及公共费用预算
信息系统部	IT 费用预算
人事部	工资福利预算
财务部	历史数据/预算模板/预算协调/预算汇总/预算审核/主预算报表

五、预算进度安排

本次年度预算分为三个阶段：
第一阶段：数据准备；
第二阶段：主预算报告汇总；
第三阶段：审核批准。
关于每个阶段每个明细预算事项的进度及负责人，请详见表 A—3。

表 A—3   东方公司 2008 年度预算进度安排

第一阶段：数据搜集

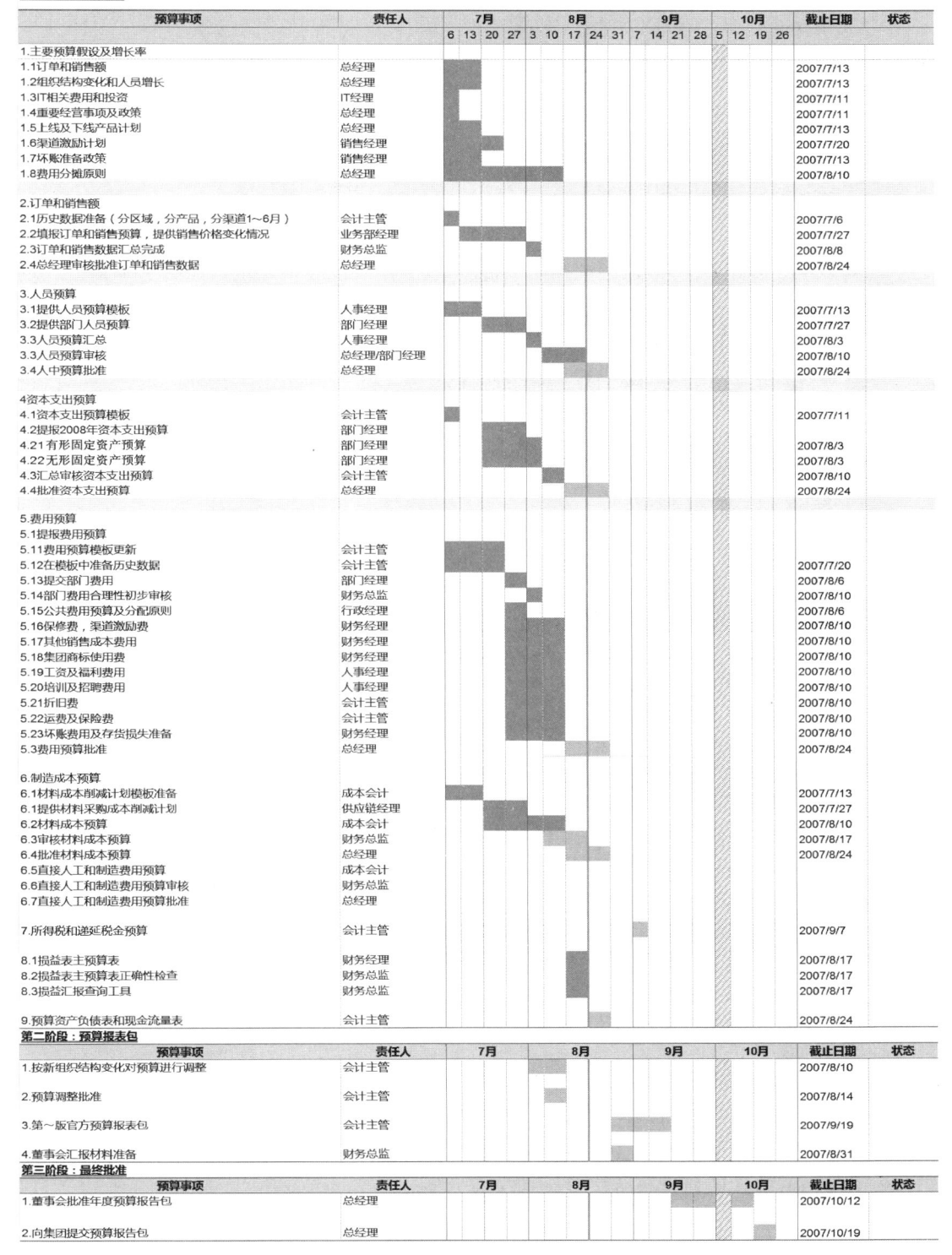

预算事项	责任人	截止日期	状态
1.主要预算假设及增长率			
1.1订单和销售额	总经理	2007/7/13	
1.2组织结构变化和人员增长	总经理	2007/7/13	
1.3IT相关费用和投资	IT经理	2007/7/11	
1.4重要经营事项及政策	总经理	2007/7/11	
1.5上线及下线产品计划	总经理	2007/7/13	
1.6渠道激励计划	销售经理	2007/7/20	
1.7坏账准备政策	销售经理	2007/7/13	
1.8费用分摊原则	总经理	2007/8/10	
2.订单和销售额			
2.1历史数据准备（分区域，分产品，分渠道1~6月）	会计主管	2007/7/6	
2.2填报订单和销售预算，提供销售价格变化情况	业务部经理	2007/7/27	
2.3订单和销售数据汇总完成	财务总监	2007/8/8	
2.4总经理审核批准订单和销售数据		2007/8/24	
3.人员预算			
3.1提供人员预算模板	人事经理	2007/7/13	
3.2提供部门人员预算	部门经理	2007/7/27	
3.3人员预算汇总	人事经理	2007/8/3	
3.3人员预算审核	总经理/部门经理	2007/8/10	
3.4人中预算批准	总经理	2007/8/24	
4资本支出预算			
4.1资本支出预算模板	会计主管	2007/7/11	
4.2提报2008年资本支出预算	部门经理		
4.21有形固定资产预算	部门经理	2007/8/3	
4.22无形固定资产预算	部门经理	2007/8/3	
4.3汇总审核资本支出预算	会计主管	2007/8/10	
4.4批准资本支出预算	总经理	2007/8/24	
5.费用预算			
5.1提报费用预算			
5.11费用预算模板更新	会计主管		
5.12在模板中准备历史数据	会计主管	2007/7/20	
5.13提交部门费用	部门经理	2007/8/6	
5.14部门费用合理性初步审核	财务总监	2007/8/10	
5.15公共费用预算及分配原则	行政经理	2007/8/6	
5.16保修费，渠道激励费	财务经理	2007/8/10	
5.17其他销售成本费用	财务经理	2007/8/10	
5.18集团商标使用费	财务经理	2007/8/10	
5.19工资及福利费	人事经理	2007/8/10	
5.20培训及招聘费用	人事经理	2007/8/10	
5.21折旧费	会计主管	2007/8/10	
5.22运费及保险费	会计主管	2007/8/10	
5.23坏账费用及存货损失准备	财务经理	2007/8/10	
5.3费用预算批准	总经理	2007/8/24	
6.制造成本预算			
6.1材料成本削减计划模板准备	成本会计	2007/7/13	
6.1提供材料采购成本削减计划	供应链经理	2007/7/27	
6.2材料成本预算	成本会计	2007/8/10	
6.3审核材料成本预算	财务总监	2007/8/17	
6.4批准材料成本预算	总经理	2007/8/24	
6.5直接人工制造费用预算	成本会计		
6.6直接人工制造费用审核	财务总监		
6.7直接人工制造费用预算批准	总经理		
7.所得税和递延税金预算	会计主管	2007/9/7	
8.1损益表主预算表	财务经理	2007/8/17	
8.2损益表主预算表正确性检查	财务总监	2007/8/17	
8.3损益汇报查询工具	财务总监	2007/8/17	
9.预算资产负债表和现金流量表	会计主管	2007/8/24	

第二阶段：预算报表包

预算事项	责任人	截止日期	状态
1.按新组织结构变化对预算进行调整	会计主管	2007/8/10	
2.预算调整批准	会计主管	2007/8/14	
3.第~版官方预算报表包	会计主管	2007/9/19	
4.董事会汇报材料准备	财务总监	2007/8/31	

第三阶段：最终批准

预算事项	责任人	截止日期	状态
1.董事会批准年度预算报告包	总经理	2007/10/12	
2.向集团提交预算报告包	总经理	2007/10/19	

六、主要预算假设和前提

1. 预算年度

本次预算涉及 2008 年度预算和 2007 年度最新预测,最终的预算审核和汇报将比较 2008 年度预算及 2007 年最新预测/2007 年预算。

2. 预算范围

损益预算以事业部为单位,分产品进行,最小预算时间单位为季度,即所有预算都要细分到 2008Q1、2008Q2、2008Q3、2008Q4。

3. 预算工具

预算以电子表格(Excel)的形式编制和汇总,模板的发放和预算报送以电子邮件方式进行。

4. 币种/汇率/通货膨胀率

预算币种为人民币,与主要外币的预算汇率为:

1USD=7.65RMB

1EUR=10.32RMB

预算 2008 年通货膨胀率为 3.5%。

5. 人员和工资费用假设

所有业务部的人员数增长低于收入增长率,工资费用增长 8%。

6. 上线与下线产品

表 A—4 为研发部预计的 2008 年上线与下线的新产品清单。

表 A—4

产品	上线/下线	时间
移动多媒体	上线	2008.3.1
多媒体电视	下线	2008.9.30

7. 预计市场平均增长率

根据行业研究报告,预计 2008 年手机电视市场平均增长率为 15%。

8. 预计税率

增值税税率为 17%,企业所得税税率为 25%。

七、销售政策和标准产品价格表

1. 销售政策

2008 年销售政策详见以下:

- 东方公司渠道分销商协议范本
- 东方公司销售渠道发展战略
- 销售渠道的区域划分和所辖省份
- 成为重点渠道分销商的条件

- 成为一般分销商的条件
- 销售渠道采购价格
- 付款条件及赊销额度
- 销售渠道年度发货指标及年终奖励政策
- 市场推广费用管理
- 一般销售管理
- 重大项目管理
- 申请特殊价格的流程
- 重点客户管理
- 销售渠道专业会议
- 技术讲座/培训收费标准及申请流程
- 产品保修须知
- 产品服务网络

2. 标准产品价格表

标准产品的价格实行标准价格基础上的折扣政策,对不同的渠道和终端客户给予不同的折扣水平,具体政策见销售政策部分。

表 A—5　　　　　　　　　　　　产品价目表

Type 产品型号	上网 Y/N	手写 Y/N	智能 Y/N	录音 Y/N	MP4 Y/N	蓝牙 Y/N	购物 Y/N	Memory	价格
手机电视									
RM0100	Y	Y	Y	N	N	N	N	56	18 100
RM0101	Y	Y	Y	Y	N	N	N	56	19 400
RM0102	Y	Y	N	Y	N	N	N	56	20 500
RM0103	Y	Y	Y	N	N	N	Y	112	21 500
RM0104	Y	Y	Y	Y	Y	Y	Y	112	23 600
RM0105	Y	Y	Y	Y	Y	Y	Y	112	26 500
RM0106	Y	Y	N	N	N	N	N	256	29 400
RM0107	Y	Y	Y	Y	N	N	N	256	35 200
RM0108	Y	Y	N	N	Y	Y	Y	256	39 700
RM0109	Y	Y	Y	Y	Y	Y	Y	512	46 800
RM0110	Y	Y	Y	Y	Y	Y	Y	512	58 600
RM0111	Y	Y	Y	Y	Y	Y	Y	1024	67 200
RM0112	Y	Y	Y	Y	Y	Y	Y	1024	78 800

注:本价格表由 2007 年 1 月 1 日开始生效,本价格含增值税。

八、预算使用的费用会计科目及解释

为统一规范预算会计科目,特制定以下科目解释:

科目编码规则:42××××××××

分类情况如下:

4200000101 至 4200000199:公司雇佣员工必须支出的人工费用

4200000201 至 4200000299：培训费用
4200000301 至 4200000399：差旅费
4200000401 至 4200000499：业务招待费
4200000501 至 4200000599：直接成本
4200000601 至 4200000699：销售与市场类费用
4200000701 至 4200000799：办公类费用
4200000801 至 4200000899：支付给外部机构的费用
4200000901 至 4200000999：维护修理与低值易耗品消耗
4200001001 至 4200001099：租赁类费用
4200001101 至 4200001199：保险类费用
4200001201 至 4200001299：其他税费

会计科目解释：

● 4200000201 技术类的培训

为提高员工技术方面的技能而发生的培训费用，如新产品、新技术的技术培训费用、计算机操作技能、软件和硬件的设计学习等费用，包括培训课程费及因为参加该培训而发生的交通费、住宿费等相关费用。

● 4200000202 非技术类的培训

非技术类的培训费，如销售和市场、财务管理、质量管理、物流管理、语言培训等方面的培训，包括培训课程费及因为参加该培训而发生的交通费、住宿费等相关费用。

● 4200000203 团队建设活动费

为促进团队合作精神、提高合作效率等目的而进行的团队建设费用。

● 4200000301 国内差旅费

在国内出差发生的各项费用的报销，包括机票费、住宿费、出租车费、出差补助、过路过桥费等。

● 4200000302 国际差旅费

在国外出差发生的各项费用的报销，包括机票费、住宿费、出租车费、出差补助、过路过桥费、签证费、制装费等。

● 4200000303 签证费

手机产业链不用，该费用记入国际差旅费。

● 4200000304 制装费

手机产业链不用，该费用记入国际差旅费。

● 4200000305 市内出租车费

记录员工因工作需要而发生的市内出租车费。在外地发生的出租车费记录在差旅费科目中。

● 4200000401 业务招待费——餐费及其他

出于业务需要而发生的招待费，包括餐费、娱乐费等。

● 4200000402 业务招待费——礼品

赠送给客户的礼品费用。

- 4200000501 运费

为材料、产品等所发生的运输费用(不包括出口环节的运费)、汽油费等。

- 4200000502 出口代理费

出口环节的代理费用。

- 4200000503 出口商检费

出口环节的商检费用。

- 4200000504 出口运费

出口环节的运输费用,邮寄费用等。

- 4200000505 材料报废

生产订单、内部订单以外的申请的材料报废,CS 2%的周转机和2%的维修备件费用。

- 4200000506 产品入网费

产品入网发生的费用,包括入网开证费用、网标费用、3C认证费用、名牌标志费用等与入网有关和产品标志有关的费用。

- 4200000507 质量认证费

为质量认证所发生的费用,包括ISO9000认证费用及其相关的资料费用。

- 4200000508 劳动保护费

员工在工作过程中使用的劳保用品费用及劳保补贴,包括防静电工作服、防静电工作手腕、指套等劳动保护用品。

- 4200000509 技术设计费

支付给外部机构的技术设计及其技术提成费用,包括MOBICOM和字源公司的提成费用。

- 4200000510 实验和测试费用

在产品测试、现场测试话费、试验检验费、产品封样、工艺测试、工艺例行实验费用等。

- 4200000511 前后壳模具

发生的前后壳模具费用。

- 4200000512 技术咨询费

为OEM项目发生的咨询费。

- 4200000513 LCD模具

发生的LCD模具费用。

- 4200000514 QDM模具

发生的QDM模具费用。

- 4200000531 试制材料

200套以下小规模试制手机发生的材料费用,该科目要求使用内部订单核算。

- 4200000532 模具摊销

对中试部和终端所的项目费用、研发费用(包含模具)的摊销。

- 4200000551 保修——拆机

拆机形成的损失,包括成品机与其构成材料之间的差异。

- 4200000552 保修——免费赠送

保修期内赠品更换发生的支出,包括手机和配件。

- 4200000553 保修——劳务费

支付给分销商的手机维修服务费。

- 4200000554 保修——等价换料

保修期内手机换料的成本差(不同物料售价相同,成本不同)。

- 4200000555 保修——等价换机

保修期内更换手机的成本差(不同手机售价相同,成本不同)。

- 4200000601 促销活动费

促销过程中发生的费用,包括促销礼品、小型路展的费用支出。

- 4200000602 展览费

展览过程中发生的费用,包括展位费用,资料费用,模型机费用、展览的聘用人员费用、礼品费用、餐费。

- 4200000603 信息咨询费

为开拓市场、增进销售等方面发生的信息咨询费用。

- 4200000604 广告费

为品牌形象或产品做宣传广告的费用,包括媒体广告费用、宣传折页、创意费用、宣传品费用、新产品培训、CI设计手册、产品部数据购买(定向调查、知名度调查)、平面报纸广告(含杂志促销)。

- 4200000605 零售市场费用

门头广告、产品灯箱广告、专柜、专卖区、专卖店、物流费用(北京运往各地零售终端)、进店费。

- 4200000606 促销员费用

督导、促销员、促销员培训及集合、促销人员培训手册、促销员提成。

- 4200000607 公关宣传费用

产品发布会和巡展费用、日常发稿费用。

- 4200000703 水电费

发生的水电费用。

- 4200000704 物业管理费

向物业公司上缴的各项费用,包括保洁、绿植、警卫消防费用等。

- 4200000705 资料制作费

手机产业链不用。

- 4200000706 书报资料费

为丰富员工知识、提高员工技能所订购的报纸、杂志、书籍等资料费用。

- 4200000707 固定电话费

发生的固定电话费用。

- 4200000708 移动话费

员工因业务需要而报销的手机话费,要求按照核定的标准执行。

- 4200000709 办公费

为办公而发生的费用,包括办公用品、饮水费用、邮寄费用、洗衣费用等。
- 4200000710 办公费

与赠送礼品有关的办公费。
- 4200000711 市内交通费

员工因业务需要发生的本市的差旅费用,包括出租车费、公共汽车车票、地铁车票费用等。
- 4200000712 存档费

人事档案的存档费、公司文件的存档费。
- 4200000713 会议费

因业务需要发生的会议费及其相应的其他费用。
- 4200000714 会议费

招待客户相关的会议费。
- 4200000801 中介机构费

除审计费用、法律费用、咨询费用等以外的付给中介机构的费用。
- 4200000802 招聘费

招聘人员发生的费用,包括招聘展位费、招聘资料费等。
- 4200000803 审计费

外部审计需要支付的费用。
- 4200000804 法律咨询费

发生的法律咨询费用。
- 4200000805 管理咨询费

一般的咨询费用。
- 4200000806 其他外部支出

手机产业链不用。
- 4200000902 修理费

对资产的修理费用、不良物料修复等费用。
- 4200000903 折旧费

对固定资产计提的折旧费用。
- 4200000904 低值易耗品摊销

对低值易耗品的摊销费用。公司的低值易耗品按照一次性摊销法进行摊销,对于200元以上2000元以下的低值易耗品要求到总裁办进行登记。200元以下的消耗材料类、机物料消耗类、办公耗材类、低价值工具等直接记入本科目,不需要再通过低值易耗品的资产科目归集后再到本科目进行摊销。
- 4200000905 仪器仪表计量费

仪器仪表检测计量时所发生的费用。
- 4200001001 房租费

支付的房租费用。
- 4200001002 租车费

租赁班车、外出业务租赁的车辆费用。
- 4200001101 财产险保费
发生的财产保险费用。
- 4200001102 运输险保费
发生的运输保险费用。
- 4200001103 其他保险费
发生的其他保险费用。
- 4200001201 印花税
发生的印花税费用。
- 4200001202 房产税
发生的房产税费用。
- 4200001203 车船使用税
发生的车船使用税费用。
- 4200001204 土地使用税
发生的土地使用税费用。
- 4200001205 无形资产摊销
对无形资产摊销的费用。
- 4200001206 坏账准备金
计提的坏账准备金的费用。
- 4200001207 计提存货跌价准备
计提存货跌价准备。
- 4200001208 其他费用
以上费用以外的其他费用,包括没有预计的费用。

九、预算产品线及产品范围

公司的产品线管理以业务部(business unit)为单位,每个业务部负责的产品组和产品如表A—6所示。

表A—6

业务部	负责人	产品组	产品
手机电视	张三丰	手机电视一代	掌上手机电视
手机电视	张三丰	手机电视一代	智能型手机电视
移动多媒体	李四军	公交电视	普通公交电视

十、预算成本中心

所有费用预算以成本中心为单位,每个成本中心的负责人对预算费用负责,表A—7是预算成本中心清单。

表 A—7　　　　　　　　　　　预算成本中心清单

公司	成本中心	业务单元	成本中心功能	区域	城市	负责人	费用归属	费用性质	是否有人员	是否分摊
东方A公司	C00001	MP	Mobile Phone China	CN	BJ	张三丰	业务部	销售市场	Y	N
东方A公司	C00002	MP	Mobile Phone China	CN	BJ	张三丰	业务部	销售市场	Y	N
东方A公司	C00003	MP	Mobile Phone China	CN	BJ	张三丰	业务部	销售市场	Y	N
东方A公司	C00004	CO	总部	CN	BJ	李四军	总部	管理费用	Y	Y
东方A公司	C00005	CO	总部	CN	BJ	李四军	总部	管理费用	Y	Y
东方A公司	C00006	CO	总部	CN	BJ	李四军	总部	管理费用	Y	Y
东方B公司	D00001	TV	TV China	CN	BJ	王大虎	总部	管理费用	Y	N
东方B公司	D00002	TV	TV China	CN	BJ	王大虎	总部	管理费用	Y	N
东方B公司	D00003	TV	TV China	CN	BJ	王大虎	总部	管理费用	Y	N
东方B公司	D00004	TV	TV China	CN	BJ	王大虎	总部	管理费用	Y	N
东方B公司	D00005	TV	TV China	CN	TJ	王大虎	总部	管理费用	N	N
东方B公司	D00006	TV	TV China	CN	BJ	王大虎	总部	管理费用	Y	N
东方B公司	D00007	TV	TV China	CN	BJ	王大虎	总部	管理费用	Y	N
东方B公司	D00008	CO	总部	CN	BJ	李四军	总部	管理费用	Y	Y
东方B公司	D00009	CO	总部	CN	BJ	李四军	总部	管理费用	Y	Y
东方B公司	D00010	CO	总部	CN	BJ	李四军	总部	管理费用	Y	Y
东方B公司	D00011	CO	总部	CN	BJ	李四军	总部	管理费用	Y	Y
东方B公司	D00012	CO	总部	CN	BJ	李四军	总部	管理费用	Y	Y
东方B公司	D00013	CO	总部	CN	BJ	李四军	总部	管理费用	Y	Y
东方B公司	D00014	CO	总部	CN	BJ	李四军	总部	管理费用	Y	Y
东方B公司	D00015	CO	总部	CN	BJ	李四军	总部	管理费用	Y	Y
东方B公司	D00016	CO	总部	CN	BJ	李四军	总部	管理费用	Y	Y

十一、费用分摊原则

所有公共费用包括公共的销售费用、管理费用、基础设施费用和 IT 费用都要按合理原则分配至与产品线直接相关的成本中心，2008 年费用分摊原则详见表 A—8。

表 A—8　　　　　　　　东方公司 2008 年预算费用分摊原则

原成本中心		分配至		2007年分配率	2008年分配率	分配原则
成本中心	成本中心名称	成本中心	成本中心名称			
C00004	行政部	C00001	手机电视销售	40%	40%	预算收入
		C00002	手机电视市场部	35%	40%	预算收入
		C00003	手机电视销售支持	25%	20%	预算收入
C00005	人事部	C00001	手机电视销售	30%	35%	人数
		C00002	手机电视市场部	20%	39%	人数
		C00003	手机电视销售支持	50%	26%	人数
C00006	财务部	C00001	手机电视销售	40%	40%	预算收入
		C00002	手机电视市场部	35%	40%	预算收入
		C00003	手机电视销售支持	25%	20%	预算收入

十二、历史数据的准备

财务部会计主管负责财务相关历史数据准备工作,包括 2007 年 1~6 月销售实际完成情况、成本中心费用汇总、分产品损益状况以及 2007 年资本支出执行情况。人事部提供截至 6 月底的人员状况。

十三、预算模板格式和填报说明

每个事业部总经理负责填报四份标准预算表格:
(1)人员预算。
(2)订单量和收入预算。
(3)所属部门费用预算。
(4)固定资产开支预算。

十四、预算相关表格清单及负责人

预算的模板表格由财务部会计主管负责设计并及时发到各部门经理填报,填报人对原始数据填报的准确性负责。

表 A-9　东方公司 2008 年度预算工作表清单及相关责任人

预算事项	责任人
分产品、区域、渠道和季度的订单和销售额	业务部经理
IT相关费用	IT经理
人员预算	人事经理
资本支出预算	业务部经理
公共费用预算及分配原则	行政经理
保修费,渠道激励费	财务经理
其他销售成本费用	财务经理
商标使用费	财务经理
工资及福利费用	人事经理
培训及招聘费用	人事经理
折旧费	会计主管
运费及保险费	会计主管
坏账费用及存货损失准备	财务经理
材料成本预算	成本会计
直接人工和制造费用预算	成本会计
单位成本预算	财务总监
所得税和递延税金预算	会计主管
损益表主预算表	财务经理
预算资产负债表和现金流量表	会计主管

十五、销售收入预算

销售收入按产品、销售渠道(客户)、区域、分月份、季度进行,具体预算样例见表 A-10。

表 A-10　　　　　　　　　销售收入预算模板及汇总分析　　　　　　　　单位:人民币

业务单元	销售渠道	Q1	Q2	Q3	Q4	总计
软件	台湾电信	187	12	209	10	418
	香港电信	24	69	24	24	141
	中国联通	5	5	-	-	10
	中国移动	10	10	35	65	120
手机电视	中国联通	883	522	1 347	324	3 075
	中国移动	3 235	5 474	3 616	4 710	17 035
移动多媒体	中国电信	290	319	319	242	1 171
总计		4 634	6 411	5 550	5 375	21 970

十六、材料成本预算

2008 年产品材料成本的计算依据是预计百分比法,即以 2007 年平均材料成本占销售收入的百分比综合考虑产品销售价格下降因素和材料采购成本下降因素,确定 2008 年材料成本占产品销售收入的百分比。分产品的产品销售价格下降预测由市场部提供,分产品的材料采购成本下降预测由采购部提供,具体模板及样表见表 A-11。根据此方法对 2008 年材料成本百分比的测算过程同见表 A-11。

表 A-11　　　　　　　东方公司 2008 年销售价格和采购成本预测　　　　　　单位:千元

产品	2007年平均销售额	材料百分比	销售价格下降比例	材料采购成本下降比例	预计影响	2008年预算销售额	2008年预算材料成本率	2008年预算材料成本
手机电视	23 775	68%	8%	5%	3.26% ↗	55 000	71%	39 189
电视多媒体	3 122	53%	10%	6%	4.44% ↗	18 000	58%	10 382
软件	35 777	61%	20%	8%	15.00% ↗	40 000	76%	30 373

十七、人工及制造费用与单位成本预算

成本会计负责根据 2008 年生产能力预算、生产人工预算、生产制造费用预算来计算单位工时和制造费用,并在此基础上做出单位产品成本预算。预算的单位成本计算表样表详见表 A-12。

表 A－12　　　　　　　　　　　　东方公司产品成本计算单

产品品类：手机电视　　　　　　　　　　　　　　　　　　　　　　　　　计价单位：人民币

折算汇率：1US＄＝7.6RMB￥

材料项目		代码	单位	数量	采购价格				工时	单位工时人工	单位工时制造费用	工时费用	制造费用	单位成本
					美元单价	关税运费	人民币单价	总材料成本						
组装	材料1	R001	PC	1	1.00	9%	16.57	16.57						
	材料2	R005	PC	3	3.00	9%	24.85	74.56						
	材料3	R006	PC	5	4.00	9%	33.14	165.68						
	材料4	R021	PC	1	5.00	9%	41.42	41.42						
	材料5	R025	PC	6	6.00	9%	49.70	298.22						
	材料6	R026	PC	8	7.00	9%	57.99	463.90						
	材料7	R028	PC	1	8.00	9%	66.27	66.27						
	材料8	R027	PC	9	9.00	9%	74.56	671.00						
	组装总计							1 797.63	5	20	50	100	250	2,148
测试	测试总计							-	2	30	60	60	120	180
合计单位成本								1 797.63				160.00	370.00	2 327.63

十八、人员预算

人员预算是部门预算的基础，本预算由各部门经理负责，原则上人员增加不超过销售收入增长百分比，由人事部负责提供截至 2007 年 7 月的数据和填报模板。

表 A－13　　　　　　　　　　　　东方公司 2008 年人员预算

成本中心号	成本中心名称	2007年7月实际数	预计变化(Q3-Q4)	2007年年终预测	2008年变化预算				2008年年终预测	2008年分季度预算				备注
					Q1	Q2	Q3	Q4		Q1	Q2	Q3	Q4	
C00001	手机电视销售	3		3					3	3	3	3	3	
C00002	手机电视市场部	2	1	3					3	3	3	3	3	
C00003	手机电视销售支持	6	3	9	1				10	10	10	10	10	
C00004	行政部	1	2	3	1				4	4	4	4	4	
C00005	人事部	4		4		1			5	4	5	5	5	
C00006	财务部	1	1	2					2	2	2	2	2	
D00001	移动电视销售	1		1	1				2	2	2	2	2	
D00002	移动电视市场部	41		41		3	6		50	41	44	50	50	
D00003	移动电视销售支持	9		9		1			10	9	10	10	10	
D00004	移动电视生产线	7		7		2			9	7	9	9	9	
D00005	移动电视质量控制			0	6		2		8	6	6	8	8	
D00006	移动电视售后服务	3	2	5		1			6	5	6	6	6	
D00007	移动电视研发	2	1	3					3	3	3	3	3	
D00008	物业部	13	1	14	1		1		16	15	15	16	16	
D00009	客户服务部			0					0	0	0	0	0	
D00010	总经理办公室	2	1	3			1		4	3	3	4	4	
D00011	呼叫中心	6	1	7	3				10	10	10	10	10	
D00012	法律事务部	1	1	2					2	2	2	2	2	
D00013	维修部	1	1	2					2	2	2	2	2	
D00014	培训部				1				2	2	2	2	2	
D00015	采购部	8		8			5		13	8	8	13	13	
D00016	设施管理	3		3					3	3	3	3	3	
	总计	114	16	130	14	8	15	0	167	144	152	167	167	

190

十九、人员费用预算

人员费用预算由人事部负责,需要按季度、按成本中心和预算的2008年的人员情况提供如表A－14所示的项目的预算。

表A－14　　　　　人员费用预算类目表

工资性支出	五险一金及补充保险	其他
工资 奖金	养老保险 医疗保险 失业保险 工伤保险 生育保险 住房公积金 补充医疗保险	日常福利 教育经费 工会经费 档案管理费

二十、部门费用预算

部门费用分为可控费用和不可控费用两个部分,部门经理负责填报可控部分(运营费用和特殊费用部分为可控费用,人员费用、折旧费用和分摊费用为不可控费用),2008年的预算分季度填报,财务部门已将2007年1～6月的实际情况列示,在填报2008年预算前,部门经理负责对2007年下半年的费用进行预计,在此基础上得到2007年全年预算部门费用,此费用用于检查核对2008年预算的相对合理性,原则上所有费用在2007年全年预计数字的基础上2008年预算增长不超过销售收入增长的比率。部门费用预算的模板详见表A－15,关于预算会计科目的解释请见"预算科目解释"。

表A－15　　　　　　　　东方公司2008年部门费用预算模板

成本中心号
成本中心

科目代码	科目名称	2007年预算	2007年全年预计			预计%预算	2008年预算					08预算%07预算	08预算%07预计
			1~6月实际	7~12月预计	2007预计		Q1	Q2	Q3	Q4	全年预算		
	人员数量												
101	工资												
103	奖金												
104	日常福利												
105	养老保险												
106	医疗保险												
107	教育经费												
108	工会经费												
109	住房公积												
112	档案管理费												
	总计人员费用												
201	招聘费												
202	培训费												
203	办公用品												
204	电信费												
205	邮寄费												
206	书籍报刊费												
207	电脑及相关品												

续表

科目代码	科目名称	2007年预算	2007年全年预计			2008年预算					08预算%07预算	08预算%07预计
			1~6月实际	7~12月预计	2007预计 %预算	Q1	Q2	Q3	Q4	全年预算		
208	市内车费											
209	国内出差交通费											
210	异地出租车											
211	国内住宿费											
212	出差餐补											
213	洗衣费											
214	国外出差费											
215	员工工作餐											
216	会议费											
217	董事会											
218	交际费											
219	礼品费											
220	房租											
222	低值易耗品											
223	物料消耗											
224	财产保险费											
225	维修及配件											
226	劳动保护费											
227	交通运输费											
	运营费用合计											
403	渠道推广费											
405	终端推广费											
412	研究开发费											
413	样品费											
503	商业信息费											
504	商业和政府交际											
	总计特殊费用											
831	计算机及附属设备											
832	办公用电子设备											
833	通信设备											
841	办公家具及用具											
	总计折旧费											
931	总部管理费用分摊											
932	公共设施费用分摊											
	总分摊费用											
	总计部门费用											

二十一、IT费用预算

IT预算由信息系统部经理负责,需要按季度提供以下项目的预算:
(1)电脑设备折旧费;
(2)计算机软件使用费;
(3)IT设备维护修理费;
(4)部门人员相关费用;
(5)宽带电信费用;
(6)电脑备件费;
(7)公司网站维护费。

IT相关费用作为一个费用整体向受益成本中心分配,分配的原则是各部门的计算机台数。

二十二、设施及公共费用预算

行政经理负责所有公共设施费用预算内容,相关的分配原则如表A-16所示。

表 A-16

费用项目	分配原则
电费	占地面积
蒸汽费	占地面积
水费	人头数
房租	占地面积
物业费	占地面积
班车费	人头数
电话费	人头数
快递费	人头数
修理费	人头数
保洁费	人头数
保安费	人头数
办公用品费	人头数
租花费	人头数

二十三、资本性支出预算

资本性支出是指单位价值在2 000元以上,使用年限一年以上的资产支出。本项支出分成本中心填报,由部门经理负责,具体格式和填报要求详见表A-17。

表 A-17　　　　　　　　　　资本性支出预算

成本中心	资产类别	资产名称	负责人	使用年限	购买理由陈述	数量	单价	1季度	2季度	3季度	4季度	Total

二十四、折旧预算

折旧费用预算按现有固定资产 2008 年预计折旧和 2008 年新增固定资产预计折旧分别计算。存量资产折旧具体计算方法详见表 A—18。

表 A—18　　　　　　　　　　2008 年折旧预算方法（存量）

成本中心	资产类别	资产名称	负责人	使用年限	采购日期	购置理由陈述	数量	单价	总计	月折旧	1月	2月	3月	4月	5月	6月	7月	8月	9月	10月	11月	12月
C00001	计算机	笔记本电脑	张三丰	3	2008-04-01	新员工	1	15	15	0.4	0.0	0.0	0.0	0.0	0.4	0.4	0.4	0.4	0.4	0.4	0.4	0.4
C00001	计算机	台式电脑	张三丰	3	2008-04-02	旧电脑到期更换	2	12	24	0.7	0.0	0.0	0.0	0.0	0.7	0.7	0.7	0.7	0.7	0.7	0.7	0.7
C00001	计算机	笔记本电脑	张三丰	3	2008-04-03	旧电脑到期更换	1	15	15	0.4	0.0	0.0	0.0	0.0	0.4	0.4	0.4	0.4	0.4	0.4	0.4	0.4
C00001	计算机	笔记本电脑	张三丰	3	2008-04-04	旧电脑到期更换	1	15	15	0.4	0.0	0.0	0.0	0.0	0.4	0.4	0.4	0.4	0.4	0.4	0.4	0.4
C00001	计算机	数码相机	张三丰	3	2008-05-01	市场业务需要	1	5	5	0.1	0.0	0.0	0.0	0.0	0.0	0.1	0.1	0.1	0.1	0.1	0.1	0.1
C00001	计算机	笔记本电脑	张三丰	3	2008-05-02	新员工	3	15	45	1.3	0.0	0.0	0.0	0.0	0.0	1.3	1.3	1.3	1.3	1.3	1.3	1.3
D00004	设备	测试单元	李四军	3	2008-05-03	新生产线	20	5	100	2.8	0.0	0.0	0.0	0.0	0.0	2.8	2.8	2.8	2.8	2.8	2.8	2.8
D00004	计算机	笔记本电脑	李四军	3	2008-05-04	新生产线	1	15	15	0.4	0.0	0.0	0.0	0.0	0.0	0.4	0.4	0.4	0.4	0.4	0.4	0.4
D00004	计算机	笔记本电脑	李四军	3	2008-05-05	新生产线	1	15	15	0.4	0.0	0.0	0.0	0.0	0.0	0.4	0.4	0.4	0.4	0.4	0.4	0.4
D00004	计算机	笔记本电脑	李四军	3	2008-05-06	新生产线	1	15	15	0.4	0.0	0.0	0.0	0.0	0.0	0.4	0.4	0.4	0.4	0.4	0.4	0.4
D00004	计算机	台式电脑	李四军	3	2008-07-06	新生产线	1	12	12	0.3	0.0	0.0	0.0	0.0	0.0	0.0	0.0	0.3	0.3	0.3	0.3	0.3
D00004	工具	万用表	李四军	3	2008-07-07	新生产线	2	7	14	0.4	0.0	0.0	0.0	0.0	0.0	0.0	0.0	0.4	0.4	0.4	0.4	0.4
D00004	计算机	台式电脑	李四军	3	2008-07-08	到期更新	15	12	180	5.0	0.0	0.0	0.0	0.0	0.0	0.0	0.0	5.0	5.0	5.0	5.0	5.0
D00004	计算机	台式电脑	李四军	3	2008-07-09	到期更新	1	12	12	0.3	0.0	0.0	0.0	0.0	0.0	0.0	0.0	0.3	0.3	0.3	0.3	0.3
D00004	计算机	台式电脑	李四军	3	2008-07-10	到期更新	1	12	12	0.3	0.0	0.0	0.0	0.0	0.0	0.0	0.0	0.3	0.3	0.3	0.3	0.3
D00004	计算机	笔记本电脑	李四军	3	2008-09-11	到期更新	1	15	15	0.4	0.0	0.0	0.0	0.0	0.0	0.0	0.0	0.0	0.4	0.4	0.4	0.4
D00004	工具	杂项	李四军	5	2008-09-12	到期更新	1	300	300	5.0	0.0	0.0	0.0	0.0	0.0	0.0	0.0	0.0	5.0	5.0	5.0	5.0
D00004	工具	生产线电脑备用电源	李四军	3	2008-09-13	生产线改造	1	300	300	8.3	0.0	0.0	0.0	0.0	0.0	0.0	0.0	0.0	8.3	8.3	8.3	8.3
D00004	工具	电子显示牌	李四军	3	2008-09-14	生产线改造	1	100	100	2.8	0.0	0.0	0.0	0.0	0.0	0.0	0.0	0.0	2.8	2.8	2.8	2.8
D00004	计算机	台式电脑	李四军	3	2008-09-15	生产线改造	1	12	12	0.3	0.0	0.0	0.0	0.0	0.0	0.0	0.0	0.0	0.3	0.3	0.3	0.3
D00004	设备	烟雾净化系统	李四军	4	2008-1-15	生产线改造	1	70	70	1.5	0.0	1.5	1.5	1.5	1.5	1.5	1.5	1.5	1.5	1.5	1.5	1.5
D00004	设备	无铅焊台	李四军	3	2008-10-16	生产线改造	5	10	50	1.4	0.0	0.0	0.0	0.0	0.0	0.0	0.0	0.0	0.0	1.4	1.4	1.4
D00004	工具	其他手动工具	李四军	3	2008-10-17	生产线改造	1	5	5	0.1	0.0	0.0	0.0	0.0	0.0	0.0	0.0	0.0	0.0	0.1	0.1	0.1
											0.0	0.0	0.0	0.0	0.0	0.0	0.0	0.0	0.0	0.0	0.0	0.0
											0.0	0.0	0.0	0.0	0.0	0.0	0.0	0.0	0.0	0.0	0.0	0.0
											0.0	0.0	0.0	0.0	0.0	0.0	0.0	0.0	0.0	0.0	0.0	0.0

新增资产折旧具体计算方法详见表 A—19。

表 A—19　　　　　　　　　　2008 年折旧预算方法（新增）

成本中心	资产类别	资产名称	负责人	使用年限	采购日期	到期日	数量	单价	总计	月折旧	1月	2月	3月	4月	5月	6月	7月	8月	9月	10月	11月	12月
C00001	计算机	笔记本电脑	张三丰	3	2005/5/1	2008/4/30	1	15	15	0.4	0.42	0.42	0.42	0.42	-	-	-	-	-	-	-	-
C00001	计算机	台式电脑	张三丰	3	2006/11/2	2009/11/1	2	12	24	0.67	0.67	0.67	0.67	0.67	0.67	0.67	0.67	0.67	0.67	0.67	0.67	0.67
C00001	计算机	笔记本电脑	张三丰	3	2005/11/3	2008/11/2	1	15	15	0.4	0.42	0.42	0.42	0.42	0.42	0.42	0.42	0.42	0.42	0.42	-	-
C00001	计算机	笔记本电脑	张三丰	3	2005/11/4	2009/11/3	1	15	15	0.4	0.42	0.42	0.42	0.42	0.42	0.42	0.42	0.42	0.42	0.42	0.42	0.42
C00001	计算机	数码相机	张三丰	3	2004/1/5	2007/1/4	1	5	5	0.1	-	-	-	-	-	-	-	-	-	-	-	-
C00001	笔记本电脑	笔记本电脑	张三丰	3	2003/1/6	2006/1/5	3	15	45	1.3	-	-	-	-	-	-	-	-	-	-	-	-
D00004	设备	测试单元	李四军	3	2003/1/7	2006/1/6	20	5	100	2.8	-	-	-	-	-	-	-	-	-	-	-	-
D00004	计算机	笔记本电脑	李四军	3	2003/1/8	2006/1/7	1	15	15	0.4	-	-	-	-	-	-	-	-	-	-	-	-
D00004	计算机	笔记本电脑	李四军	3	2003/1/9	2006/1/8	1	15	15	0.4	-	-	-	-	-	-	-	-	-	-	-	-
D00004	计算机	笔记本电脑	李四军	3	2003/1/10	2006/1/9	1	15	15	0.4	-	-	-	-	-	-	-	-	-	-	-	-
D00004	计算机	台式电脑	李四军	3	2005/3/11	2008/3/10	1	12	12	0.3	0.33	0.33	-	-	-	-	-	-	-	-	-	-
D00004	工具	万用表	李四军	3	2006/6/12	2009/6/11	2	7	14	0.4	0.39	0.39	0.39	0.39	0.39	0.39	0.39	0.39	0.39	0.39	0.39	0.39
D00004	计算机	台式电脑	李四军	3	2006/6/13	2009/6/12	15	12	180	5.0	5.00	5.00	5.00	5.00	5.00	5.00	5.00	5.00	5.00	5.00	5.00	5.00
D00004	计算机	台式电脑	李四军	3	2006/6/14	2009/6/13	1	12	12	0.3	0.33	0.33	0.33	0.33	0.33	0.33	0.33	0.33	0.33	0.33	0.33	0.33
D00004	计算机	笔记本电脑	李四军	3	2006/6/15	2009/6/14	1	15	15	0.4	0.42	0.42	0.42	0.42	0.42	0.42	0.42	0.42	0.42	0.42	0.42	0.42
D00004	计算机	台式电脑	李四军	3	2006/6/16	2009/6/15	1	12	12	0.3	0.33	0.33	0.33	0.33	0.33	0.33	0.33	0.33	0.33	0.33	0.33	0.33
D00004	计算机	笔记本电脑	李四军	3	2005/9/17	2008/9/16	1	15	15	0.4	0.42	0.42	0.42	0.42	0.42	0.42	0.42	0.42	0.42	-	-	-
D00004	工具	杂项	李四军	3	2005/9/18	2008/9/17	1	300	300	8.3	8.33	8.33	8.33	8.33	8.33	8.33	8.33	8.33	8.33	-	-	-
D00004	工具	生产线电脑备用电源	李四军	3	2005/9/19	2008/9/18	1	300	300	8.3	8.33	8.33	8.33	8.33	8.33	8.33	8.33	8.33	8.33	-	-	-
D00004	工具	电子显示牌	李四军	3	2005/9/20	2008/9/19	1	100	100	2.8	2.78	2.78	2.78	2.78	2.78	2.78	2.78	2.78	2.78	-	-	-
D00004	计算机	台式电脑	李四军	3	2005/9/21	2008/9/20	1	12	12	0.3	0.33	0.33	0.33	0.33	0.33	0.33	0.33	0.33	0.33	-	-	-
D00004	设备	烟雾净化系统	李四军	4	2005/9/22	2009/9/21	1	70	70	1.5	1.46	1.46	1.46	1.46	1.46	1.46	1.46	1.46	1.46	1.46	1.46	1.46
D00004	设备	无铅焊台	李四军	3	2007/3/23	2010/3/22	5	10	50	1.4	1.39	1.39	1.39	1.39	1.39	1.39	1.39	1.39	1.39	1.39	1.39	1.39
D00004	工具	其他手动工具	李四军	3	2007/3/24	2010/3/23	1	5	5	0.1	0.14	0.14	0.14	0.14	0.14	0.14	0.14	0.14	0.14	0.14	0.14	0.14

二十五、保修费/销售返利/存货损失准备和其他直接成本预算

与产品相关的重要直接成本分产品单独预算,不进入成本中心。各项成本预算的方法如表 A-20 所示。

表 A-20

费用项目	预算依据	预算比率	预算金额
保修费	销售收入	5%	
销售返利	销售收入	3.5%	
存货损失	存货金额	1.5%	
坏账损失	应收账款余额	1%	

二十六、预算损益表、资产负债表、现金流量表

主预算报表包括损益预算表、资产负债预算表、现金流量预算表,格式见表 A-21、A-22、表 A-23、表 A-24,财务主管负责对超过 10% 的差异进行解释分析。

表 A-21　　　　　　　　　　主要财务指标
2008 年预算　　　　　　　　　　　　　　　　　　　　　　　单位:万元

项目	2006年实际	2007年预计	2008年预算
损益表项目			
销售额	4 834.00	5 043.83	5 692.89
营业费用	3 259.10	2 952.93	3 376.10
营业利润	385.50	930.04	992.63
移动多媒体投资前利润	(94.50)	549.37	465.02
移动多媒体投资	0.00	84.20	190.00
移动多媒体投资后利润	(94.50)	465.17	275.02
资产负债表项目			
现金	1 368.98	1 933.36	1 767.74
应收账款	1 379.27	1 468.81	1 556.58
应收账款天数(天)	83.00	98.00	77.00
人头数			
合计公司职员	151	153	160

表 A-22   损益预算表
                             （2008 全年）

	2006 实际		2007 预计		2008 预算		01B-00A	
	2006 实际	%	2007 估计	%	2001 预算	%	差异	%
销售收入	48 340 000	100%	50 438 340	100%	56 928 895	100%	6 490 555	13%
销售成本								
材料成本	5 734 000	12%	4 871 852	10%	5 605 063	10%	733 211	15%
直接人工	1 136 000	2%	441 052	1%	453 137	1%	12 085	3%
制造费用	5 024 000	10%	6 295 710	12%	7 183 477	13%	887 767	14%
合计销售成本	**11 894 000**	**25%**	**11 608 614**	**23%**	**13 241 677**	**23%**	**1 633 063**	**14%**
毛利	**36 446 000**	**75%**	**38 829 726**	**77%**	**43 687 218**	**77%**	**4 857 493**	**13%**
行政管理开支								
行政管理费用	6 074 000	13%	6 154 165	12%	7 870 766	14%	1 716 601	28%
产品支持部	-	0%	-	0%	-	0%	-	0%
后勤支持部	448 000	1%	399 568	1%	972 947	2%	573 380	143%
合计行政管理开支	**6 522 000**	**13%**	**6 553 733**	**13%**	**8 843 713**	**16%**	**2 289 980**	**35%**
销售及推广费用								
市场部	4 990 000	10%	5 298 383	11%	5 763 296	10%	464 913	9%
销售部	21 079 000	44%	17 677 205	35%	19 153 957	34%	1 476 752	8%
合计销售及推广费用	**26 069 000**	**54%**	**22 975 588**	**46%**	**24 917 253**	**44%**	**1 941 665**	**8%**
营运利润	**3 855 000**	**8%**	**9 300 405**	**18%**	**9 926 253**	**17%**	**625 847**	**7%**
财务费用								
利息支出(减收入)	757 000	2%	682 293	1%	760 500	1%	78 207	11%
汇兑损益	-	0%	(131 241)	0%	(100 000)	0%	31 241	-24%
现金折扣	-	0%	481 535	1%	715 751	1%	234 216	49%
合计财务费用	**757 000**	**2%**	**1 032 588**	**2%**	**1 376 251**	**2%**	**343 663**	**33%**
其他支出(收入)								
商标及技术转让费	1 627 000	3%	2 471 392	5%	3 717 589	7%	1 246 197	50%
工厂房租	3 115 000	6%	-	0%	-	0%	-	0%
营业外支出(减收入)	-	0%	18 859	0%	-	0%	(18 859)	-100%
增值税返还	(945 000)	-2%	-	0%	-	0%	-	0%
坏账准备	13 000	0%	32 307	0%	-	0%	(32 307)	-100%
存货损失准备	-	0%	-	0%	-	0%	-	0%
新办公室装修摊销	-	0%	182 181	0%	182 181	0%	-	0%
开办费摊销	818 000	2%	69 393	0%	-	0%	(69 393)	-100%
开办汇兑损益摊销	(585 000)	-1%	-	0%	-	0%	-	0%
合计其他支出/(收入)	**4 043 000**	**8%**	**2 774 131**	**6%**	**3 899 770**	**7%**	**1 125 639**	**41%**
净利润(不含新产品移动多媒体)	**(945 000)**	**-2%**	**5 493 687**	**11%**	**4 650 232**	**8%**	**(843 455)**	**-13%**
移动多媒体								
研发费用	-	0%	841 963	2%	500 000	1%	(341 963)	-41%
市场费用	-	0%	-	0%	1 400 000	2%	1 400 000	0%
合计移动多媒体费用	**-**	**0%**	**841 963**	**2%**	**1 900 000**	**3%**	**1 058 037**	**126%**
税前净利	**(945 000)**	**-2%**	**4 651 723**	**9%**	**2 750 232**	**5%**	**(1 901 491)**	**-41%**
所得税	-	0%	-	0%	-	0%	-	0%
税后净利	**(945 000)**	**-2%**	**4 651 723**	**9%**	**2 750 232**	**5%**	**(1 901 491)**	**-41%**

表 A-23　　　　　　　　　　　　　　　资产负债预算表

（2008 全年）

资产负债表项目	2006年 实际数	2007年 预计数	2008年 预算数	预算方法	依据
资产					
现金	6 459.95	10 528.51	12 107.79		
银行存款	1 642 919.28	2 318 826.18	2 117 697.27		
应收账款	1 666 769.75	1 778 538.39	1 884 288.80	应收帐款周转天数	销售收入
坏账准备	(5 000.31)	(8 892.69)	(8 892.69)	坏账准备政策	应收账款
预付款	116 649.23	44 054.60	52 865.52	采购的预付款	材料成本和采购预算
其他应收款	122 399.68	20 600.67	29 870.97	备用金和职工借款的增加数	
待摊费用	21 601.49	12 445.91	13 690.50		
存货	555 316.29	576 138.59	1 153 170.71	存货周转率	销售成本
存货损失准备	54 937.93	126 195.69	126 265.06	存货损失准备政策	存货余额
合计流动资产	4 182 053.29	4 878 435.84	5 381 063.93		
固定资产					
固定资产	1 803 399.04	1 979 991.46	2 254 514.35	固定资产更新和报废	资本开支计划
累计折旧	(905 835.97)	(1 102 320.63)	(1 414 223.21)		
固定资产净值	897 563.07	877 670.83	840 291.15		
其他资产					
在建工程	14 407.19	-	-		
开办费	3 920.38				
其他递延资产	78 332.42	108 017.33	65 591.43	递延资产变化情况	
合计其他资产	96 660.00	108 017.33	65 591.43		
合计资产	5 176 276.36	5 864 124.00	6 286 946.50		
流动负债					
短期借款	1 566 265.06	1 566 265.06	1 566 265.06	融资计划	融资计划
应付账款	53 296.77	66 278.89	99 418.34	应付账款付款天数	采购额
应付股利——股东1	788 449.04	891 336.83	878 338.64	股利分配计划	股利分配计划
应付股利——股东2	777 806.80	765 822.95	807 548.24	股利分配计划	股利分配计划
应付工资及相关	913 867.56	946 206.37	974 785.31	工资、奖金的付款时间	个人费用预算
应付税金	134 380.76	42 531.00	46 784.10	工资、奖金的付款时间	个人费用预算
其他应付款	16 703.64	128 677.07	193 015.61		
预提费用	28 949.49	-	-		
合计负债	4 279 719.12	4 407 118.17	4 566 155.30		
股东权益					
实收资本——股东1	2 000 000.00	2 000 000.00	2 000 000.00		
实收资本——股东2	2 000 000.00	2 000 000.00	2 000 000.00		
资本公积	10 271.08	10 271.08	10 271.08		
本年利润	(113 855.42)	560 448.59	331 353.25	预算损益表	预算损益表
未分配利润	(2 999 858.42)	(3 113 713.85)	(2 553 265.26)		
合计股东权益	896 557.24	1 457 005.82	1 788 359.07		
合计负债和权益	5 176 276.36	5 864 124.00	6 354 514.37		

表 A－24　　　　　　　　　　　　现金流量预算表
(2007～2008 年)

项目	2007年预计	2008年预算	数据来源
1. 经营活动产生的现金流量			
1.1 现金流入			
销售商品、提供劳务收入的现金	58 062 779	65 341 147	销售收入预算和应收账款预算
收到租金	-	-	
收到的增值税销项税额	-	-	
收到退回的增值税款	-	-	
收到的其他税费的返还	-	-	
收到的其他与经营活动有关的现金	49 602	-	
货币兑换收益	-	-	
现金流入小计	58 112 381	65 341 147	
1.2 现金流出			
支付的采购材料、接受劳务款	5 132 304	10 395 889	材料成本预算
支付的租赁款	-	-	
支付给职工的工资（工资、奖金、福利）	6 298 959	13 740 432	人员费用预算
支付的增值税款	8 522 784	7 910 611	销售收入预算和应收账款预算
支付的所得税款	1 465 648	1 277 007	损益表主预算
支付的其他税费	210 298	252 358	管理费用预算中的税金项
支付的其他与经营活动有关的现金 —— 部门1	3 654 036	3 408 435	部门预算
支付的其他与经营活动有关的现金 —— 部门2	488 702	817 588	部门预算
支付的其他与经营活动有关的现金 —— 部门3	-	-	部门预算
支付的其他与经营活动有关的现金 —— 部门4	14 677 566	11 748 782	部门预算
支付的其他与经营活动有关的现金 —— 部门5	3 927 602	6 079 007	部门预算
支付的其他与经营活动有关的现金 —— 部门6	942 760	1 461 144	部门预算
支付的其他与经营活动有关的现金 —— 部门7	385 336	315 802	部门预算
	-	-	部门预算
			部门预算
货币兑换损失	(431)	-	
支付的技术转让提成费	1 600 750	3 722 119	技术转让费单项预算
支付的房租费	3 380 891	3 429 794	公共费用单项预算
支付的工房改造款	77 898	-	
支付的办公区改造款	155 313	-	
现金流出小计	50 920 415	64 558 970	
经营活动产生的现金流量净额	7 191 966	782 177	
2. 投资活动产生的现金流量			
2.1 现金流入			
收回投资所收到的现金	-	-	
分得股利或利润所收到的现金	-	-	
取得债券利息收入所收到的现金	-	-	
处置固/产、无/产和其他长期资产而收到的现金	-	-	
收到的其他与投资活动有关的现金	32 889	-	
现金流入小计	32 889	-	
2.2 现金流出			
购建固/产、无/产和其他长期资产所支付的现金	874 631	1 707 940	资本性开支预算
权益性投资所支付的现金	-	-	
债权性投资支付的现金	-	-	
支付的其他与投资活动有关的现金	-	-	
现金流出小计	874 631	1 707 940	
投资活动产生的现金流量净额	841 742	1 707 940	

续表

项目	2007年预计	2008年预算	数据来源
3. 筹资活动产生的现金流量			
3.1 现金流入			
收到双方股东的出资额	-	-	
收到双方股东的增资额	-	-	
吸收权益性投资所收到的现金	-	-	
借款所收到的现金（即贷款）	13 000 000	-	
收到的其他与筹资活动有关的现金	107 904	40 000	
现金流入小计	13 107 904	40 000	
3.2 现金流出			
偿还债务所支付的现金（即还贷款）	13 000 000	-	
发生筹资费用所支付的现金	-	-	
偿付利息所支付的现金	801 060	760 500	财务费用预算
融资租赁所支付的现金	-	-	
减少注册资本所支付的现金	1 355	-	
支付的其他与筹资活动有关的现金	11 916	10 000	
现金流出小计	13 814 331	770 500	
筹资活动产生的现金流量净额	(706 427)	(730 500)	
4. 汇率变动对现金影响额			
5. 现金及现金等价物净增加额	5 643 796	(1 656 263)	
6. 现金期初余额	13 689 849	19 333 645	
7. 现金期末余额	19 333 645	17 677 382	

二十七、主预算源文件汇总路线图

为保证源文件与主预算文件的一致性和准确性，由财务部会计主管负责绘制主预算文件汇总路线如图 A－1 所示。

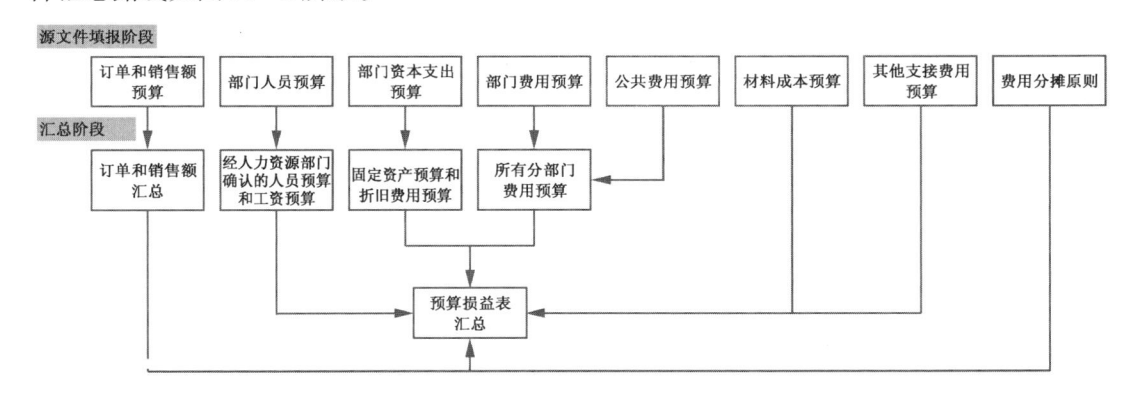

图 A－1

二十八、预算正确性检查清单

正确性检查清单是为确保预算汇总和计算过程的正确性而设立的检查核对清单,它将每一预算重要项目的源文件数据与主预算文件的汇总引用结果进行比较核对,从而发现差异、削除差异,进而确保预算计算和汇总过程的正确性。2008年预算正确性检查清单详见表A-25。

表 A-25   预算结果检查核对清单

项目	手机电视	移动多媒体	软件	其他部门	源文件合计	主预算数据	差异
订单金额	1 000	2 000	360	0	3 360	3 360	0
销售金额	800	1 600	300	0	2 700	2 700	0
销售成本	600	100	100	0	800	800	0
特许权使用费	20	50	10	0	80	80	0
商标使用费	10	10	10	0	30	30	0
保修费	5	5	0	0	10	10	0
运输费	3	3	1	0	7	7	0
保险费	1	1	1	0	3	3	0
销售佣金	2	2	2	0	6	6	0
其他销售成本合计	41	71	24	0	136	136	0
部门费用	50	60	10	200	320	320	0

二十九、预算结果数据查询工具

最终的分业务部的预算结果KPI数字形成一个Excel数据表,由财务部开发预算结果查询工具,供管理层分业务部分期间审核查询预算使用。本工具可以将预算结果与历史数据同时呈现,具体方法详见表A-26。

表 A-26   预算关键指标查询工具

	A0612	B0712
订单金额	1 827 910	2 321 449
销售收入	1 669 132	2 232 597
毛利率	27.20%	26.40%
销售管理费用	65 874	105 574
销售管理费用率	3.90%	4.70%
营业利润	388 198	483 006
营业利润率	23.30%	21.60%

三十、预算汇报会内容大纲

每个业务部的经理都要在公司管理会上向总经理陈述2008年预算的合理性和具体行动计划,汇报内容用PPT文件呈现。预算汇报材料如图A-2所示。

2008年预算汇报内容提要

1. **市场情况分析**
   - 整体市场环境
   - 产品细分市场发展趋势
   - 产品细分市场机会分析
2. **2008年产品定位**
3. **2008年预算概要**
   - 产品销售与产量
   - 人员
   - 预算数据表格
4. **各部门行动计划**
   - 市场部
   - 销售部
   - 计划部
   - 质检部
   - 制造部
   - 财务部
   - 人力资源部

图 A-2　预算汇报材料

三十一、预算费用控制办法

营运费用和推广费用采取与销售额挂钩的比例法进行控制，2008年费用控制模板详见图 A-3。

预算控制（Regional Expenses Budget Control）

区域 Region

Control item 控制项目	Sales 销售	Operation cost 营运费	Promotion cost 推广费	Total cost 合计费用
YTD Bgt Last mth 上月累计预算				-
Current Mth Bgt 本月预算				-
YTD current mth Bgt 本月累计估计	-	-	-	-
% of YTD Sales 占上月累计销售百分比	0.0%	0.0%	0.0%	0.0%
YTD Act Last mth 上月累计实际				-
% of Sales 销售百分比	0.0%	0.0%	0.0%	0.0%
YTD Achievement 上月累计实际完成 %	0.0%	0.0%	0.0%	0.0%
Current Month Application 本月申请				-
Current Month Approved 本月批准				-
Mth Achievement 本月预计完成 %	0.0%	0.0%	0.0%	0.0%
YTD Estimate 本月累计估计	-	-	-	-
% of Sales 销售百分比	0.0%	0.0%	0.0%	0.0%

Notes 备注

Prepared by 制作/Date 日期	Regional Mgr 区经理/Date 日期	Dept Mgr 部门经理/Date 日期	Fin. Director 财务总监/Date 日期	GM 总经理/Date 日期

图 A-3　部门费用预算控制模板

参考：ABC股份有限公司《预算管理制度》

第一章 总 则

第一条 为适应公司发展的需要，加强公司预算管理，根据国家经贸委《国有大中型公司建立现代公司制度和加强管理的基本规范（试行）》以及其他法律法规的有关规定，制定本办法。

第二条 本办法适用于本公司（以下简称公司）所属全资、控股公司（以下简称所属公司）。

第三条 公司预算管理体制实行"统一领导，分级管理"的原则，并在公司内部推行全面预算管理办法，即以现金流量为核心，对公司生产经营各个环节实施预算编制、执行、控制、分析和考核。

第四条 预算管理的基本原则是：量入为出，综合平衡；目标控制，分级实施；权责明确，严格管理；注重效益，防范风险。

第二章 全面预算的基本内容

第五条 全面预算由业务预算、专门决策预算和财务预算组成。

业务预算是为供应、生产、销售以及管理活动所编制的预算。业务预算主要包括销售预算、生产预算、直接材料预算、直接人工预算、制造费用预算、销售费用预算、管理费用预算和存货预算等。

专门决策预算是公司为那些在预算期内不经常发生的、一次性经济活动所编制的预算。专门决策预算包括根据长期投资决策编制的资本支出预算（如购建固定资产预算、技术改造项目预算和长期投资项目预算等）、根据公司的利润分配政策和对预算期经营结果的预测而编制的股利发放额预算等。

财务预算是关于资金筹措和使用的预算，包括短期的现金收支预算和信贷预算以及长期的资本支出预算和长期资金筹措预算。

业务预算、专门决策预算是财务预算的基础，财务预算是业务预算和专门决策预算的现金流量总结。

第六条 公司应在上述预算的基础上进行整理概括，编制反映公司预计综合财务状况和经营成果的预计损益表、预计资产负债表和预计现金流量表，形成总预算。

第三章 预算管理机构

第七条 公司财务管理部成立预算管理机构，全面负责预算管理的组织、协调、监控和考核工作。

第八条 预算审查机构为公司的总裁办公会，下属各公司的预算审查机构为董事会。预算审查机构负责审定、签发预算管理制度，审批公司年度预算，提出预算管理发展方向及改进要求，确定年度预算编制的重大前提条件和年度生产经营目标，听取预算执行情况和预算管理工作进展的汇报，做出预算管理改进和完善等决定。

各公司的预算应按内部决策程序报审查机构审批。

第九条 预算编制机构包括公司预算编制领导小组和下属各公司预算编制工作小组和预算编制承办部门。公司预算编制领导小组由公司总裁担任组长，主管财务的副总裁担任常务副组长。下属各公司预算编制工作小组由下属各公司总经理担任组长，主管财务的副总经理或财务部经理担任常务副组长，成员由各分管业务的副总经理和各部门主要负责人组成。预算编制承办部门以财务部门为主，由专人负责。

预算编制机构应根据公司确定的预算期生产经营目标、预算编制原则，全面分析、研究预算期公司面临的生产经营环境、市场状况、内部生产经营条件，组织预算的编制工作，并根据批准的预算，组织各预算责任部门执行；负责预算日常事务的协调及跟踪，监督预算的执行过程，定期报告预算执行情况，实行预算考核；对预算执行过程中出现的问题和偏差及时进行修正和调整，并为公司决策提供有效信息。

第十条 预算执行机构由公司各业务单位和职能部门组成。执行机构负责将预算指标具体落实到生产经营和管理中，实现预算管理和其他基础管理的有机结合；提供预算管理所需的各种实绩的反馈，为预算编制机构进行预算编制、跟踪监控和考核提供基础数据。

第四章 预算编制方法

第十一条 公司应根据具体情况，按半年编制滚动预算。

第五章 预算编制内容

第十二条 除特别情况外，公司一般应选择"以销售为起点的预算体系"。

第十三条 公司的生产、销售等业务部门(分公司)应编制各项业务预算包括作为起点的销售预算,以及在销售预算的基础上编制的生产预算、直接材料预算、直接人工预算、制造费用预算、期间费用预算等。

第十四条 公司在预算期内计划进行大额固定资产、风险投资、技术改造项目和基建项目等资本性支出时,应由业务承办部门按项目编制专门决策预算,由财务部门汇总编制资本性支出预算。

第十五条 公司财务部门应在分析影响本公司财务状况、损益及现金流量的各种因素的基础上,对业务预算、资本性支出预算及其现金流量预算进行汇总,编制财务预算。

第十六条 公司财务部门应在上述预算的基础上,依据业务预算、资本支出预算及相关预算所涉及的现金流入流出数据,编制预计现金流量表。

第十七条 公司应根据销售预算、年末产成品存货预算、制造费用预算、期间费用预算、专门决策预算等有关资料,编制预计损益表。

第十八条 公司应根据预编的本年末资产负债表、下年度的各项业务预算、专门决策预算和其他财务预算,编制下年末的预计资产负债表。

第六章 预算编制及审批程序

第二十条 公司预算编制应符合:

1. 国家有关法律、法规和政策;
2. 公司及公司经营发展战略和目标;
3. 公司财务会计政策;
4. 公司年度生产、建设计划;
5. 公司投资、融资计划;
6. 公司资本及产权变动等重大经营计划;
7. 公司预算管理基本原则和要求。

第二十一条 公司预算编制领导小组每年应在 10 月份,组织有关业务部门及下属各公司预算编制工作小组,研究下年度公司经营目标和发展规划以及预算编制的基本原则和要求,并下达至公司。

第二十二条 公司应在公司经营目标及发展规划的指导下,制定本公司的发展规划,在对近期市场进行调研后,制定本公司下年度的经营目标。

第二十三条 预算编制工作小组根据经营目标确定规划指标,将规划指标进行分解并下达至各部门,各部门分解指标并下达至基层业务人员。

第二十四条 各部门的基层业务人员根据部门规划指标,自行草编预算,预算应尽可能明细和可确指，尽量切合实际，并提供预算编制依据。

第二十五条 各部门汇总本部门预算，并初步协调本部门预算，编制出销售、生产、财务等业务预算。

第二十六条 预算编制工作小组审查、平衡业务预算，汇总出公司总预算。

第二十七条 预算编制工作小组将总预算报本公司审查机构审批，审议通过或驳回修改预算。

第七章 预算执行与调控

第二十八条 预算一经批准，公司必须严格遵照执行。

第二十九条 为了保证预算的顺利执行，在预算编制和预算执行过程中，需要不断对人力、物力、财力、时间、空间等各项资源在各个预算责任单位之间进行协调。预算协调应报预算审查机构批准。

第三十条 当公司内外环境变化，如遇有重大政策变化、不可抗力等，预算出现较大偏差，原有预算不再适宜时，应对预算进行修改、调整。预算调整必须提供充分依据，并提交预算调整方案，报预算审查机构审批。

原则上每年只进行一次中期预算调整。

第三十一条 公司应坚持"人本管理"原则，以激励与约束机制，保证公司的预算得到全面、有效执行。

第三十二条 在预算执行过程中，监控及考评机构应对预算执行情况进行日常监督和控制，发现偏离要及时纠正，保证公司按预算预定目标运行。

第八章 预算分析与考评

第三十三条 公司应定期对预算执行情况进行检查和分析，分析预算执行情况和出现偏差的原因。

第三十四条 公司预算监控及考评机构应对预算执行情况进行不定期抽查与调研，充分收集公司内外部的相关资料，内部资料包括有关预算目标的资料和预算执行情况的资料，外部资料如原材料市场价格变动情况、各种能源供给及其价格变动情况、工资政策的调整情况、公司经营产品的市场总容量的变化情况、同行业竞争对手的销售及盈利状况、相关技术指标的变动情况等。

第三十五条 预算监控及考评机构对实际与目标之间的差异进行分析，分析时应考虑不可抗力、不可预见的政策变化等不可控因素。对于内部工作效率所引起的预算差异，应按照可控性原则分清责任归属,正确评价业绩;对于外部因素变动所引起的预算差异,应作为下一期预算编制考虑因素,据以调整下期预算。

第三十六条 预算考评应遵循"可控性原则""风险收益对等原则""分级考评原则"和"目标一致原则"。

第三十七条 根据公司内部各部门预算执行情况的考评结果,对内部工作效率所引起的预算差异中的有利差异进行奖励,对不利差异进行必要处罚。

第三十八条 公司将依据各公司预算执行情况的分析报告,对各公司的总体预算执行情况进行考评。根据考评结果,对各公司及其负责人和财务负责人进行必要奖惩处理,其中,公司负责人的奖惩与经营承包办法挂钩,财务负责人的奖惩与财务人员考评办法挂钩。

第九章 附 则

第三十九条 本办法由公司财务管理部负责解释和修改。

第四十条 本办法自发布之日起实施。